1000 EJERCICIOS Y JUEGOS DE
CALENTAMIENTO

HERAKLES

Colección HERAKLES

1000 EJERCICIOS Y JUEGOS DE
CALENTAMIENTO

L. Brugger, A. Schmid
y W. Bucher

Contiene 1016 ilustraciones esquemáticas

EDITORIAL HISPANO EUROPEA S. A.

Asesor Técnico: **Santos Berrocal**

Título de la edición original: **1.000 Spielund Übungsformen zum Aufwärmen.**

© de la traducción: **Wolfgang Simon** e **Isabel Lledó.**

Es propiedad, 1995
© **Verlag Karl Hofmann.** 7060 Schorndorf (Alemania).

© de la edición en castellano: **Editorial Hispano Europea, S. A.** Bori i Fontestà, 6-8. 08021 Barcelona (España).

Depósito Legal: B. 9939-1995.

ISBN: 84-255-0916-5.

Segunda edición

IMPRESO EN ESPAÑA   PRINTED IN SPAIN

LIMPERGRAF, S. L. - Carrer del Riu, 17 (Nau 3) - 08291 Ripollet

Indice

Preámbulo

Les presentamos «1.000 ejercicios y juegos de calentamiento» de Walter Bucher. Esta obra puede ubicarse por su temática al principio de la colección. La carrera, los saltos y en definitiva los ejercicios gimnásticos y de calentamiento, son imprescindibles tanto para el inicio como para la complementación de cualquier sesión de educación física o de entrenamiento. Tanto la necesidad como los aspectos significativos de la introducción y el propio desarrollo de las sesiones, hacen relevantes los ejercicios que para este libro han sido adecuadamente seleccionados.

Este trabajo presenta una estructura de fácil manejo. Los criterios de distribución elegidos por sus autoras Lisa Brugger y Anita Schmid, como son los objetivos y la selección del material, permiten al interesado escoger para su enseñanza, programas de calentamiento y de ejercicios gimnásticos diferenciados y por ello efectivos. El libro en su conjunto, contiene interesantes instrucciones e ideas para una buena realización práctica.

Walter Bucher ha sido capaz de entusiasmar y transmitir con su energía a sus colaboradores, los conceptos básicos y sencillos que impregnan esta colección de «1.000 ejercicios y juegos...». Su estímulo fue comprendido y asimilado. Los libros y las múltiples ediciones que de los distintos títulos se han publicado en los países centroeuropeos hablan por sí mismos del éxito e importancia de esta colección, que Hispano Europea presenta en versión castellana.

DR. KURT MURER
ETH ZURICH
Formación del profesorado de Educación Física
Departamento de Didáctica Deportiva

Introducción

Muchos libros de Educación Física y Deportes presentan ejemplos de ejercicios gimnásticos, y carreras de calentamiento. También en este libro «1.000 ejercicios y juegos de calentamiento», se exponen ejemplos específicos para determinadas actividades físicas y deportes. Cada vez se ha hecho más necesaria una colección de juegos y ejercicios que cubriesen de forma específica el calentamiento y que complementasen el propio desarrollo de las sesiones, con variadas e interesantes propuestas.

El trabajo de Lisa Brugger y Anita Schmid, forma parte de su tesis para la obtención del título de licenciado II en Educación Física de la Confederación Helvética de la ETH de Zurich y va dirigido a personas que continuamente están buscando nuevas ideas para llevar a buen término sus sesiones y de manera particular el calentamiento.

El éxito de las sesiones de las actividades física y deportiva, están muy relacionadas con los aspectos físicos y psíquicos, pues no basta con que al organismo se le prepare y trabaje desde la óptica exclusiva del esfuerzo, sino que también hay que crear situaciones en las que haya grandes dosis de motivación. Los juegos y ejercicios que aquí han sido seleccionados combinan ambas finalidades y adaptados a las finalidades de cada grupo, pueden prestar una gran ayuda tanto en el diseño particular de los calentamientos, como en la propuesta de otras tareas que sirvan a las finalidades de cada sesión.

WALTER BUCHER
PHS St. Gallen
Departamento de deportes

Descripción de los signos

△ ▲ ⬡ Jugador

△• Jugador con pelota

◁🙰▷ Agarres, combinaciones
de juego

———▶ Recorrido del jugador

- - - -▶ Trayectoria de la pelota

═══▶ Tiro a canasta, portería,
saque de precisión

━▶ Distancias

———▶)) Respiración (inspiración
y espiración conscientes)

○ • ○ Pelotas

x   x Marcas, conos

⬚ Banco sueco

▦▤ Plinto

⬯ Potro

⦙ Espalderas

⬚ Paralelas

⌐ Portería

⅋ Comba

Un abecedario didáctico del calentamiento

Un abecedario didáctico del calentamiento

Letra	Intención/pauta	Reflexiones didácticas y sus consecuencias	Línea clave
A	Acentuar el placer	— Todo lo placentero y divertido se hace con mayor gusto. Siempre se ha de procurar convertir un ejercicio, una forma de carrera en algo lúdico, placentero, ¡pero sin modificar el objetivo!	¡Diversión!
	Adaptación al entorno	— ¿Cómo llegan los participantes a la sesión? ¿Abiertos? ¿De buen humor? ¿Angustiados? — ¿Qué hicieron previamente? (por ejemplo, ¿un examen?). — ¿Cómo es el ambiente? (por ejemplo, primera hora de la mañana). — ¿Se recomienda un cambio a corto plazo?	Controlar las «pulsaciones»
	Alegría	— La selección de los ejercicios a menudo puede influir en este aspecto. El presente libro debe ayudar en este sentido.	El deporte es una forma de jugar; también el calentamiento.
	Animación	— Las primeras palabras, las primeras formas (jugadas), la manera de actuar, la mirada, el matiz, el lenguaje, el carisma propio, etc., todos estos aspectos son a menudo decisivos para el buen éxito de una sesión de deporte. — Vale la pena no olvidar estos puntos o bien esforzarse en este sentido.	Con un principio bien hecho, se ha ganado mucho.
	Aspecto lúdico	— El aspecto lúdico debería ser básico en cualquier práctica deportiva. El deporte debe divertir, no sólo ha de ser una cosa seria. Lo que se hace debe realizarse con gusto, no sólo por obligación. El éxito de este planteamiento depende, por una parte, de la selección de ejercicios y, por otra, de la presentación del profesor.	¡Diversión!
B	Bilateralidad	— Todos los ejercicios, sobre todo de calentamiento, deberían realizarse por el lado izquierdo y derecho (tanto con las manos como con los pies). Con ello se contribuye esencialmente al fomento de la capacidad de coordinación.	Variedad también significa bilateralidad.

Un abecedario didáctico del calentamiento

Letra	Intención/pauta	Reflexiones didácticas y sus consecuencias	Línea clave
C	Calidad y cantidad	— Se recomienda sopesar la fase de calentamiento. Ha de haber sesiones que se centren sobre todo en la calidad (p. ej., ejercicios para trabajar la postura) y otras enfocadas en la cantidad (p. ej., enfocados al trabajo más importante de la sesión: buen calentamiento en aparatos, utilizando muchas formas para preparar la siguiente parte de la sesión). (Véase también «Programa específico».)	Establecer pautas.
	Cambio	— ¡Cambiar, reconectar! Todos los participantes de una sesión de educación física han tenido, justo antes, las más diversas vivencias, tanto positivas como negativas. Ahora se trata de «unir» a todos en poco tiempo, ponerles a tono o desconectarles cara a la clase de deporte que les espera. Ello requiere a menudo ¡mucha habilidad y olfato! — Por eso: Mantened ojos y oídos abiertos antes de la sesión de educación física. ¿Qué destaca? ¿Cómo llega el grupo? ¿Qué pasó antes?	¡Reconectar!
	Carrera	— Las formas de carrera son las más rápidas en producir el calentamiento deseado. La selección de la forma de carrera debería ajustarse a las condiciones del grupo de entrenamiento. Todas las formas de juegos de persecución no presentan problemas en cuanto a carga exagerada o errónea para niños y adolescentes, mientras que para los participantes «mayores», sobre todo adultos, se recomienda comenzar con formas de carrera o salto más bien «confortables», incrementándolas lentamente en cuanto a la carga.	¡Carga ajustada!
	Competir	— Pequeñas competiciones contra uno mismo, o contra otros, se prestan bien para terminar o redondear un programa de calentamiento. Para ello se ha de volver a tener en cuenta que no se necesitan muchas previsiones organizativas; que todos participen intensamente (sin eliminarse o tener que esperar mucho), y que el coste material sea bajo.	¡Uno debe de ganar!
	Cooperación	— Muchas formas de calentamiento se prestan magníficamente para la disposición a cooperar. Se dice que la gente se acerca entre sí en el deporte y en el juego. Pero esto sólo ocurre si la sesión —también la carrera inicial— se presenta en este sentido.	¡Trabajad juntos!
	Coordinación	— Cualquier variante simplificada de un ejercicio puede mejorar la capacidad de coordinación; empezando por el calentamiento. Para cualquier edad (pero cuanto antes, mejor).	¡Lo que Juanito no aprende de joven, le cuesta mucho más a Juan de mayor!
	Corregir	— Incluso durante el calentamiento puede y debe de vez en cuando, existir un control de la calidad motora, p. ej., en el aprendizaje de la carrera, exigir una realización correcta de los ejercicios de estiramiento y fortalecimiento.	¡Atreverse a corregir!

Un abecedario didáctico del calentamiento

Letra	Intención/pauta	Reflexiones didácticas y sus consecuencias	Línea clave
D	Creatividad	— A menudo basta con una sugerencia, un buen ejemplo y los participantes encuentran (inventan) formas nuevas.	¿Quién tiene otra propuesta?
	Dar un ritmo	— «¡Todo va más fácil con música!» Esto es cierto en muchos casos. Pero a menudo basta con formas muy sencillas para obtener un ritmo, como dar palmadas, marcar con el pie, tocar el tambor, etc., para aumentar tanto la calidad como la cantidad de un ejercicio.	¡Tam-tatam!
	De dos en dos	— ¡Muchas formas resultan mucho más divertidas cuando se trabaja por parejas! El compañero puede motivar, animar, pero también corregir. Puede hacer tanto de compañero como de adversario.	¡Todo funciona mejor en conjunto!
	Demostrar y participar como profesor	— El ejemplo del profesor a menudo puede resultar decisivo. Existe un efecto más motivador si el profesor participa inicialmente y demuestra determinados ejercicios. — Sobre todo los niños esperan que el monitor no sólo organice sino que también participe. Las expectativas de los participantes se desvían con la mayor edad y dominio en dirección a la organización y el desarrollo del entrenamiento, etcétera.	¡Dar ejemplo! ¡Demostrar y participar!
	Desequilibrios musculares	— Determinados grupos musculares (p. ej., la musculatura de la cadera), tienden a acortarse por la falta de estímulos de carga o por las cargas erróneas. Otros grupos llegan más bien a aflojarse por las mismas razones (p. ej., la musculatura abdominal y glútea). De esta forma puede perturbarse gravemente el equilibrio natural de todo el aparato muscular del cuerpo humano. Por esta razón se ha de aplicar sistemáticamente el fortalecimiento y el estiramiento en el marco del programa de calentamiento. (Véase también en capítulo «¿Dónde estirar? ¿Dónde potenciar?».)	Desequilibrios musculares
	Disciplina	— Se requiere un mínimo de disciplina. El profesor tiene la opción de dificultar o de facilitar su trabajo, en función de su selección de ejercicios. — Para grupos o cursos que no conocemos del todo, se recomienda empezar con formas más sencillas para «profundizar» en ellas con el tiempo. — Ejercicios demasiado divertidos al principio de la clase pueden dificultar en algunos casos el aspecto de la disciplina. — No se recomiendan los ejercicios por parejas iniciales con un grupo difícil en cuanto a la disciplina. — El alcance necesario de las medidas disciplinarias por tomar, depende siempre del grupo correspondiente: escuchar... observar... sacar las conclusiones disciplinarias correspondientes.	¡Atreverse a la disciplina!

Un abecedario didáctico del calentamiento

Letra	Intención/pauta	Reflexiones didácticas y sus consecuencias	Línea clave
E	Distribución en el espacio	— Para las primeras formas del calentamiento se recomienda la utilización de todo el espacio disponible. Así se garantiza más la intensidad deseada a través de correr y saltar. En caso de ejercicios concretos de gimnasia es recomendable una distribución fácil de supervisar, para evitar interferencias entre los participantes y para facilitar por otro lado, las correcciones por parte del profesor.	Planificación del espacio.
	Efecto modélico	— Una demostración bien hecha motiva más que explicaciones teóricas. Cuando se pueda, conviene hacer demostraciones.	Aprendizaje en base a un modelo.
	Ejercicios por parejas	— Esta forma organizativa se presta muy bien para el calentamiento. No obstante, puede resultar problemática para determinados cursos o grupos. Se recomienda cambiar frecuentemente el emparejamiento.	A menudo, se trabaja mejor en conjunto.
	Ejercicios para realizar en casa	— Deberíamos animar a los alumnos que no sepan realizar algún ejercicio del programa de calentamiento (p. ej., un ejercicio simple de coordinación, de fuerza, etc.) a que lo practiquen en su casa.	Ejercicios de educación física a realizar en casa.
	Ejercicios sencillos	— Los ejercicios sencillos pueden ser divertidos, sólo depende de cómo se presentan y cómo se realizan. Formas demasiado animadas pueden desviarse a menudo del objetivo. Formas demasiado complicadas requieren a menudo largas explicaciones. ¡Los ejercicios sencillos se olvidan menos!	Sencillez.
	Enfoque vivencial	— ¡Olvidar lo cotidiano, aislarse de las ocupaciones previas! La implicación, la actitud y el arte de animación por parte del profesor resultan decisivos en esta fase.	Establecer caminos.
	Entrenamiento	— El propio entrenamiento comienza después del calentamiento. Luego, el nivel de carga durante el calentamiento no debería llegar al límite de la capacidad personal. Calentar significa preparar y sólo en segundo término, entrenar.	¡Calentar significa preparar!
	Entrenamiento de la musculatura abdominal	— La musculatura abdominal tiende a debilitarse debido a su estructura (musculatura fásica) y a su vez por su baja implicación cotidiana (estamos demasiado tiempo sentados). Por esta razón, dicho grupo muscular se ha de fomentar sistemáticamente, es decir, debe entrenarse en cada sesión de deporte. En este contexto se ha de controlar sobre todo que no se entrenen los flexores de la cadera, sino la musculatura abdominal.	¡No a las barrigas fláccidas!
	Estimulación de la respiración, actividad cardíaca, circulación sanguínea	— Hacer que todo el mundo se ponga en movimiento. — Formas sencillas, en parte conocidas eventualmente. — Todos participan (les gusta). Luego se selecciona una forma de carrera motivadora.	Deporte para todos.

Un abecedario didáctico del calentamiento

Letra	Intención/pauta	Reflexiones didácticas y sus consecuencias	Línea clave
	Estímulos positivos	— Con el calentamiento también pueden transmitirse pequeños estímulos positivos, como por ejemplo, comparar la agilidad actual con la de hace unas semanas, en el caso de los ejercicios de fuerza y de coordinación que uno no fue capaz de realizar hace un tiempo, pero que ahora resultan fáciles, gracias a la práctica repetida.	El éxito motiva.
	Estiramientos	— Sobre todo los grupos musculares contraídos (como por ejemplo, la musculatura de la espalda), deberían estirarse previamente a su fortalecimiento. — Evitar movimientos exagerados e impulsados (rebotes), ya que la musculatura se opone a ello. — Los estiramientos requieren tiempo (10-20 seg para cada posición de estiramiento). — Marcar pautas para cada calentamiento, ya que normalmente no será posible estirar de forma óptima todos los grupos musculares. — La flexibilidad alcanza su máximo en la edad infantil y se va reduciendo con el paso de cada año. — Resulta más factible estirar músculos y ligamentos calientes y bien irrigados; ello implica que previamente se ha de calentar y «poner a tono» toda la musculatura a través del correr y saltar.	¡Tomarse todo con calma! ¡Madera verde! ¡Correr para calentarse! «Puesta a tono»
	¡Evitar cargas erróneas!	— Evitar giros no controlados de la cabeza, cargas demasiado elevadas para la nuca, como la vertical de cabeza, etc. — Evitar cargas demasiado elevadas con palancas muy largas. — Evitar movimientos demasiado rápidos con la espalda arqueada. — Evitar movimientos de impulsión exagerada desde posiciones de estiramiento (o sea, evitar rebotes rápidos). — Evitar cargas sobre la rodilla con ángulos de rodilla inferiores a 90°, por ejemplo, baile de cosacos en cuclillas.	¡Las cinco prohibiciones!
F	Falta de movimiento	— El que no hace nada para su salud se arriesga a jugar con ella, a perderla: ¡es más fácil perder la salud que recuperarla! — La forma de trabajo, a menudo sedentaria, provoca cada vez más problemas posturales y motores. La realización sistemática de ejercicios motores y posturales en el marco de cada programa de calentamiento puede estimular un entrenamiento regular y diario de la postura.	¡El no hacer nada significa perjudicar el cuerpo! ¡El que se detiene se anquilosa!
	Flexibilidad	— Extensión de los grandes grupos musculares, teniendo en cuenta sobre todo, las cargas posteriores. — Principio: iniciar los ejercicios de estiramiento una vez calentado. — Extensiones lentas y con conocimiento.	Estiramientos lentos y específicos.

Un abecedario didáctico del calentamiento

Letra	Intención/pauta	Reflexiones didácticas y sus consecuencias	Línea clave
	Fomentar la actitud	— Corremos el peligro, debido a nuestras costumbres sedentarias de trabajo y de vida, a que se atrofie la musculatura de soporte. Las diferentes estructuras musculares provocarían un círculo vicioso: La musculatura abdominal se vuelve fláccida por falta de esfuerzo. La musculatura de la espalda —de tipo tónico— tiende a acortarse más aún por estar más débil. Este desequilibrio entre los dos grandes grupos musculares de sostén provoca tensiones irremediablemente. — Regla: Cuaqluier programa de calentamiento debe contener: — ejercicios para mejorar la musculatura abdominal. — ejercicios para potenciar y siempre también para estirar la musculatura de la espalda. (Véase también el capítulo «Estirar: ¿Dónde y cómo? Potenciar: ¿Dónde y cómo?»)	Los desequilibrios musculares... no son necesarios
	Fomentar la irrigación sanguínea	— El cambio de reposo a disposición de trabajo requiere un tiempo. Por ello conviene correr o saltar al principio de una sesión de deporte primero durante 3-5 min. Utilizar dentro de lo posible una forma divertida para todos (¡variaciones!)	¡Pulso elevado!
	Formación de los grupos	— Variar frecuentemente en función de: sexo, talla, intereses, preferencias, dominio, número, elección (por azar, color de la vestimenta), etc.	Modificar frecuentemente la manera de formar grupos
	Formas conocidas	— Mencionar la importancia de regularidad y repetición (efecto de entrenamiento). — Se ha de empezar enseguida sin explicaciones demasiado largas.	Ejercicios conocidos vistos de otro modo
	Fortalecimiento	— Durante el calentamiento apenas podemos encontrar un elevado estímulo de entrenamiento cara al ámbito de la fuerza; el tiempo resulta demasiado reducido para ello. No obstante, en cualquier programa de calentamiento se deben realizar ejercicios de fortalecimiento, sobre todo con aquellos grupos musculares que tienden a debilitarse, como por ejemplo, la musculatura abdominal. Estimulación de un patrón de actitudes para realizar con mayor frecuencia ejercicios de fuerza. Para ello existen muchas ocasiones en la vida cotidiana: de pie, sentado o ¡durante el programa (?) diario de gimnasia! — Igual que en los estiramientos, también diferenciamos en el fortalecimiento entre formas estáticas y dinámicas: En las formas estáticas de entrenamiento se contrae el músculo, sin que se produzca un movimiento en la articulación. Esta forma se emplea sobre todo en la rehabilitación después de lesiones, pero también para educar la postura (p. ej., fortaleciendo la musculatura abdominal y/o glútea).	¡Metan la barriga adentro!

Un abecedario didáctico del calentamiento

Letra	Intención/pauta	Reflexiones didácticas y sus consecuencias	Línea clave
	Fortalecimiento (continuación)	En la forma dinámica de entrenamiento siempre existe movimiento. Con ello también se fomenta la coordinación, contrariamente a la forma estática. (Véase también el capítulo «Estirar: ¿Dónde y cuándo? Potenciar: ¿Dónde y cuándo?»)	
G	Gimnasia basada en impulsos	— Mediante la gimnasia basada en impulsos se calienta el cuerpo; con el stretching se estira. Dicha gimnasia sigue teniendo lugar en el marco de un buen calentamiento, pero está fuera de lugar cuando se quiere estirar sistemáticamente.	¡Vivir la vida también con impulsiones!
H	Habilidad y agilidad	— El grado de dificultad influye de forma decisiva en la motivación de los participantes. Cada uno debería poder elegir *su* nivel de dificultad.	¿Quién sabe?
	Hora del día	— Un calentamiento debería comenzar más lentamente y ser más prolongado por la mañana que por la tarde o la noche, ya que la capacidad física aumenta a lo largo del día.	¡Todo a su tiempo!
I	Intensidad	— La clave del calentamiento es una dosificación correcta. Lo que resulta demasiado para un grupo, es poco para otro y la medida justa para un tercero. — Escuchar (p. ej., el sonido de la respiración); observar (p. ej., las expresiones de las caras durante los ejercicios); sentir (p. ej., el ambiente, si todos trabajan aún con interés). Todas estas informaciones han de incidir en la carga que se emplea en el resto de la clase.	Lo que ocurre con todo (o con casi todo): ¡la dosis resulta siempre decisiva!
	Instrucción	— «¡Una imagen vale más que mil palabras!» A menudo lo más fácil para el calentamiento es el método para representar y repetir. Si ello no es factible, las informaciones han de ser breves y concisas.	¡Repetid!
J	Joven	— Los niños y adolescentes están mucho mejor «dispuestos» que adultos y mayores. Ello tiene sus consecuencias para la selección de juegos y ejercicios, al menos al principio de la sesión. Regla simplificada: cuanto más jóvenes, se trabajará más rápidamente, cuanto más mayores, se trabajará más lentamente.	¡La «disponibilidad» depende de la edad!

Un abecedario didáctico del calentamiento

Letra	Intención/pauta	Reflexiones didácticas y sus consecuencias	Línea clave
	Juego limpio	— Formas sencillas de competición durante la carrera inicial, pueden ayudar a educar por el juego limpio; por ejemplo: — contar uno mismo el número de sus ejercicios — cumplir reglas de juego muy simples.	Queremos un deporte limpio
M	Material	— ¿El material está disponible? ¿Las pelotas hinchadas? ¿Existen suficientes balones para jugar? ¿Los armarios y puertas están abiertas? ¿La chuleta (palabra clave) está a punto?	Preparar el material.
	Motivar	— Esto resulta a menudo difícil en caso del calentamiento, sobre todo si el grupo es «obligado» a realizar la sesión de deporte. Factores que pueden contribuir al éxito del calentamiento son: el propio comportamiento del profesor, la selección de los ejercicios, el material o el aparato escogidos, el grado de esfuerzo. De cualquier manera resulta efectivo preparar bien el inicio (o sea el programa de calentamiento).	¡Ven y participa!
	Movimientos iniciales	— Tanto niños como adolescentes pueden comenzar sin problemas con carreras rápidas, mientras que se ha de ir con cuidado en este aspecto con personas de mayor edad. Luego: empezar más suavemente con los practicantes de edad madura.	Carrera de calentamiento en función de la edad.
	Música	— La música suele ser, en la mayoría de los casos, un buen agente motivador, pero se ha de aplicar correctamente, es decir, como apoyo rítmico de un ejercicio y ¡no sólo como fondo musical!	Con música todo resulta más fácil
N	Número mínimo de repeticiones	— Una vez es como ninguna; dos veces es demasiado... Regla simplificada: Repetir cada ejercicio al menos 10-15 veces (según condiciones). Fundamentalmente se puede afirmar: Un estímulo de entrenamiento comienza a funcionar cuando un esfuerzo se hace notar algo «doloroso». Dicho a nivel general: Cuando los primeros de un grupo de entreno ya no quieren realizar más el ejercicio, se ha de interrumpir dicho ejercicio, ya que el límite de esfuerzo aún no debe alcanzarse durante el calentamiento.	Una vez es como ninguna...
O	Objetivo	— El calentamiento, por ejemplo, prepara cara a: — una competición, — un entrenamiento, — una clase de educación física escolar. Este planteamiento incide en las diferencias en cuanto a volumen, intensidad y selección de ejercicios.	¡El calentamiento se ha de orientar hacia un objetivo!

Un abecedario didáctico del calentamiento

Letra	Intención/pauta	Reflexiones didácticas y sus consecuencias	Línea clave
P	Oportunidad	— Siempre se ha de indicar la importancia de una gimnasia regular, de la postura, etc. — Ejercicios para realizar en casa. — Aprende a observar los progresos del entrenamiento (p. ej., el incremento de la flexibilidad antes o después del calentamiento). — Dar recomendaciones individuales para el entrenamiento (por ejemplo: «Deberías de realizar este ejercicio cada día, puesto que tu flexibilidad no es buena»). — El deber no motiva, ¡sino la comprensión! ¿Por qué realizamos este ejercicio de aquélla forma? ¿Cuál es la intención? ¿De qué forma debería (o no debería) efectuarse el ejercicio?, etcétera.	¡Gota a gota se perfora la piedra!
	Organizar	— La calidad y la intensidad del calentamiento dependen en su mayor parte de una buena organización. Un juego de persecución, por ejemplo, con sólo un perseguidor cumple igual de mal la exigencia de una buena puesta en común como un juego con una sola pelota cuando se trata de un grupo numeroso.	¿Qué? ¿Cómo? ¿Quién? ¿Dónde? ¿Qué pasa después?
	Polifacético	— La rutina no resulta muy motivante para ninguna actividad y tampoco para el deporte, tanto para el profesor como para los participantes. Las más pequeñas variantes ya «animan» la sesión de educación física y el entrenamiento. Pero polifacético no siempre significa el aportar algo nuevo, sino también ¡algo diferente! 　No obstante, los acentos en cuanto a carga, tarea, etc., han de ser polifacéticos.	Viejas cosas con vestidos nuevos
	Prevención de lesiones	— Un músculo calentado y bien irrigado se puede estirar mejor. Un músculo ya estirado soporta las cargas mejor que uno que no se haya estirado. 　Luego: Primero calentar, entonces estirar y ¡sólo después esforzar!	Mejor prevenir que...
	Programa específico	— Con la expresión «programa específico» denominamos un calentamiento sistemático dirigido al trabajo principal de la sesión de deporte. 　1. *Puesta en común* (2-4 min; 1-2 formas). Objetivos iguales que en el programa normal pero utilizando los aparatos que se harán servir a continuación. 　2. *Gimnasia orientada* (5-8 min). Aquí se calientan, potencian, y sobre todo se estiran aquellos grupos musculares que se entrenarán o se necesitarán a continuación. Ello se efectúa normalmente con o en el aparato correspondiente. — Tales formas de calentamiento deberían inducir a los participantes a un calentamiento sistemático previo a una actividad deportiva (por ejemplo, tenis, esquí, etc.), también fuera de la sesión de educación física.	Gimnasia orientada Hilo conductor desde el principio Primero calentar, luego realizar un deporte

Un abecedario didáctico del calentamiento

Letra	Intención/pauta	Reflexiones didácticas y sus consecuencias	Línea clave
	Programa normal	— Con la expresión «programa normal» denominamos un calentamiento cotidiano normal previo al de la parte principal de una sesión, es decir: 1. *Puesta en común* (2-4 min; 1-2 formas). Formas de carrera y salto, juegos de persecución, etc., con el fin de que todos se muevan enseguida para estar bien calentados. 2. *Movimientos iniciales* (5-8 min; 4-5 formas × 15 repeticiones cada una). Estirar, potenciar y relajar los tres grandes grupos musculares: tronco, brazos-hombros, piernas, intercalando ejercicios de distensión. Como final o enlace con la parte principal, formas sencillas de competición tranquilas, individual, entre dos o en grupos. — Estos programas pueden realizarse perfectamente varias veces. Determinados ejercicios estándar han de repetirse (por ejemplo, ejercicios de fuerza para la musculatura abdominal; estiramientos para los músculos de la cadera, etcétera.).	Regla simplificada ¡Practicar más a menudo algo conocido!
	Puesta en común	— Procurar, mediante ejercicios escalonados, sobre todo al principio del calentamiento, un buen ambiente en la sesión.	Diversión + alegría
R	Razonar	— Ofrecer una visión de la necesidad de una gimnasia específica. ¿Qué ejercicios sirven (o no sirven) para qué fin? ¿Qué volumen de carga? Indicación de ejercicios individuales (por ejemplo, en caso de pronunciado crecimiento longitudinal; dolores en la espalda; falta de fuerza específica, etc.).	¿Para qué? ¿Por qué? ¿Cómo?
	Relación con la finalidad de la sesión	— El «hilo rojo» ha de percibirse y transparentarse ya en el calentamiento.	¿Por qué?
S	«Salud»	— Comprensible para todo el mundo, la salud no es todavía un motivo obvio —sobre todo para niños y adolescentes— para la práctica del deporte a lo largo de toda su vida. No obstante, el profesor debería, concretamente durante el calentamiento, recordar a menudo las normas generales y los principios del entrenamiento.	¡Practica deporte y mantente sano!
	Stretching	— Los estudios científico-deportivos demuestran que las formas bruscas de estirar, tan frecuentes durante mucho tiempo, desvían más bien del objetivo. El músculo incluso reacciona de manera contraria frente a los estiramientos violentos: se contrae a causa de un reflejo protector. — Un stretching correcto implica entonces: ¡estiramientos lentos! Dar tiempo al músculo para eliminar mayoritariamente el reflejo frente al estiramiento. — ¡Existen diferentes tipos de estiramiento! Los estiramientos no sólo pertenecen al programa de calentamiento, sino que también se han de realizar consecuentemente después de esfuerzos físicos. (Véase también el capítulo «¿Dónde estirar? ¿Dónde potenciar?».)	¡Stretching sin estrés!

Un abecedario didáctico del calentamiento

Letra	Intención/pauta	Reflexiones didácticas y sus consecuencias	Línea clave
T	Temperatura externa	— Temperaturas externas elevadas disminuyen el tiempo del calentamiento. — Tiempo lluvioso y frío prolongan la actividad inicial. — Una vestimenta adecuada compensa un poco las diferencias climáticas. — Vale más vestir demasiado caliente que demasiado frío.	Previsión meteorológica.
	Tiempo	— Demos, al menos de vez en cuando, a nuestro cuerpo tiempo para que se prepare para las «pruebas de esfuerzo» que le esperan. Si no lo cumplimos, por ejemplo no calentando lo suficiente, sonará la alarma. En el peor de los casos, ¡a través de una lesión! — En muchas sesiones de educación física se dispone de muy poco tiempo para el calentamiento, o al menos así lo parece. ¡Muchos han llegado demasiado tarde a esta conclusión!	¡El calentamiento «cuesta» tiempo!
	Todos	— Todos se han de mover. Sobre todo en los juegos de persecución y carrera, podemos evitar o imposibilitar el estar parado a través de una forma organizativa adecuada (por ejemplo, varios perseguidores).	Todo el mundo se está moviendo.
	Trabajo en conjunto	— A menudo basta con dar estímulos para inducir procesos intelectuales. Siempre debería intentarse, conjuntamente con los participantes, la elaboración de nuevas formas.	¡Conjuntamente!
	Trabajo por grupos	— A menudo resulta más divertido trabajar en grupo.	

Estirar: ¿Dónde y cómo?/Potenciar: ¿Dónde y cómo?

De la siguiente sinopsis puede desprenderse qué músculos se han de potenciar y cuáles se han de estirar más que nada.

Extensión: Musculatura tónica con tendencia a acortamiento	*Potenciar:* Músculos fásicos con tendencia a debilitarse

1.   *Musculatura posterior de la pierna*
    (Músculos de la pantorrilla)
    Para evitar y tratar, entre otras razones, problemas del tendón de Aquiles. La parte superior de la pantorrilla se estira con la rodilla extendida: la parte inferior, con la rodilla flexionada.
 	
3.   *Musculatura anterior del muslo*
    ● *(Cuádriceps y musculatura anterior de la cadera psoasilíaco)*
    Cuádriceps: sobre todo la parte superior.
    Psoasilíaco: uno de los músculos que se acorta con mayor frecuencia (como cuando estamos sentados). Su acortamiento puede provocar dolores lumbares, que serán mayores en caso de mayor debilidad de los músculos glúteos.
 	
4.   *Musculatura posterior del muslo*
    ● Estiramientos para evitar esguinces que frecuentemente afectan a estos músculos.
 	
5.   *Musculatura interna del muslo*
    Su acortamiento puede implicar problemas para el rendimiento. Estirar con la rodilla extendida.
 	
6.   *Musculatura posterior de la cadera*
    ● (músculos glúteos)
	2. *Musculatura anterior de la pierna y arco del pie*
	    Mayor estabilización del pie, menos torceduras, mayor amortiguación.
	
	3. *Musculatura anterior del muslo*
	    ● Cuádriceps: sobre todo la parte inferior. ¡Estabilización de la rodilla!
	
	4. *Musculatura posterior del muslo*
	    ● A menudo sólo se potencia el extensor de la rodilla de la parte anterior (por ejemplo, sentadillas, salto de rana, etc.). También se ha de potenciar el flexor de la rodilla (parte posterior) para evitar desequilibrios entre las caras anterior y posterior.
	
	6. *Musculatura posterior de la cadera*
	    ● (músculos glúteos)

La musculatura posterior de la cadera se ha de potenciar y estirar, ya que se compone de músculos de tipo tónico y fásico.	

El acortamiento del músculo glúteo puede crear dolores que pueden llegar a extenderse hasta la zona posterior del muslo.
 	
7.   *Musculatura de la espalda a nivel de la columna lumbar*
    ● Su acortamiento incrementa la lordosis, lo que produce a menudo dolencias de la espalda.
	El músculo glúteo interviene para enderezar y estabilizar la pelvis. Cuando se debilita puede producirse una lordosis con posibles problemas para la espalda.
	
	8. *Musculatura de la espalda a nivel de la columna dorsal*
	    ● Cuando se debilita se acentúa la cifosis. Si además se acorta la musculatura lumbar pueden producirse problemas posturales (cifosis-lordosis).

Los ejercicios de control postural incluyen tanto ejercicios para potenciar los extensores torácicos de la espalda, como también gimnasia sistemática de estiramiento de los extensores lumbares de la espalda.	

9.   *Musculatura lateral del tronco*
    Mayor lordosis cuando se acorta. ¡No esquivar en los estiramientos laterales!
 	
11.   *Musculatura pectoral*
    El acortamiento del músculo pectoral desplaza los omoplatos hacia delante lo que provoca una mayor postura cifótica.
	10. *Musculatura abdominal*
	    La musculatura abdominal tiende extremadamente a debilitarse. Los músculos de las extremidades sólo pueden desarrollar óptimamente su fuerza (por ejemplo, en los lanzamientos, saltos, etc.), en presencia de una estabilización suficiente del tronco por vía de los músculos del abdomen y de la espalda.

12. *Musculatura de la cintura escapular y de la nuca*

El acortamiento de los músculos escapulares y de la nuca provocan a menudo dolencias a nivel de la nuca y una mala postura de la columna cervical.

Importante: No se ha de girar la cabeza sino que ¡debe adoptar lentamente una posición de estiramiento y mantenerla!

13. *Musculatura posterior del brazo* (tríceps)

Extenderla sobre todo después de practicar deportes que implican muchos movimientos por encima de la cabeza (por ejemplo, lanzamientos, tenis, natación, carreras de fondo, voleibol, etc.).

14. *Musculatura anterior del brazo* (bíceps)

Estiramiento dosificado para no perjudicar el conjunto de cápsula y ligamentos de la articulación del hombro.

15 + 16. *Musculatura externa (15) e interna (16) del antebrazo*

Un acortamiento del músculo del antebrazo puede provocar tendinitis en caso de frecuente ejercitación (tenis, gimnasia deportiva, lanzamientos, limpiar ventanas, etc.).

12. *Musculatura de la cintura escapular y de la nuca*

Fijar los omoplatos a través de los músculos de los hombros con el fin de evitar una postura cifótica. Estabilización de la cabeza; especialmente importantísima para deportes de fuertes impactos (por ejemplo, esquí, gimnasia artística, hockey, etc.). ¡La cabeza pesa entre 3 y 5 kg!

13. *Musculatura posterior del brazo* (tríceps, extensores del antebrazo)

Importante para todos los apoyos de la gimnasia deportiva (entre otros).

14. *Musculatura anterior del brazo* (flexores del antebrazo)

Se puede entrenar con relativa facilidad (por ejemplo, flexiones de brazo). Se requiere sobre todo en la gimnasia deportiva y en los deportes de lucha.

15 + 16. *Musculatura externa e interna del antebrazo*

La musculatura del antebrazo estabiliza, entre otras, la muñeca y cobra por ello importancia en muchos ejercicios de apoyo de la gimnasia deportiva, por ejemplo.

Los grupos musculares marcados con un «●» se han de considerar especialmente en los ejercicios de estiramiento y potenciación del calentamiento.

12 Musculatura de la cintura escapular

14 Musculatura anterior del brazo

15/16 Musculatura externa e interna del antebrazo

3 Musculatura anterior del muslo

11 Musculatura pectoral

10 Musculatura abdominal

9 Musculatura lateral del tronco

3 Musculatura anterior de la cadera

5 Musculatura interna del muslo

2 Musculatura anterior de la pierna

2 Bóveda del pie

Visión anterior

8 Musculatura de la espalda
Columna vertebral dorsal

9 Musculatura lateral del tronco

6 Musculatura posterior de la cadera

4 Musculatura posterior del muslo

12 Musculatura de la cintura escapular y de la nuca

13 Musculatura posterior del brazo

7 Musculatura de la espalda
Columna vertebral lumbar

5 Musculatura interna del muslo

1 Musculatura posterior de la pierna

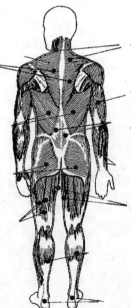

1 Tendón de Aquiles

Visión posterior

Observaciones para utilizar la colección de ejercicios

Sólo quien conozca sus propias intenciones didácticas (igualmente en el calentamiento), será capaz de enseñar sistemáticamente no sólo en cuanto al contenido (Contenido/¿Qué?), sino que más aún en cuanto al ámbito del comportamiento Comportamiento/¿Cómo?/¿Por qué?). Una práctica globalizadora del deporte ¡presupone entonces también una planificación globalizadora!

¿Dónde encuentro qué cosa?

Cada uno de los ejercicios se clasificó en función de determinados criterios. El libro debe usarse también en este sentido.

Si un profesor ha fijado, por ejemplo, los contenidos y objetivos de una sesión de educación física o de entrenamiento podrá seleccionar los ejercicios para el calentamiento, siguiendo los criterios deseados (por ejemplo: introducción del balonmano y coordinación con la pelota: véase capítulo 6: *Coordinación* [pelotas]).

Para facilitar y simplificar al máximo posible la realización de los ejercicios, escogimos un esquema que refleja al máximo los puntos más esenciales de un ejercicio. En consecuencia representaremos y explicaremos todos los ejercicios de la siguiente forma:

N.°	Nombre del juego	Concepto/descripción	Observaciones/organización
	Objetivos/particularidades		
Cont.			
Comp.			

N°.	Indica el número seguido para servir de orientación.
Nombre del juego	Sirve ante todo como ayuda memorística. Una vez leído y comprendido el ejercicio sólo se ha de anotar el nombre del mismo y ¡adelante!
Objetivos/particularidades	El objetivo principal de un ejercicio ya está determinado por el capítulo (por ejemplo, correr, potenciar, coordinar) y por ello ¡no se vuelve a repetir en cada uno de los ejercicios!
Contenido (Cont.)	¿Para qué sirve este ejercicio? ¿Particularidades específicas? ¿Qué se ha de practicar/entrenar?
Comportamiento (Comp.)	¿Qué comportamiento se espera? ¿Qué es lo que ha (o no ha) de ocurrir?
Concepto/descripción	Se ha procurado una descripción breve de los ejercicios, en ocasiones sólo en base a palabras clave.
Observaciones/organización	Un dibujo sencillo facilitará la rápida comprensión del ejercicio.

Correr

1.1.   CORRER/SIN MATERIAL

1.1.1.   Correr/sin material (juegos de persecución)

N.°	Nombre del juego / Objetivos/ particularidades	Concepto/descripción	Observaciones/organización
	Todos los juegos de persecución tienen como objetivos específicos la velocidad, la resistencia y el «follow-through» (capacidad de superarse) sin mencionarlo específicamente	*Juegos de persecución* Observaciones: Los juegos de persecución constituyen una forma de iniciar el calentamiento *de una manera placentera*. Creemos que en principio no es un error el comenzar una clase con juegos de persecución, pero objetamos que existen formas demasiado intensas (velocidad, «capacidad de superarse») que no se prestan para iniciar una sesión. Recordamos: A mayor edad de los alumnos se ha de dosificar más la gimnasia inicial. Por otro lado, muchos juegos de persecución pueden resultar más emocionantes e intensos, si se aplican pequeñas modificaciones: Por ejemplo, el número de perseguidores es decisivo por el hecho de que la mitad del grupo esté corriendo o bien parado. Pequeños cambios en la forma de andar también pueden significar nuevos estímulos (por ejemplo, correr sólo hacia atrás). También parece acertado utilizar los juegos de persecución al final del calentamiento. Después de la tranquilidad de los estiramientos, el grupo puede volver a «animarse» con persecuciones intensas.	Una buena organización y reglas claras de juego son importantes para el buen funcionamiento de los juegos de persecución.
1 Cont. Comp.	*Persecución de reacción* Velocidad (acción/reacción) Juego limpio	Por parejas: **A** y **B** corren pegados uno tras otro (eventualmente, con las manos cogidas encima de la cabeza o con los brazos cruzados, para crear mayor dificultad). A una señal, **B** tiene 5 (10) seg para alcanzar a **A**. Si no lo consigue sigue persiguiendo. Variante: Después de la señal, ambos efectúan medio giro, tocan el suelo y **A** persigue a **B**. Variante: Después de la señal el perseguido puede adoptar cualquier postura que ha de ser imitada por su perseguidor antes de poderle tocar.	

1.1.1. Correr/sin material (juegos de persecución)

N.°	Nombre del juego / Objetivos/particularidades	Concepto/descripción	Observaciones/organización
2	*Persecución entre dos*	Por parejas, jugadores 1 y 2: las parejas corren libremente por el espacio. Llamando al número correspondiente (1 o 2) el jugador del número afectado ha de pillar al otro en 10 seg, cuando éste se escapa. (A los 10 seg vuelve a darse una nueva señal.) Cada vez que se alcance un jugador se anota 1 punto. Gana el que obtenga más puntos después de x vueltas. (Juntar, si es posible, alumnos de igual velocidad.)	
Cont.	Reacción, concentración		
Comp.	Formación de grupos de 2 del mismo nivel		
3	*Persecución entre dos en intervalos*	Por parejas: **A** inicia la persecución. Una vez alcanzado a **B**, éste se convierte en perseguidor, por ejemplo, 3 × 30 seg. Igual, pero saltando sobre una pierna. Variante: el perseguido puede elegir la forma de andar.	
Cont.	Velocidad-resistencia Fuerza-resistencia		
Comp.	Respetar al compañero		
4	*Persecución con música*	El grupo está dividido en parejas; el jugador **A** de cada una de las parejas se identifica con la «música distintiva 1» y los **B** con la 2. Cuando se toca la música 1 se convierten todos los **A** en perseguidores (persiguiendo cada uno a su compañero **B**) y viceversa cuando se suena la música 2. ¡Cambios rápidos de los motivos musicales! — El mismo profesor toca los dos motivos musicales en el piano. — Se hace servir un cassette doble. — Se graba una pieza musical con dos motivos de música.	Motivo musical 1
Cont.	Velocidad Concentración		
Comp.	Animar a colaborar		
5	*Persecución por tríos en intervalos*	Se forman grupos de tres corredores del mismo nivel: **A** persigue a **B**, **C** descansa. Luego, **B** persigue a **C**, mientras que **A** descansa, y finalmente, **C** persigue a **A**. Cada 30 seg se efectúa un cambio, aunque el compañero no haya sido cogido (penalización). ¿Quién tiene menos penalizaciones después de x minutos?	
Cont.	Velocidad Velocidad-resistencia		
Comp.	Contar cada uno honradamente sus puntos		
6	*Encantamiento*	3 a 5 perseguidores «pillan a los demás». Los jugadores pillados han de adoptar la postura de una estatua (rígida y tensa) pudiendo ser salvados si un compañero imita brevemente dicha postura. — Igual, pero la parte del cuerpo tocada ha de estar en contacto con el suelo al adoptar la postura. — Igual, pero sólo se pueden adoptar posturas «abiertas» o «cerradas».	
Cont.	Velocidad		
Comp.	Ayudar		

1.1.1.   Correr/sin material (juegos de persecución)

N.°	Nombre del juego / Objetivos/ particularidades	Concepto/descripción	Observaciones/organización
7	*Persecución con salvamento*	Persecución normal en una pista suficientemente grande. El que resulta cogido se convierte en perseguidor (o le ayuda). Si un jugador perseguido consigue dar la mano a otro compañero, su perseguidor ha de dejarle para buscar una nueva «víctima». Los demás pueden socorrer a los cogidos.	
Cont.	Velocidad-resistencia		
Comp.	Táctica Ayuda		
8	*Persecución con vertical*	Persecución normal con 3 a 5 perseguidores. Los perseguidos pueden salvarse, manteniéndose durante 5 seg haciendo la vertical contra la pared (o 3 seg sin pared). El perseguidor puede quedarse esperando y mirando si el intento tiene éxito. En caso negativo, el perseguido se convertirá en perseguidor. — Se emplean otras «acciones de salvación»: voltereta en carpa hacia delante, voltereta defensiva lateral, dos saltos de rana, posición de flexiones, etc. Observación específica: movimientos específico-deportivos en situaciones de presión.	
Cont.	Velocidad		
Comp.	Juego limpio, también como perseguidor		
9	*Persecución de la sombra*	Al aire libre con sol: El perseguidor intenta situarse encima de la sombra del perseguido (eventualmente sólo encima de la cabeza). Los atrapados se convierten en ayudantes y persiguen también a los demás. ¡Buscar formas propias de persecución de sombras!	
Cont.	Velocidad Coordinación		
Comp.	Cooperación		
10	*Persecución por equipos en dos campos*	Dos equipos se colocan cada uno en una mitad del campo. Los jugadores de ambos equipos procuran alcanzar una marca en el campo contrario, cogiendo, a su vez, a los contrarios, que entran en el campo propio (evitando de esta manera que éstos lleguen a la propia marca). La marca puede ser, por ejemplo, toda la línea de fondo del propio campo. El jugador que vuelve al campo propio ya no puede ser cogido. Los jugadores tocados han de volver a su campo para iniciar un nuevo intento.	
Cont.	Velocidad		
Comp.	Táctica		
11	*Persecución sobre caballo*	Persecución por parejas a caballo. Una pareja atrapada cambia sus papeles (el caballo se convierte en jinete) y se pone a perseguir. — Variante: Al sonar el silbato, todas las parejas han de cambiar sus papeles (el caballo se convierte en jinete) lo más rápidamente posible. Los perseguidores siguen mientras tanto. — Variante: Sólo el jinete atrapa, el caballo no.	
Cont.	Fuerza-resistencia		
Comp.	Encuentro		

1.1.1.   Correr/sin material (juegos de persecución)

N.º	Nombre del juego / Objetivos/ particularidades	Concepto/descripción	Observaciones/organización
12	*Persecución al revés*	Persecución normal por parejas, pero cogidos del brazo derecho, de forma que ambos dirigen su mirada en direcciones opuestas. Lo mismo ocurre con la pareja perseguidora. — ¡No escoger un campo demasiado grande!	
Cont.	Coordinación		
Comp.	Cooperación		
13	*Persecución andando*	Persecución normal, pero avanzando en marcha atlética, es decir, que un pie siempre ha de estar en contacto con el suelo. Sólo se atrapa mediante contacto con el tronco (sin brazos y manos).	
Cont.	Coordinación		
Comp.	Experiencias motrices		
14	*Persecución en cadena por tiempo*	Dos grupos, **A** perseguidores y **B** perseguidos: los perseguidores forman una cadena e intentan coger a 10 jugadores en el menor tiempo posible, pudiendo coger sólo los dos jugadores de los extremos. Los toques se cuentan en voz alta. Gana el grupo que tarda menos tiempo en atrapar a 10 jugadores. — Igual, pero el grupo de perseguidores está organizado por parejas	Grupo **A**
Cont.	Velocidad-resistencia		
Comp.	Cooperación Táctica		
15	*Encerrar entre muros*	De un grupo (5-8 jugadores) se escoge a uno que ha de escapar de los demás mediante desplazamientos ágiles. Los perseguidores han de encerrar a éste cada vez más con sus cuerpos (sin usar los brazos), reduciendo su espacio de movimiento hasta que resulte totalmente aprisionado. — Variante: El profesor puede determinar continuamente nuevos perseguidos durante el juego.	
Cont.	Habilidad Agilidad		
Comp.	Cooperación Táctica		
16	*La pareja separada*	Carrera libre por la pista. La «pareja separada» (**A** y **B**) se sitúan en esquinas opuestas. A la señal, ambos intentan juntarse (cogerse de las manos). Los demás procuran evitarlo, cerrando el paso (sin contacto corporal) o formando cadenas. Una vez que la «pareja separada» consigue unirse, procurará coger, como pareja, a dos jugadores que formarán la siguiente pareja.	
Cont.	Amagos con el cuerpo		
Comp.	Cooperación Táctica		
17	*Persecución con petos*	Cuando el profesor grita «¡rojo!», todos los jugadores que lleven un peto rojo han de perseguir a los que lleven petos de otros colores. El profesor cambia los colores y por tanto a los perseguidores, pudiendo llamar también varios colores a la vez. A los 30 seg, como máximo, se ha de interrumpir la persecución. El que no haya cogido a nadie se queda con un punto de penalización	
Cont.	Velocidad Reacción		
Comp.	Concentración		

1.1.1. Correr/sin material (juegos de persecución)

N.°	Nombre del juego / Objetivos/particularidades	Concepto/descripción	Observaciones/organización
18	*Tres juntos con gancho*	Los jugadores están distribuidos por parejas en la pista, cogidos por los brazos, con la mano libre apoyada en la cadera. De 1 a 4 perseguidores intentan coger a un número igual de jugadores. En el momento que un perseguido se engancha en un lado, por ejemplo el izquierdo, de una de las parejas, el jugador de la derecha se convierte en perseguido y escapa. — Variante: Cuando un perseguido se engancha en el lado izquierdo de una pareja, el jugador de la derecha se convierte en perseguidor, y el antiguo perseguidor en perseguido.	
Cont.	Velocidad		
Comp.	Concentración		
19	*Tres juntos mezclándose entre ellos*	Las parejas se distribuyen por la pista, cara a cara. Un jugador perseguido que quiere salvarse de su perseguidor puede colocarse en medio de una pareja. Entonces el jugador al que da su espalda ha de escapar (o: se convierte en nuevo perseguidor y el antiguo en perseguido). — Igual, pero todas las parejas están en constante movimiento. — Igual, pero con varios perseguidores.	
Cont.	Velocidad		
Comp.	Concentración		
20	*Aduanero y contrabandista*	Uno o dos aduaneros se encuentran en la zona de la frontera. Los contrabandistas intentan realizar el máximo número posible de pases por la frontera sin ser cogidos. ¿Quién consigue más pases durante 5 minutos? Los prisioneros han de volver a la línea inicial, obteniendo un punto de penalización. ¿Cuál de los aduaneros controla mejor a los contrabandistas (cogiendo a más jugadores)?	
Cont.	Resistencia		
Comp.	Táctica		
21	*Persecución por parejas*	Dos perseguidores comienzan cogidos de las manos. Cada vez que se atrape a un compañero, éste se une a la pareja. Con otro segundo atrapado, el grupo se divide en dos parejas, etc., hasta que todo el mundo esté atrapado. — Igual, pero las parejas se cogen de forma que cada uno mira en otra dirección (véase persecución al revés). — Igual, pero empleando formas de desplazamiento poco frecuentes.	
Cont.	Velocidad		
Comp.	Cooperación		
22	*Persecución arriba y abajo*	Los jugadores corren de un lado al otro entre dos líneas. En el campo intermedio existen inicialmente dos perseguidores. Los atrapados ayudan en la persecución. ¿Quién consigue pasar más veces de una parte a otra?	
Cont.	Velocidad		
Comp.	Táctica		
23	*Persecución con virus*	3 o 4 jugadores persiguen a los demás. Los atrapados quedan quietos donde fueron cogidos y mantienen los brazos estirados hacia arriba. Pueden salvarse si dos jugadores libres se colocan alrededor del atrapado, dándose las manos. — ¿Serán los perseguidores capaces de atrapar a todos los demás? — ¿Qué grupo de perseguidores necesita menos tiempo para atrapar a todos los demás?	
Cont.	Velocidad		
Comp.	Ayudas		

1.1.1. Correr/sin material (juegos de persecución)

N.°	Nombre del juego / Objetivos/particularidades	Concepto/descripción	Observaciones/organización
24	*Petrificación*	**A** intenta pillar a **B**. Este último, en apuros, puede adoptar alguna postura. **A** ha de imitar entonces primero a **B**, antes de poder seguir persiguiéndolo o bien tocarle. Cambio de papeles.	
Cont.	Velocidad de reacción		
Comp.	Juego limpio		
25	*Persecución en grupo*	Una clase se divide en 4 grupos. Cada grupo, marcado con cintas se convierte en perseguidores durante 1 minuto. Cada uno del grupo cuenta las veces que toca a los jugadores de los restantes 3 grupos durante este minuto. Después de 1 minuto se suma el número de puntos. ¿Cuál es el grupo que acumula más puntos?	Perseguidores
Cont.	Velocidad-resistencia		
Comp.	Juego limpio Honradez		
		Propuesta propia:	
Cont.			
Comp.			

1.1.2. Correr/sin material (carreras de persecución)

N.°	Nombre del juego / Objetivos/particularidades	Concepto/descripción	Observaciones/organización
		Carreras de persecución Observaciones: véase también en *Juegos de persecución* Con participantes de edad madura han de emplearse formas más lentas para el inicio de la sesión (¡peligro de lesión!)	¡Las instrucciones claras son esenciales para el buen resultado de un juego!
26	*Tijeras - piedra - papel*	Los participantes se sitúan por parejas en la línea central, uno frente al otro. A la señal («¡tijeras - piedra - papel!»), cada uno levanta una mano simbolizando uno de los tres objetos. El jugador con el signo dominante persigue al otro. Si ambos coinciden, se repite el proceso. Dominancia de los signos: — Tijeras cortan el papel/papel envuelve la piedra/piedra rompe las tijeras. — Variante: en lugar de parejas se forman dos grupos.	tijeras piedra papel
Cont.	Velocidad		
Comp.	Concentración		
27	*Primero imitar, después perseguir*	Por parejas: **B** persigue a **A**. **A** nombra de repente alguna actividad que ambos realizarán antes de que **B** pueda seguir persiguiendo a **A**. (**A** tiene ventaja al conocer antes la actividad, lo que le supone una ventaja en el tiempo.)	
Cont.	Velocidad - Reacción		
Comp.	Juego limpio		

1.1.2. Correr/sin material (carreras de persecución)

N.°	Nombre del juego / Objetivos/particularidades	Concepto/descripción	Observaciones/organización
28	*Persecución con broma*	A y B se sitúan uno detrás de otro. A extiende su mano hacia delante (o detrás, según colocación), B da tres golpes sobre la mano en intervalos irregulares. El tercero significa para ambos la señal de salida: A escapa, B ¡persigue! — Desde diferentes posiciones de salida.	
Cont.	Velocidad Reacción		
Comp.	Concentración		
29	*Pillar*	A se coloca delante de B, levantando un pie hacia atrás. B toca en cualquier momento el pie de A. Esta es la señal de salida para la persecución. — Variante: B toca en cualquier momento con su pie el trasero de A. Esta es la señal de inicio. — Variante: B levanta una pierna por delante. A lo toca en cualquier momento, se gira y se escapa.	
Cont.	Velocidad - Reacción		
Comp.	Respeto mutuo		
30	*Persecución*	B se sitúa por detrás de A, A adopta posición baja de salida. B se adelanta a A (dándole eventualmente un golpe en la espalda), A intenta alcanzar a B. — Variante: Realizar estas carreras de persecución desde distintas posiciones, por ejemplo, apoyado sobre la barriga, tumbado de espalda, sentado con las piernas cruzadas, posición de pase de vallas, apoyado sobre las manos, etc. — Variante: También sentados, estirados... uno en frente del otro. El perseguidor ha de realizar media vuelta antes de seguir.	
Cont.	Reacción Salida baja		
Comp.	Estimular la creación de formas propias		
31	*Salida coordinada*	Los participantes se sitúan por parejas uno tras otro a una distancia de dos metros entre ambos. — Saltar sobre una pierna en el mismo sitio, iniciando la persecución o bien escapada a la señal. — Saltos alternos o abriendo y cerrando piernas en el mismo sitio, esperando la señal. — Saltos en el mismo sitio, girando 90° a la señal, antes de escapar/perseguir. — Saltos alternos en posición de flexiones, esperando la señal.	Señal
Cont.	Reacción Coordinación		
Comp.	Atenerse a las reglas del juego		
32	*Robo de la zapatilla*	Los corredores se sitúan por parejas, uno en frente del otro. Entre ellos se coloca una zapatilla (u otro objeto, por ejemplo, una cinta de juego). ¿Quién consigue coger la zapatilla y llegar a la línea de fondo, antes de ser alcanzado por el otro? (eventualmente, habrá que colocarse una mano en la espalda).	Por ejemplo
Cont.	Velocidad		
Comp.	Táctica		
33	*Robo de zapatilla con imagen reflejada*	Colocación como en el número 32. B es la imagen inversa de A, teniendo que imitar todas las posturas y movimientos que realiza A. En el momento oportuno, A coge la zapatilla, se gira, intentando alcanzar la línea de fondo sin que B le alcance.	A B
Cont.	Velocidad		
Comp.	Táctica		

1.1.2. Correr/sin material (carreras de persecución)

N.°	Nombre del juego / Objetivos/particularidades	Concepto/descripción	Observaciones/organización
34	*Sobrepasar*	**A** y **B** se enfrentan a una distancia de 1 a 2 metros entre ellos. **A** corre hacia delante, **B** hacia atrás. **A** intenta sobrepasar a **B** mediante fintas y salidas. Si lo consigue, **B** procurará alcanzar a **A** antes de llegar a la línea.	
Cont.	Velocidad		
Comp.	Táctica		
35	*Escapada*	Grupos de tres van corriendo lentamente, uno tras otro, el del medio intenta de repente la escapada para alcanzar la línea de fondo, antes de que los otros dos le puedan «detener» (tocar).	
Cont.	Velocidad		
Comp.	Táctica		
36	*Círculo contra círculo*	Dos círculos se desplazan en sentido contrario (uno dentro del otro). Al sonar el silbato, los jugadores del círculo externo corren hacia una señal (por ejemplo, líneas de fondo), mientras que los miembros del círculo interno intentan atraparlos antes de llegar. Después de cada vuelta se cambian los papeles. ¿Cuál de los dos círculos atrapa a más personas después de x vueltas? — Variante: Los jugadores atrapados cambian de círculo. ¿Cuál de los dos círculos persiste durante más tiempo?	
Cont.	Velocidad Reacción		
Comp.	«Reaccionar» sólo a la señal.		
37	*Serpiente mordedora*	Una «serpiente» está estirada sobre su barriga en el centro del campo, todos los demás jugadores la tocan con la mano (burlarse). Al grito «¡serpiente!» por parte del profesor, ésta intenta morder (tocar) el mayor número de jugadores. Los mordidos se convierten también en serpientes, juntándose a la otra en la siguiente vuelta. ¿Quién sobrevive más tiempo?	 Serpiente
Cont.	Reacción Salida		
Comp.	Aceptar el toque «sin protestas»		
38	*¿Quién reacciona en seguida?*	**A** y **B** corren de forma relajada uno al lado del otro. El profesor exclama, por ejemplo, «¡barriga al suelo!». Ambos han de reaccionar lo más rápidamente posible ¿Quién llega *después* primero al lugar que se determinó previamente (pared del polideportivo, línea...)?	
Cont.	Reacción Salida		
Comp.	Una realización exacta ¡es una cuestión de honor!		
39	*Caza de recuperación*	Por parejas: **A** corre rápidamente hacia la meta. **B** espera hasta que considera poder llegar junto a **A** a la meta mediante un sprint. — Variante: Ambos corredores determinan la forma de desplazamiento de **A**, **B** ha de realizar un sprint.	
	Velocidad		
	Autoconocimiento		

1.1.2.   Correr/sin material (carreras de persecución)

N.°	Nombre del juego / Objetivos/ particularidades	Concepto/descripción	Observaciones/organización
40	*Carrera paralela*	**A** y **B** corren suavemente, uno al lado del otro, sobre una distancia previamente determinada (pista de atletismo). Cada uno de los dos puede variar libremente la velocidad o incluso pararse. Uno de los dos toma de repente la iniciativa, comenzando con el sprint final. ¿Quién de los dos entra primero en la meta?	
Cont.	Velocidad Velocidad - resistencia		
Comp.	Autoconocimiento		
41	*Carrera sobre líneas*	Recorriendo las líneas de la pista. Al cruzarse con otro, pasará por encima o por debajo o por el lado... del otro sin perder el contacto con la línea. — Igual, corriendo hacia atrás, gateando, arrastrándose... — Igual, pero cada nuevo color de línea significa otra forma de desplazamiento, por ejemplo, línea roja implica saltar, línea blanca andar hacia atrás...	
Cont.	Agilidad		
Comp.	Cooperación		
42	*Carrera sobre líneas sin encontrarse*	Todos los jugadores se desplazan por las líneas de la pista, evitando los encuentros en los cruces. No obstante, si dos jugadores se encuentran, han de juntarse procurando alargar al máximo su cadena (cruzándose de nuevo con otros).	
Cont.	Agilidad		
Comp.	Táctica		
43	*Formar una serpiente*	Carrera libre por el espacio (eventualmente también alrededor y por encima de obstáculos). ¿Somos capaces de formar una serpiente sin determinar quién es la cabeza (uno se engancha en otro hasta que se haya formado toda una columna).	
Cont.	Resistencia		
Comp.	Cooperación		
		Propuesta propia:	
Cont.			
Comp.			

1.1.3.   Correr/sin material (otras formas)

44	*Cruz roja*	2 grupos; la mitad de cada grupo se estira sobre el suelo en el centro para «ser salvados». Estos jugadores «por salvar» no pueden caminar y han de ser transportados. Los salvadores de ambos grupos se sitúan uno en cada extremo del campo. A la señal corren y transportan a sus compañeros «por salvar» hasta su línea de fondo. ¿Qué grupo acaba primero con su servicio de salvamento? — También pueden modificarse las formas de desplazamiento y transporte.	
Velocidad Fuerza			
Cooperación			

1.1.3. Correr/sin material (otras formas)

N.°	Nombre del juego / Objetivos/particularidades	Concepto/descripción	Observaciones/organización
45	*Piloto de pruebas*	**A** y **B** se colocan espalda contra espalda y comienzan a caminar como robots. Un piloto toca el hombro derecho o izquierdo de uno y otro lo que significa: realizar un cuarto de giro en dirección del hombro tocado y seguir. ¿Cuál de los pilotos es capaz de dirigir su pareja de forma que los dos se acerquen de frente uno al otro para encontrarse?	
Cont.	Táctica		
Comp.	Vivencias		
46	*«Milí» con carrera*	Uno toma el mando. «Comando ¡correr!» = correr. «Comando ¡tierra!» = estirado con el vientre sobre el suelo y preparado. «Comando ¡potro!» = posición de potro. «Comando ¡barril!» = estirado con la espalda sobre el suelo con brazos y piernas levantados. «Comando ¡todos los pájaros salen a volar!» = describir círculos con los brazos. «Comando ¡potro doble, tierra doble, etc.!» = posiciones por pareja. El que realiza un ejercicio sin que el «comandante» haya dicho «comando...» (por ejemplo, sólo dice: «¡potro!») o el que se deja engañar repitiendo un ejercicio erróneo (por ejemplo, un barril en lugar de un potro), se convertirá en el nuevo «comandante». Una mayor rapidez en citar los comandos hace que más jugadores se equivoquen. Entre comando y comando, los jugadores se desplazan libremente por la pista.	Comando ¡carrera!
Cont.	Táctica		
Comp.	Concentración		
47	*Estrella fugaz*	Los alumnos forman un círculo y la estrella fugaz corre rápidamente alrededor. Si aterriza entre dos jugadores se produce una explosión: Uno de los dos corre hacia la derecha, el otro hacia la izquierda alrededor del círculo. El que llega último al lugar de partida es la nueva estrella fugaz. — Este juego resulta más intenso, si se trabaja con varios círculos pequeños.	
Cont.	Reacción frente a una señal específica		
Comp.	Encuentro Vivencia		
48	*El que se va a Sevilla...*	Los jugadores están sentados por parejas uno tras otro, formando conjuntamente dos círculos (interior y exterior). En el centro del mismo se colocan dos jugadores más, espalda contra espalda. A la señal se levantan todos los miembros del círculo interno, incluyendo los dos del centro y buscan un nuevo lugar por detrás del círculo externo. (Han de saltar a un jugador, como mínimo.) Los dos jugadores que no encuentran sitio, se colocarán en el centro.	Diferentes posiciones de salida: — sentado con las piernas cruzadas — posición de flexión de brazos — posición de salida baja, etc.
Cont.	Reacción frente a una señal acústica.		
Comp.	Encuentro		
49	*Carrera*	Por parejas: **A** corre hasta la pared, gira, salta por encima de **B** que se coloca en forma de potro, vuelve hasta la pared, etc. ¿Quién realiza más carreras en 1 minuto? ¿Qué pareja consigue mayor número de carreras en 2 minutos?	
Cont.	Velocidad-resistencia		
Comp.	Encuentro		

1.1.3. Correr/sin material (otras formas)

N.°	Nombre del juego / Objetivos/particularidades	Concepto/descripción	Observaciones/organización
50	*Pasear*	Por parejas en una pista de atletismo de 100 a 200 metros: **A** comienza corriendo, **B** paseando. **A** completa la vuelta hasta la altura de **B**, donde cambia a paseo, mientras que **B** inicia la carrera hasta alcanzar a **A**, etc. Cada uno ha de correr 4 veces y pasear también 4 veces.	
Cont.	Velocidad-resistencia		
Comp.	Adquirir nociones de la velocidad		
51	*Carrera en grupo*	Varios grupos caminan o corren suavemente a lo largo de una pista de atletismo. El grupo 1 corre rápidamente hasta la altura del grupo 2 (donde comienza a caminar), el grupo 2 corre hasta el grupo 3, el grupo 3 hasta el grupo 4 y éste hasta el grupo 1. Se realizan varias series. Establecer diferentes distancias entre los grupos. Distintas velocidades (entre carrera rápida y sprint).	
Cont.	Velocidad-resistencia (intervalos)		
Comp.	Formar el sentido para la velocidad		
52	*Carrera de coches con parada en los «boxes»*	Tratar de correr el máximo tiempo a máxima velocidad. Cada uno fija su propia velocidad. Si uno no puede mantener más su velocidad, realiza una parada en el «box», hasta que el «depósito» vuelve a estar lleno (y él vuelve a estar preparado para seguir).	
Cont.	Velocidad resistencia		
Comp.	Autovaloración		
53	*Recogida*	Cada grupo se compone de 3 a 5 alumnos. Forma de desplazamiento: correr, saltitos, gatear... **A** recorre una distancia determinada, inicialmente solo. En la segunda vuelta recoge a **B**. En la tercera se recoge a **C**, **A** se detiene, etc. Por ejemplo: ¿Qué grupo realiza más carreras durante 10 minutos? — También cogiéndose hasta que todo el grupo esté corriendo, separándose luego paulatinamente.	
Cont.	Resistencia		
Comp.	Encuentro		
54	*Carrera con estimación de tiempo* (lenta)	Un determinado recorrido (también libre, en un bosque, campo, etc.) se ha de superar por parejas en un tiempo previamente determinado, por ejemplo, en 5 minutos, cumplidos al máximo posible. ¿Quién es el más puntual?	
Cont.	Resistencia		
Comp.	Percepción del tiempo		
55	*Carrera con estimación de tiempo* (rápida)	Intentar correr exactamente durante 1(2) minuto(s), sentándose luego en orden de llegada (el profesor indica quién se sentó demasiado pronto o tarde).	
Cont.	Resistencia		
Comp.	Percepción del tiempo		

1.1.3.   Correr/sin material (otras formas)

N.°	Nombre del juego Objetivos/ particularidades	Concepto/descripción	Observaciones/organización
56	*Music-stop*	Carrera libre mientras suene la música. Cuando para: — Mantener la posición adoptada en este instante durante 3 seg rígidamente (en tensión hasta las puntas de los dedos). — Formar «moléculas» (grupos de 2, 3). — Saltar encima de otro compañero a caballo. — Ejecutar una rueda, una vertical, etc.	
Cont.	Tensión muscular del cuerpo		
Comp.	Encuentro Concentración		
57	*Geometría deportiva*	Describir, corriendo, diferentes formas geométricas, variando el tamaño de las mismas. Por ejemplo, recorrer un trapecio en todas sus medidas. — Solo o en grupos. — También: **A** empieza, **B** le sigue, **B** debe averiguar qué figura describe **A** con su carrera (letra, número...).	
Cont.	Percepción espacial		
Comp.	Percibir formas, espacios		
58	*Tela de araña imaginaria*	Cada uno extiende una tela de araña imaginaria por la pista. — Cuidado: La tela es muy fina (carrera y extensión de la tela con mucho cuidado). — La tela fina se convierte ahora en grandes mangueras de goma (extender las «mangueras» con mucha fuerza e inclinado hacia delante). — En medio de la manguera hay un nudo (parar de golpe, retroceder hasta el nudo), etc.	
Cont.	Percepción de espacios y distancias		
Comp.	Fantasía para formas		
59	*Marca viva*	Se forman grupos de 5 a 10 personas: El primero de cada grupo corre hasta la marca (por ejemplo, una línea) y simboliza la marca para girar. En el momento de colocarse sale el resto del grupo, da la vuelta por la marca y todos vuelven al lugar de la salida. ¿Qué grupo es el primero en estar sentado? — Igual, pero cada uno de los miembros del grupo constituye una vez la marca de girar. — La marca de girar se coloca en forma de potro, todos han de saltar sobre él.	
Cont.	Velocidad		
Comp.	Encuentro		
60	*Relevo de prueba japonesa*	Grupos de 3 o 4 (o individualmente): Los corredores salen desde la línea de salida y corren hasta la primera línea, la tocan y vuelven hasta la línea de fondo. Paulatinamente se recorren así todas las líneas transversales del campo, volviendo siempre hasta la última línea tocada. ¿Quién acaba primero? — Manteniendo siempre la vista hacia la misma pared. — En forma de relevo de tocar y salvar.	
Cont.	Velocidad Velocidad-resistencia		
Comp.	Ser honrado sin necesidad de control		

1.1.3. Correr/sin material (otras formas)

N.°	Nombre del juego / Objetivos/ particularidades	Concepto/descripción	Observaciones/organización
61	*Combinaciones entre dos*	Por parejas (o en fila) uno tras otro: **B** se coloca por detrás de **A**.	
Cont.	Agilidad	— A la señal (silbato), **A** se para con las piernas separadas, **B** pasa entre ellas.	
Comp.	Concentración	— **A** se estira sobre el vientre (o en forma de banco), **B** salta por encima de él. — **B** adelanta rápidamente a **A**, luego **A** adelanta a **B**, etc. — **A** realiza algún movimiento, por ejemplo, saltar a pata coja, saltitos en cuclillas, variantes de carrera... **B** copia dichas formas.	
62	*El cronómetro humano*	¿Qué distancia recorre **A** en sprint mientras que **B** realiza un determinado ejercicio?	
Cont.	Velocidad-resistencia	— 5 flexiones de brazos — 5 saltos de rana — 20 saltos de cuerda — lanzar una pelota 10 veces contra la pared	
Comp.	Carrera bajo presión	— trepar una vez por la barra de trepar. (Un tercero puede registrar eventualmente la marca alcanzada por **A** en el momento en el que termina **B** su ejercicio.)	
63	*El juego del Muuuh*	¿Hasta qué distancia puede correr **A** (o el grupo **A**), mientras que **B** (o un miembro del grupo **B**) grite «Muuuh» de un respiro? ¿Qué pareja (**A** y **B**) o qué grupo llega más lejos en su carrera?	
Cont.	Velocidad-resistencia	— Igual, se puede correr tanto tiempo hasta que uno del grupo es capaz de emitir un sonido de un instrumento de viento, de un solo respiro.	
Comp.	Aventura		
64	*Carrera con ventaja*	Un grupo de corredores comienza a recorrer una distancia determinada (entre 100 m y 1 km). Un corredor fuerte (o varios corredores juntos) reciben un handicap, debiendo salir más tarde. Veamos si los primeros pueden mantener su ventaja hasta la meta. ¿Dónde son adelantados por los perseguidores?	
Cont.	Velocidad-resistencia		
Comp.	Acuerdos mutuos	— También por parejas: El corredor más flojo sale antes.	
65	*Carrera de distancias*	¿Qué equipo puede recorrer más veces una distancia de 20 m durante 3 min? Eventualmente se puede confeccionar una lista de récords.	
Cont.	Velocidad-resistencia	— Como carrera de puntos — Como carrera de relevos pendulares	
Comp.	Encuentro		
66	*Carrera de relevos de encuentro*	La mitad de cada grupo se enfrenta colocada en lados opuestos del campo. A la señal del silbato salen los dos primeros de cada lado y en el lugar del encuentro se entregan una pica (o se tocan la mano). El relevo acaba cuando cada miembro del grupo haya corrido tres veces.	
Cont.	Velocidad		
Comp.	Ser honrado, también sin controles	— Variante: ¿Qué grupo realiza más carreras en 1, 2, 3 minutos?	

1.1.3. Correr/sin material (otras formas)

N.°	Nombre del juego / Objetivos/ particularidades	Concepto/descripción	Observaciones/organización
67	*Carrera de encuentro*	Dos corredores salen en una trayectoria redonda conjuntamente pero en direcciones opuestas, procurando encontrarse siempre en el mismo lugar. ¿Qué pareja es capaz de prever exactamente, dónde se va a encontrar? (Lugar idóneo: bosque donde los corredores no tienen contacto visual.) El lugar de encuentro no ha de ser necesariamente la mitad de la distancia, ya que el corredor más rápido puede correr más lejos en el mismo tiempo, que su compañero.	
Cont.	Resistencia/ velocidad		
Comp.	Percepción del tiempo		
68	*Salida coordinada 1*	— Dejarse caer el máximo tiempo posible hacia delante, con los brazos junto al cuerpo, saliendo en el último instante con un sprint hacia delante. — Posición de flexión de brazos, realizar ejercicios de amortiguación y de saltos alternos: salir en sprint al oír el silbato. (¡Atención con el movimiento de los brazos en los primeros tres pasos!)	
Cont.	Coordinación de la salida		
Comp.	Arriesgar algo		
69	*Carrera en contra*	La clase se coloca en dos columnas por detrás de cada una de las líneas de fondo opuestas. El primero de cada grupo sale y corre hacia el lado opuesto. En el momento de cruzarse (aproximadamente en el centro de la pista), el profesor toca el silbato. Esta es la señal de salida para los próximos corredores, etc. Puntuación: Lugar de cruzarse en la propia mitad del campo = 1 punto negativo. ¿Qué grupo acaba con menos puntos negativos?	
Cont.	Velocidad (acción/reacción)		
Comp.	Calidad a pesar de la competición		
70	*Salida coordinada 2*	Colocación en filas: — Dar saltitos en el mismo lugar, saliendo lo más rápidamente posible en sprint cuando suena el silbato. ¡Trabajo de los brazos! (Cruzar eventualmente los brazos por detrás de la cabeza, etc.) (¡Atención con los movimientos de los brazos en los tres primeros pasos!) Con saltitos con los pies juntos, de cuclillas, saltitos alternos... — Al sonar el silbato, dar una voltereta hacia delante y salir en sprint (sobre superficie blanda, por ejemplo, césped). — Saltitos con una pierna hasta una marca determinada. Al tocar la marca, salir en sprint (pasos cortos y rápidos). — Brincos en el mismo sitio. A la señal, inclinarse delante y salir en sprint.	
Cont.	Entrenamiento técnico en forma de juego		
Comp.	Cumplir las «reglas de la técnica»		

1.2. CORRER/CON MATERIAL

1.2.1. Correr/balones (juegos sencillos)

N.º	Nombre del juego / Objetivos/ particularidades	Concepto/descripción	Observaciones/organización
		Los «juegos sencillos» se prestan muy bien para la iniciación de clases con niños y adolescentes en sentido de «creación de ambiente». En caso de adultos, sin embargo, se ha de comenzar lentamente debido al peligro de lesiones (distensiones musculares, etc.). ¡Pero también los mayores gozan de los «juegos sencillos» después de un calentamiento!	
71	*Vaciar el plinto*	Entre 2 y 4 alumnos intentan sacar todos los balones de un plinto abierto. Los demás los llevan, uno por uno, de nuevo al plinto. Pero después de cada transporte han de hacer un recorrido determinado (por ejemplo, alrededor de dos conos). ¿Cuánto tiempo puede sobrevivir el equipo de los corredores, es decir, cuándo consiguen los vaciadores del plinto sacar hasta la última pelota del interior del mismo?	
Cont.	Velocidad		
Comp.	Juego limpio		
72	*Tocar*	De 2 a 4 perseguidores intentan tocar a los demás, cada uno con un balón medicinal en la mano (¡la pelota no se desprende de la mano!). El que resulta pillado coge la pelota. — Variante: Los perseguidos han de botar una pelota o hacer juegos con una pelota de voleibol. — Variante: El balón medicinal ha de llevarse por parte de los perseguidores con las manos estiradas hacia delante.	
Cont.	Velocidad Fuerza: brazos		
Comp.	¡Tocar!... no lanzar		
73	*Encantamiento con pelota*	Cada jugador tiene una pelota, el perseguidor se diferencia por una cinta de juego. Los perseguidores han de pillar a los demás, botando la pelota. Los pillados se colocan con las piernas separadas y siguen botando la pelota en el sitio. Pueden ser salvados, si un compañero pasa entre sus piernas, botando la pelota. ¿Los perseguidores son capaces de encantar a todos los demás jugadores?	
Cont.	Dribling Velocidad		
Comp.	Colaborar		
74	*Quitar la pelota*	Por parejas (1:1) o todos contra todos: Dribling libre en el espacio intentando quitar la pelota al contrario (correctamente), sin que se pierda la pelota propia. — Disponiendo de tres vidas. — El que pierde la pelota realizará un ejercicio de castigo. — ¿Quién obtiene más puntos después de 2 minutos?	
Cont.	Baloncesto Defensa de la pelota		
Comp.	Cumplir las reglas acordadas		
75	*Persecución con toques de cabeza*	3 perseguidores con un balón en la mano intentan tocar a otro jugador a través de un toque de cabeza. Todos los demás jugadores botan una pelota o la conducen con el pie.	
Cont.	Dribling		
Comp.	Cooperación		
76	*Balón robado*	4 contra 4 o 5 contra 5: ¿Durante cuánto tiempo puede un equipo pasarse la pelota antes de que el adversario pueda interceptarla? Cada toque de pelota = 1 punto. — En grupos pequeños en diferentes campos; en forma de torneo. — Cada grupo se arbitra a sí mismo.	
Cont.	Táctica		
Comp.	Cooperación		

1.2.1.   Correr/balones (juegos sencillos)

N.º	Nombre del juego / Objetivos/ particularidades	Concepto/descripción	Observaciones/organización
77	*Toque de cabeza contra la pared*	Dos equipos intentan golpear su pelota contra la pared contraria mediante toques de cabeza. Igual que en el balonmano, el grupo se va pasando la pelota. No hay botes. Después de un pase de un compañero, un jugador intenta lanzar la pelota con la cabeza contra la pared, sin poder realizar autopases para ello, el lanzamiento ha de llegar de otro jugador.	
Cont.	Táctica		
Comp.	Cooperación		
78	*Cazadores con pelota*	5 cazadores juegan contra 5 liebres en un campo no demasiado grande: ¿Cuántas «dianas» consiguen los cazadores en 3 minutos? Cambio de papeles. Eventualmente con balones de espuma, o bien que sólo cuenten toques de pelota en las piernas.	A: B (5:5) C: D (5:5)
Cont.	Velocidad		
Comp.	Táctica		
79	*Robo de zapatilla*	Dos jugadores se enfrentan situados sobre las líneas de fondo, en la línea del centro se coloca un balón (zapatilla). Los dos salen a la señal. ¿Quién consigue hacerse primero con el balón, sin que el otro le toque, llevando el balón hasta su línea de fondo?	
Cont.	Fintas corporales Agilidad		
Comp.	Táctica		
80	*Aduaneros y contrabandistas*	Los contrabandistas intentan correr hasta la pared opuesta y volver sin que los guardas les toquen. En el recorrido han de ir botando una pelota. ¿Quién consigue más carreras en 5 minutos?	
Cont.	Dribbling-resistencia		
Comp.	Táctica		
81	*Recoger oro en la China*	Los ladrones intentan penetrar en la China, a pesar de la muralla china y sus guardianes, con el fin de buscar oro (pelotas de tenis) y volver con ellas. En el recorrido, todos van botando una pelota. Los que resultan ser pillados en el recorrido han de relevar a un guardián o devolver el oro por encima de la muralla. ¿Quién consigue llevarse más oro en un tiempo de 5 minutos? — Igual, pero sin botar una pelota.	
Cont.	Dribbling-resistencia		
Comp.	Táctica		
82	*Pelota intrusa*	Los alumnos botan libremente su pelota. 3 o más parejas de jugadores se colocan enfrentados en los extremos de la pista y se pasan un balón medicinal rodando de un extremo al otro. Si un jugador del extremo consigue tocar a un jugador del interior del campo o a su pelota, cambiará con él. — Igual, pero con más pelotas intrusas. — Igual, pero los intrusos se mueven libremente por la pista.	
Cont.	Dribbling Visión periférica		
Comp.	Tener consideración a pesar del afán de jugar		

1.2.1.   Correr/balones (juegos sencillos)

N.°	Nombre del juego / Objetivos/ particularidades	Concepto/descripción	Observaciones/organización
83	*Variante de pelota intrusa*	La misma idea de juego que arriba. Los corredores se colocan en un extremo de la pista y procuran realizar el máximo número de carreras durante 5 minutos sin ser tocados. — Los tocados cambian de papeles con sus «intrusos». — O bien: El que resulta tocado no puede contabilizar esta carrera. No cambia con el «intruso».	
Cont.	Dribbling-resistencia		
Comp.	Contar honradamente No hay control		
84	*Variante de robo de zapatilla*	Dos equipos se enfrentan, colocados sobre sus respectivas líneas de fondo. En el centro se coloca una pelota para dos jugadores. A la señal, todos corren hacia el centro para coger primero la pelota para botarla hasta la línea opuesta. Los contrarios pueden impedirlo en el marco del reglamento de baloncesto (quitar la pelota). Cada pelota botada hasta la línea de fondo significa un punto para el equipo correspondiente.	Véase número 79
Cont.	Baloncesto: ataque/defensa		
Comp.	Táctica		
85	*Variante de robo de zapatilla*	— Variante: Cada equipo dispone de un determinado número de balones en la línea central. Gana el equipo que coloca primero todos sus balones por detrás de la línea de fondo contraria. ¡Acordar una táctica (ataque-defensa)! — Variante: Se enfrentan grupos de tres. En el centro se coloca sólo un balón. Cuando un equipo consigue hacerse con la pelota se convierte en atacante e intenta sobrepasar la línea contraria mediante pases y botes.	
Cont.	Baloncesto: ataque/defensa		
Comp.	Táctica		
86	*Balón de matar*	Los grupos **A** = lanzadores y corredores y **B** = receptores, se distribuyen por el campo. Los receptores intentan coger el balón del primer lanzador para tocar con él a un corredor o para llevarlo lo más rápidamente posible más allá de la línea de fondo. Si el corredor (= lanzador) no se encuentra en ningún cono a la señal de «¡Stop!» (= balón más allá de la línea de fondo), habrá de volver al cono anterior. Si le tocamos con la pelota, se intercambian funciones y campos de ambos grupos sin interrupción. Es decir que el lanzador del grupo **B** no tendrá que esperar hasta que el grupo **A** se haya distribuido por el campo. 1 carrera = 1 punto; 1 vuelta de una tirada = 1 punto. Eventualmente: 1 pelota interceptada = 1 punto. La pelota del lanzador se ha de lanzar de forma que toque primero el suelo antes de salir del campo. — Variante: Cada cono sólo puede ser ocupado por un corredor. Si a la señal de «¡Stop!» se encuentran dos corredores ahí, tendrán que volver ambos.	
Cont.	Velocidad (acción/reacción)		
Comp.	Cooperación		

1.2.1. Correr/balones (juegos sencillos)

N.º	Nombre del juego / Objetivos/ particularidades	Concepto/descripción	Observaciones/organización
87	*Pelota quemada con dribbling*	2 equipos, grupo **A** = lanzadores y corredores, grupo **B** = receptores, todos distribuidos por el campo. Reglamento igual que en el juego de pelota quemada normal, pero el lanzador recibe dos balones: uno para lanzar al campo y otro para botarlo lo más rápidamente posible hasta los conos o la meta. Puede correr durante tanto tiempo como los receptores necesiten para «quemar» una pelota en una canasta (canasta en el centro de la pista o la pared lateral).	
Cont.	Aplicación del dribbling		
Comp.	Cooperación		
88	*Pelota de Alaska*	El grupo **A** chuta la pelota al campo, da la vuelta alrededor del cono y vuelve. El grupo **B** recibe la pelota y forma rápidamente un túnel en el lugar donde lo recibió. La pelota se ha de pasar entre todas las piernas separadas hasta el primer jugador, quien lo llevará hasta la línea de fondo (gritando: «¡Alaska!»). ¿Cuántos corredores del grupo **A** alcanzan en el mismo tiempo la línea de fondo? X vueltas y cambio.	
Cont.	Velocidad		
Comp.	Táctica		
89	*Juego combinado*	3 equipos: Los grupos **A** y **B** juegan cualquier juego de pelota (baloncesto, balón interceptado, etc.), contando los goles o puntos. El grupo **C** corre mientras el mayor número posible de vueltas alrededor del campo, contándolas. ¿Qué grupo consigue más puntos después de cambiar dos veces los papeles (por ejemplo, 3 × 5 min)?	
Cont.	Resistencia		
Comp.	Cada uno cuenta (honradamente) sus vueltas		
90	*Carrera de los 6 días*	El grupo **A** da 6 vueltas alrededor del grupo **B**, de uno en uno o todos juntos. El grupo **B** ha de repetir mientras una tarea el máximo número de veces, hasta que **A** acabe. Cambio de papeles. ¿Qué grupo consigue más puntos? Tareas para el grupo **B**: — Pasarse una pelota rápidamente de uno a otro en círculo. 1 vuelta = 1 punto. — Pasarse la pelota en zig-zag. 1 vuelta = 1 punto.	
Cont.	Resistencia		
Comp.	Cooperación		
91	*Pelota sentado con esclavos*	Juego normal de pelota en posición sentados, todos contra todos. Cuando un jugador toca con su chut a otro, se convierte en el Señor de su esclavo (tocado). El esclavo ha de ir dando vueltas alrededor del campo (o realizar otro trabajo de esclavo) hasta que su Señor es tocado. Cuando esto ocurre, el esclavo vuelve a ser libre y puede participar de nuevo.	
Cont.	Lanzamientos Resistencia		
Comp.	Considerar a los más débiles		
92	*Pelota perseguidora*	1:1. **A** conduce una pelota e intenta tocar con un chut raso las piernas de **B**. El perseguido sólo puede desplazarse hacia atrás o lateralmente. Cada 30 o 60 seg se cambian los papeles. ¿Quién obtiene más aciertos?	
Cont.	Fútbol: pase plano Velocidad		
Comp.	Arriesgarse como «perseguido»		

1.2.1. Correr/balones (juegos sencillos)

N.°	Nombre del juego / Objetivos/ particularidades	Concepto/descripción	Observaciones/organización
93	*Persecución futbolística*	Para cada 4 a 5 jugadores hay un receptor con pelota. Los receptores intentan tocar los jugadores con la pelota. Pueden conducir la pelota. Los tocados se convierten en perseguidores y reciben la pelota.	
Cont.	Fútbol: Pases de precisión	— Igual, pero todos han de conducir un balón, los perseguidores llevan otro balón (color).	
Comp.	Táctica	— Contar eventualmente sólo los toques en las piernas o jugar con balones de espuma. — El pase se ha de desviar con la cabeza.	
94	*Fútbol con fortificación*	3 a 5 jugadores contra un portero. Este ha de defender un cono (o algún otro objeto) que se encuentra dentro de una fortificación compuesta por tres palos o conos. Sólo puede defenderlo desde el exterior de la misma.	
Cont.	Pases de precisión Velocicad		
Comp.	Táctica		
95	*Fútbol con porterías longitudinales*	Fútbol normal con dos equipos, pudiendo marcar tantos goles seguidos como se quiera y desde ambos lados de la portería.	
Cont.	Fútbol	— Variante: Después de cada gol se ha de cambiar de portería, si el mismo equipo mantiene la pelota en su posesión.	
Comp.	Táctica	— Variante: El chut a portería ha de ser parado por otro miembro del equipo por detrás de la portería.	
96	*Goleada*	Dos equipos: Con conos se forman porterías, cuyo número ha de ser como mínimo mayor del número de jugadores por equipo. Anchura de las porterías = 1 m. Los atacantes intentan pasarse rápidamente la pelota y conducir la pelota hasta dentro de la portería. Los defensas lo evitan, colocándose dentro de la portería. Si se hacen con la pelota se convierten en atacantes. Después de conseguir un gol se sigue.	
Cont.	Fútbol		
Comp.	Táctica		
97	*Cambios de campo con tareas adicionales*	El cambio de campo puede combinarse con una tarea adicional, por ejemplo: — Después del silbato: realizar primero un ejercicio de agilidad (una rueda), antes de cambiar. — Después del silbato: efectuar un tiro a portería antes de cambiar (los balones están preparados).	Concepto básico, véase número 98
Cont.	Adaptación rápida		
Comp.	Agilidad		
98	*Quitar la pelota con cambios de campo*	En dos campos distanciados entre sí a 10-50 m se juega a quitarse la pelota (por ejemplo, fútbol), jugando en cada campo 2 contra 5 jugadores. A la señal cambiarán los 5 jugadores externos entre los dos campos y los dos internos cambian a externos, juntándose con los primeros tres jugadores que lleguen para cambiar. Los últimos dos jugadores que llegan a cada campo se convierten en jugadores internos.	
	Velocidad		
	Cooperación		

1.2.1.   Correr/balones (juegos sencillos)

N.°	Nombre del juego / Objetivos/ particularidades	Concepto/descripción	Observaciones/organización
99	*Juego de correr y acertar*	4 a 6 grupos de hasta 6 jugadores. Cada jugador recibe una pelota para tocar con ella un objeto (caja, cesta, etc.). Cada vuelta efectuada le da derecho a un lanzamiento. Si acierta, ayuda a un compañero, cogiéndole de la mano y corriendo la vuelta conjuntamente con él. Luego los dos disponen de dos intentos (ya que los dos han realizado en una vuelta cada uno = dos vueltas = dos intentos). Si al final, por ejemplo, sólo falta un jugador de un grupo por acertar, todos los demás compañeros de equipo pueden correr juntamente con él, para obtener tantos intentos para su compañero como vueltas efectuadas. Gana el equipo que consigue primero que todos sus miembros acierten con sus respectivos intentos en la meta. Los balones se llevan al dar la vuelta y se dejan luego al lado de la meta. La vuelta puede abarcar hasta 500 m al aire libre.	
Cont.	Precisión del tiro Resistencia		
Comp.	Ayudar uno a otro		
100	*Juego con porterías móviles*	Las porterías las constituyen de 3 a 5 balones medicinales distribuidos por el campo. Cada vez que se acierta a un balón medicinal con una pelota de fútbol se cuenta un gol. El juego se reanuda en seguida sin saque, con la condición de que un equipo no puede meter dos veces seguidas gol en el mismo balón medicinal.	
Cont.	Regate y juego en cooperación		
Comp.	Táctica		

1.2.2.   Correr/balones (otras formas)

N.°	Nombre del juego / Objetivos/ particularidades	Concepto/descripción	Observaciones/organización
101	*Skipping*	Un balón medicinal o pelota de baloncesto, se lleva por delante del cuerpo: carrera con elevación de las rodillas (skipping), las rodillas han de tocar cada vez la pelota. — Variante: La pelota se golpea con la rodilla ligeramente hacia arriba y se vuelve a recoger.	
Cont.	Práctica de la carrera Coordinación		
Comp.	Cumplir las reglas del juego		
102	*Artistas con la pelota*	Las piernas se cruzan lateralmente. Mientras, la pelota se ha de lanzar y recibir al aire por un lado, sin que se interfiera el trabajo de las piernas.	
Cont.	Coordinación		
Comp.	Concentración		
103	*Autopase*	¿Quién es capaz de lanzar el balón lo más lejos hacia delante, corriendo tras él para recibirlo antes de que toque el suelo?	
Cont.	Percepción de trayectorias		
Comp.	Evaluarse a sí mismo		

1.2.2.   Correr/balones (otras formas)

N.°	Nombre del juego / Objetivos/ particularidades	Concepto/descripción	Observaciones/organización
104	*Diferenciar*	Colocación en línea. A la señal, cada uno lanza su pelota al aire lo más lejos posible, corre tras ella y la lleva corriendo hasta la meta. ¿Quién llega primero?	
Cont.	Velocidad Fuerza de lanza-miento	— O bien: La distancia restante se ha de recorrer hacia atrás, saltando con una pierna, etc. — O bien: La pelota se ha de conducir con el pie por la dis-tancia restante.	
Comp.	Cumplir las reglas de juego acorda-das		
105	*Gol entre piernas*	**B** se coloca por detrás de **A** con una pelota entre las manos, **B** empuja la pelota entre las piernas de **A**. **A** que mira hacia delante sale cuando ve la pelota e intenta alcanzarla.	
Cont.	Velocidad	— Igual, pero **A** sentado, **B** empuja la pelota por el lado de **A**.	
Comp.	Concentración	— Igual, pero **A** mira hacia **B**, en cuanto la pelota sobrepa-sa sus piernas separadas, realiza medio giro y sigue la pe-lota.	
106	*Carrera de perse-cución*	**A** y **B** están sentados uno frente a otro sobre una pelota cada uno, a una distancia de unos 10 m. A la señal salen los dos y corren de una pelota a otra, teniendo que tocarla cada vez con los glúteos. ¿Quién adelanta al otro?	
Cont.	Velocidad-resisten-cia Fuerza-resistencia		
Comp.	Notar la pelota con los glúteos		
107	*Parar la pelota sentándose*	**A** y **B** se sitúan juntos en la línea de fondo y empujan cada uno un balón medicinal o pelota de baloncesto hacia delan-te. Cada uno intenta adelantarse a la pelota del otro y pa-rarla sentándose encima. Las pelotas han de empujarse de manera que el otro justo se puede sentar encima.	
Cont.	Velocidad		
Comp.	Lo que tú me ha-ces te lo devolveré		
108	*Artista en drib-blings contra co-rredor*	**A** intenta realizar el máximo número de toques con su pelo-ta (con el pie, muslo y cabeza) en el tiempo que **B** corre una vuelta (eventualmente, conduciendo una pelota con el pie). Cambio de papeles. ¿Quién realizó más toques?	
Cont.	Velocidad Destrezas	— Igual, pero **B** recorre una distancia recta de ida y vuelta, en lugar de una vuelta.	
Comp.	Cada uno cuenta honradamente		

1.2.2.   Correr/balones (otras formas)

N.º	Nombre del juego / Objetivos/ particularidades	Concepto/descripción	Observaciones/organización
109	*Salida conjunta con pelota*	**A** se sitúa en el suelo apoyado sobre el vientre delante de **B**. **B** lanza una pelota por encima de **A**, quien sale en cuanto vea (u oiga) el pase de la pelota intentando coger la pelota antes de que bote por segunda vez en el suelo.	
Cont.	Salida Velocidad de reacción	— Diferentes posiciones de salida. — Diferentes distancias del lanzamiento. — También rodando la pelota.	
Comp.	Lanzar de forma que **A** tenga todavía una posibilidad		
110	*Cadena sin final*	**A** lanza la pelota a **B** y le adelanta, **B** pasa la pelota a **A** y le adelanta, etc. ¿Qué pareja consigue cruzar primero 5x la pista? Si se pierde la pelota: ¡retroceder 20 m!	
Cont.	Velocidad Lanzar-recibir		
Comp.	Cooperación		
111	*Lanzamientos entre tres*	**A** y **B** se colocan uno tras otro, **C** en frente. **A** pasa la pelota a **C** y corre a su sitio, **C** lo pasa a **B** y se coloca tras él, etcétera.	
Cont.	Resistencia y destrezas Diferentes formas de lanzamientos y pases	— Lanzamientos con la derecha y la izquierda y con ambas manos. — Pases de pecho. — Lanzamiento en suspensión por encima de la cabeza. — Lanzamiento desde agarre bajo por detrás de la espalda. — Lanzamiento de empuje con derecha e izquierda.	
Comp.	Práctica continuada	— Dejar rodar la pelota. — Jugar a fútbol o conducir la pelota con el pie al otro lado. — Lanzamientos con bote con la derecha, izquierda, adelante, lateralmente, hacia atrás. — Lanzamiento de gancho: con la mano izquierda por encima del hombro derecho. — Lanzamiento hacia atrás entre las dos piernas. — Lanzamiento hacia atrás por encima de la cabeza, arqueando el tronco. — Pases desde posición decúbito prono. — Pases desde posición decúbito supino, sentándose. — Pases desde cuclillas mediante estiramiento del tronco. — Pases desde posición arrodillada sobre un lado arqueándose en un lado y otro.	
112	*Quitar la pelota*	Todos los jugadores conducen una pelota con el pie (o botan una pelota). Entre uno y tres perseguidores sin balones, intentan arrebatarle la pelota a los demás jugadores (¡cuidar una intervención corporal correcta!) para convertirle así en perseguidor.	
Cont.	Visión periférica; conducción y golpeo		
Comp.	Cumplir las reglas de juego existentes		

1.2.2. Correr/balones (otras formas)

N.°	Nombre del juego / Objetivos/particularidades	Concepto/descripción	Observaciones/organización
113	*El espejo*	Por parejas: **B** es la imagen-espejo de **A**: Inventar series rítmicas con botes, carrera y saltos laterales, hacia delante y atrás, en el sitio. **A** realiza, **B** imita todo.	
Cont.	Conducción de la pelota sin control visual		
Comp.	Dejarse llevar		
114	*Gimnasia en línea*	Gimnasia en línea con música. Por parejas, cada uno con una pelota. Después de 8 tiempos cada uno comienza la siguiente pareja. Por ejemplo, 8 tiempos con botes hacia delante, 8 tiempos laterales, 8 tiempos hacia delante...	
Cont.	Resistencia y destrezas / Ritmo	— O bien: 8 tiempos lateralmente hacia la derecha (x), 8 tiempos hacia atrás (xxx), 8 tiempos lateralmente hacia la derecha, 8 tiempos hacia delante (xx), 8 tiempos lateralmente hacia la derecha.	
Comp.	En conjunto		
115	*Cambios de pelota*	Cada uno conduce con el pie una pelota (o la bota con la mano), libremente en un espacio reducido. Al sonar un silbato, cada uno chuta de forma rasa hacia fuera e intenta recuperar otra pelota. Se utilizan unas 4-5 pelotas menos que el número de jugadores. El que no consigue ninguna pelota realizará un ejercicio gimnástico (estiramiento-fortalecimiento).	
Cont.	Velocidad		
Comp.	Concentración		
116	*Caza del balón*	El profesor (o ganador de la última vuelta) tira la pelota con el pie por encima del grupo que está estirado sobre el suelo (arrodillado, de pie...). En cuanto el balón toque el suelo, pueden salir. ¿Quién se hace primero con el balón?	
Cont.	Salida / Velocidad		
Comp.	¡Sin salidas falsas!		
117	*Salida con colores*	Se colocan 4 conos que forman un cuadrilátero, adjudicando un color a cada uno. Cada jugador conduce la pelota con el pie (o la va botando) dentro de este espacio. Al comando «¡rojo!», cada uno corre alrededor del cono correspondiente sin llevar la pelota, para encontrar todavía alguna a la vuelta. El que no consigue ninguna, realizará un ejercicio de estiramiento o fortalecimiento (hay entre 2 y 5 balones menos que el número de participantes).	verde / rojo / amarillo / azul
Cont.	Velocidad		
Comp.	Concentración		
118	*Los balones reposados*	Los balones están distribuidos por la pista: Dar vueltas alrededor de los balones, saltar por encima de los mismos, describir círculos alrededor...	
	Resistencia	— Igual, por pareja, en grupos serpientes. — Igual, pero sentándose sobre un balón cuando suena la señal, mantener el equilibrio encima de uno, realizar una flexión de brazos apoyado sobre él, etc.	
	No ir siempre a por la misma pelota	— ¿Quién consigue primero tocar 20 (todos) balones con el trasero?	

1.2.2. Correr/balones (otras formas)

N.°	Nombre del juego / Objetivos/ particularidades	Concepto/descripción	Observaciones/organización
119	*Carrera pendular*	Las pelotas (medicinales) están distribuidas por la mitad de la pista. A la señal, se sale del lado opuesto corriendo de forma pendular hasta un total de 8 pelotas (volviendo siempre por el centro hasta la línea de fondo). ¿Quién acaba primero? — Igual, pero en cada pelota se ha de realizar un ejercicio adicional (por ejemplo, flexión de brazos, salto con estiramiento, saltos alternos por encima de la pelota, etc.).	
Cont.	Velocidad		
Comp.	Cada uno cuenta honradamente sus repeticiones		
120	*Lanzamiento de pelota con tarea adicional*	Todos corren libremente por la pista, tirando constantemente con ambas manos una pelota (medicinal) al aire, por delante de su cuerpo. Al sonar el silbato, se coloca la pelota en el suelo para salir a tocar tres pelotas diferentes y volver a la propia. ¿Quién acaba último?	
Cont.	Velocidad Fuerza-resistencia		silbato
Comp.	¡Juego limpio!		
121	*Lanzamiento de pelota con tarea adicional*	— Igual, pero los jugadores se han de ir sentando encima de 3 pelotas diferentes. — Igual, pero los jugadores han de efectuar una flexión de brazos por encima de 3 pelotas.	
Cont.	Velocidad Fuerza-resistencia		
Comp.	Aprender a encontrar formas propias		
122	*Carrera con lanzamiento de suerte*	Cada alumno dispone de una pelota (de tenis) y recorre una vuelta o bien un circuito. Cada vuelta realizada da derecho a un lanzamiento a diana (por ejemplo, una cesta). Cada vuelta y cada acierto suman 1 punto. ¿Quién consigue primero x puntos? ¿Quién obtiene primero tantos puntos como años tiene? ¿Quién tiene mayor número de puntos después de 5 minutos?	
Cont.	Resistencia Lanzamiento con diana		
Comp.	Contar honradamente sus propios resultados		
123	*Coger la pelota*	Por detrás de una línea de fondo se colocan un gran número de pelotas (u otros objetos, por ejemplo, cintas). La clase se organiza por parejas en el lado opuesto. Al silbato, los dos corren alternando a buscar una pelota. ¿Qué pareja recoge más pelotas?	
Cont.	Resistencia		
Comp.	Encuentro		

1.3. CORRER/CUERDA DE SALTAR

1.3. Correr/cuerda de saltar

N.°	Nombre del juego / Objetivos/ particularidades	Concepto/descripción	Observaciones/organización
124	*Carrera en skip-ping*	**A** tiene una cuerda alrededor de su vientre y corre hacia delante, **B** aguanta los extremos de la cuerda y frena.	
Cont.	Salida Velocidad	— Igual, pero **B** suelta de repente uno de los extremos de la cuerda, de forma que la resistencia se pierde. **A** debe reaccionar rápidamente y arrancar en carrera sin desequilibrarse hacia delante.	
Comp.	Respeto mutuo		
125	*Búsqueda de la cuerda*	Todos los alumnos corren por la pista, saltando la cuerda. A la señal, todos dejan caer su cuerda y se sientan encima de otra. Quien sea el último o quien no consiga cuerda alguna realizará un ejercicio de castigo.	
Cont.	Resistencia Velocidad		
Comp.	¡No tirar la cuerda!		
126	*Carrera con cuerdas por tríos*	**A** está sentado en el suelo y aguanta la cuerda alrededor del vientre. **B** y **C** le arrastran hacia el lado opuesto. Cada uno será arrastrado 1, 2, ... veces. ¿Qué grupo acaba primero?	
Cont.	Fuerza-resistencia		
Comp.	Vivencia		
127	*Pisar la cola*	Cada alumno cuelga la cuerda de saltar en la cintura del pantalón e intenta colocarse encima de la cuerda de otro, de manera que se le caiga.	
Cont.	Velocidad Agilidad	— Todos contra todos. — Uno contra uno. — Competición en grupos por tiempo: ¿Qué tiempo tarda el grupo **A** para hacer perder la cola a todos los miembros del grupo **B**?	
Comp.	Cumplir las reglas a raja tabla		
128	*Perro guía para ciegos*	Por parejas, cogiendo la cuerda por los extremos y uno de los dos va guiando al otro.	
Cont.	Percepción de cuerpo y espacio	— ¡Evitar colisiones! — El que va detrás cierra los ojos, el que va delante hace de perro guía. — En forma de persecución por parejas.	
Comp.	Cooperación Ayuda		
129	*Corredores contra saltadores de cuerda*	El equipo **A** corre el máximo número de vueltas posible durante 5 minutos, mientras que el equipo **B** procura realizar el máximo número posible de saltos de cuerda. ¿Qué grupo acumula más puntos después del cambio? Adaptación: Cada 100 saltos se consideran como 1 punto.	
Cont.	Resistencia	— También 1 contra 1 (**A** corre, **B** salta la cuerda).	
Comp.	Contar los puntos honradamente		

1.3. Correr/cuerda de saltar

N.°	Nombre del juego / Objetivos/particularidades	Concepto/descripción	Observaciones/organización
130	*La muralla china*	El «constructor» se coloca en la franja central de unos 2 a 3 metros de anchura e intenta pillar a los jugadores que corren de una banda a la otra. Los atrapados se convierten en piedra, colocándose en la franja central y saltando la cuerda hasta que todos estén atrapados. Pillado = tocado por el constructor, por una piedra o una cuerda de saltar. ¿Quién concluye más recorridos? ¿Quién sobrevive?	
Cont.	Velocidad		
Comp.	Si hay contacto, no debe haber discusión		
131	*Jugando con fuego*	**A** salta a la comba en el mismo sitio, **B** se acerca saltando a la comba (juega con fuego). En cuanto se toquen las dos cuerdas, ambos dejarán caer la cuerda al suelo y **B** se escapa, perseguido por **A**.	
Cont.	Velocidad		
Comp.	No tirar las cuerdas (peligro)		
132	*Círculo contra círculo*	Dos círculos, uno interno y otro externo, se desplazan en sentidos opuestos. A la señal, todos dejan caer sus cuerdas, el círculo externo escapa (por ejemplo, hacia los extremos de la pista) y el interno intenta tocar el máximo número de jugadores, antes de que éstos lleguen a la zona libre. Varias vueltas, luego cambiar papeles. ¿Qué equipo ha tocado a más jugadores?	
Cont.	Velocidad Reacción		
Comp.	Atención: no tirar las cuerdas		
133	*Cadena de cuerdas*	Relevo con grupos de 4: **A** corre hasta la marca del lado opuesto, saltando a la comba, ata la cuerda a la marca, salta 4 veces por encima de la cuerda estirada en el suelo y vuelve. **B** corre, saltando a la comba, ata su cuerda a la de **A**, salta 4 veces encima y vuelve, **C** y **D** hacen lo mismo. **A** desata entonces la cuerda de **D** y vuelve, saltando, etc. ¿Qué grupo acaba primero?	
Cont.	Velocidad Coordinación		
Comp.	Cooperación		

1.4. CORRER/AROS

1.4. Correr/aros

N.º	Nombre del juego / Objetivos/ particularidades	Concepto/descripción	Observaciones/organización
134	*Aros bailarines*	Cada jugador deja «bailar» su aro. (El aro se coloca en el suelo y se gira con una fuerte impulsión con la mano.) Los alumnos corren libremente por la pista, impulsando constantemente los aros de forma que todos los aros «bailan» y ninguno se «muere».	
Cont.	Resistencia		
Comp.	Concentración		
135	*Construir un puente*	La clase se divide en 2 o 3 grupos, cada alumno tiene un aro: A la señal, todo el grupo corre una vuelta, lo que le permite colocar la primera «piedra» (= aro) en el agua. Después de cada vuelta colocará otra piedra en el agua. ¿Qué grupo acaba primero la construcción del puente y llega a través del mismo a la meta en el otro lado?	
Cont.	Resistencia		
Comp.	Cooperación		
136	*Salida de Monza*	Cada uno se coloca detrás de la línea de fondo con un aro. Los aros se ruedan hacia delante. ¿Quién es capaz de esperar el mayor tiempo antes de salir tras el aro y de llegar igualmente con el aro a la meta, situada en la línea de fondo opuesta? — Igual, pero antes de salir, se ha de realizar un ejercicio adicional, por ejemplo, estirarse sobre el vientre, giro completo, tocar la pared...	
Cont.	Velocidad		
Comp.	Autovaloración		
137	*Cambio de aros*	Por parejas, colocados en las líneas de fondo opuestas, con un aro cada uno: A la señal, ambos impulsan sus aros respectivos e intentan alcanzar el aro del otro antes de que éste se caiga al suelo. — Igual, pero dando primero una vuelta alrededor del propio aro, corriendo, saltando, y luego salir. — También es posible en triángulo, por tríos.	
Cont.	Velocidad		
Comp.	Colaboración		
138	*Persecución con aro*	2 o 4 jugadores son los perseguidores, 10 alumnos con aro y otros 10 sin aro. Sólo se puede perseguir a un jugador que tenga el aro en sus manos. Por esta razón, los que llevan aro procurarán tocar lo más rápidamente posible a otro jugador con el fin de poder pasarle su aro. — Los pillados se convierten en perseguidores, cambiando su aro por el distintivo de perseguidor.	
Cont.	Velocidad Resistencia		
Comp.	Ayudarse mutuamente		
139	*Foso de serpientes*	5 o 6 jugadores (serpientes) están situados dentro de su aro (foso de serpientes), situado en cualquier lugar de la pista. Los demás jugadores intentan llegar de una línea de fondo de la pista a la otra, botando una pelota (o conduciendo una bola con el stick de hockey) sin ser mordido (tocado) por una serpiente. El que resulta mordido por una serpiente, coge un aro y se convierte también en serpiente.	
Cont.	Velocidad		
Comp.	Táctica		

1.4. Correr/aros

N.°	Nombre del juego / Objetivos/particularidades	Concepto/descripción	Observaciones/organización
140	*Variante del foso de serpientes*	Eventualmente, las serpientes tienen prohibido colocar más de 4 aros en una línea, es decir, de formar una cadena. — Según el desarrollo del juego pueden o no salir con un pie del foso. — Si se utilizan sticks de hockey en este juego, las serpientes también dispondrán de uno, intentando con ello quitar la pelota a los corredores. Los que pierdan su pelota se convertirán en serpiente.	Igual que el número 139
Cont.	Velocidad		
Comp.	Táctica		
141	*Poner huevos*	Dos equipos: Los atacantes intentan colocar la pelota en un aro no ocupado. Los defensas lo evitan, poniendo como mínimo un pie dentro del aro (hay 3 aros más que el número de defensas). Si los defensas pueden quitar la pelota se convierten en atacantes. Cada vez que se marque un punto, seguirá el juego, pero se ha de cambiar de aro. — Fútbol: fijar la pelota dentro del aro con la planta del pie.	
Cont.	Cooperación rápida y limpia		
Comp.	Táctica		
142	*Carrera con aros eléctricos*	A se deja guiar por B en la pista. A no debe tocar el aro, como si éste llevara una carga eléctrica. Luego cambian de funciones.	
Cont.	Reacción frente a una señal táctil		
Comp.	Experimentar confianza con el compañero		
143	*Desplazamiento con aro magnético*	A se puede mover «libremente», mientras que B ha de llevar el aro de forma que A no lo toque. Luego cambiar los papeles. Variar a menudo velocidad y dirección.	
Cont.	Reacción frente al compañero		
Comp.	Confianza		

1.5. CORRER/PICAS

	Nombre del juego		
N.°	**Objetivos/ particularidades**	**Concepto/descripción**	**Observaciones/organización**
144	*Carrera por ventanas*	Corriendo por la pista, la mitad de los jugadores tiene una pica. A la señal, se arrodillan los jugadores con pica y la levantan horizontalmente delante de ellos. Los demás corren hacia una pica y pasan a través de la «ventana». — Igual, pero la pica se coloca verticalmente en una posición con piernas separadas y tronco doblado lateralmente.	
Cont.	Resistencia Agilidad		
Comp.	Mantener la pica quieta		
145	*Cuida-carrera*	**A** coloca su pica en equilibrio sobre la punta. En cuanto suelte la pica puede salir corriendo. ¿Qué distancia alcanza hasta que la pica caiga al suelo? **B** le controla. Cambio de papeles. ¿Quién llega más lejos?	
Cont.	Salida Velocidad		
Comp.	Juego limpio		
146	*Tándem*	Las picas están distribuidas por la pista: Por parejas. Los dos corren uno detrás del otro (tándem), libremente por la pista. Ir a una velocidad que permita que la pareja se mantenga junta. Correr sin ruido.	
	Resistencia		
	Encuentro		
147	*Variante de tándem*	— Igual, correr elevando las rodillas. «¡Pisar fuertemente los pedales!» — Igual, pasar por encima de las picas (corriendo por encima, saltando por encima, saltos con pies juntos, saltos a pata coja...) — Igual, ¿Qué tándem supera más obstáculos en el tiempo de 2 minutos? El tándem ha de permanecer siempre junto, procurando que el despegue sea elástico y el aterrizaje suave.	Igual que el número 146
Cont.	Formación de la carrera		
Comp.	Encuentro		
148	*Relevos conduciendo la pica*	Grupos de 3 o 4, como mínimo 3 picas por grupo: Hacer rodar hacia delante (o hacia atrás) una pica, con ayuda de las otras dos picas. — En forma de relevo con vuelta. — En forma de relevo pendular.	
Cont.	Velocidad Coordinación		
Comp.	Trabajar con tranquilidad		
149	*Polonesa*	En columna de dos, cada pareja lleva una pica entre los dos. La última pareja sale primero, pasa por debajo de todas las puertas (o salta por encima de todas las picas) y se coloca en primer lugar. La columna va a trote ligero durante el ejercicio. — Formar puertas y pasar por debajo. — Aguantar las picas a una distancia de 20 a 30 cm por encima del suelo: saltar por encima. — Cambiar formas de salto y carrera.	
Cont.	Resistencia		
Comp.	Llevar las picas con cuidado/ ¡precaución!		

1.5. Correr/picas

N.°	Nombre del juego / Objetivos/ particularidades	Concepto/descripción	Observaciones/organización
150	*Carrera con vallas*	Los participantes corren en columna (o dos columnas más pequeñas), cada uno coge su pica con la mano derecha. A una señal, el primero se arrodilla y mantiene su pica sobre el suelo de forma que todos pueden saltar por encima. Una vez que hayan acabado todos, se colocará al final de la columna y se sigue. A la nueva señal se arrodilla el siguiente, etc.	
Cont.	Resistencia		
Comp.	¡Mantener la pica quieta! (¡No crear trampas!)		
151	*Relevos con trasporte*	Grupos de tres: a) **A** y **B** aguantan la pica, **C** se sienta encima y será transportado. b) **C** estirado sobre la espalda, manteniendo la pica horizontalmente: **A** y **B** le arrastran. Relevo: se ha de llevar o bien arrastrar a cada uno una vez.	
Cont.	Fuerza		
Comp.	Cooperación		
152	*Relevo entre tres*	1. **A** corre con la pica hasta la línea de fondo opuesta y la mantiene horizontalmente. 2. **B** sale cuando **A** llega, corre hasta **A** y ata una cinta en la pica. Luego, **B** vuelve y da el relevo a **C**. 3. **C** corre hasta **A** y vuelve a desatar la cinta. 4. **A** y **C** vuelven conjuntamente hasta la meta.	
Cont.	Velocidad		
Comp.	Concurso entre todos		
153	*Hockey con ringo*	La misma idea del juego como en «unihoc». Las picas sirven como bates, el puck es un ringo. Porterías: dos bancos suecos apoyados sobre sus cantos. El ringo no puede superar la altura de la cadera. Cuando el ringo resulta bloqueado se hace un «bulli». Sólo el guardameta puede coger el ringo con las manos, pero lo ha de volver a jugar como máximo a los tres segundos. Elevación no reglamentaria del bate se penaliza con tiro libre.	
Cont.	Ejemplo del «unihoc» Resistencia		
Comp.	No llevar nunca las picas por encima de la cabeza		

1.6. CORRER/CINTA

1.6. Correr/cinta

N.°	Nombre del juego / Objetivos/ particularidades	Concepto/descripción	Observaciones/organización
154	*Caza de la cola del zorro*	Varios jugadores (entre 3 y 5) se enganchan una cola de zorro (cinta) y pueden escapar. Los demás cuentan hasta 10 e intentan quitarles la cinta para convertirse ellos en zorros.	
Cont.	Velocidad Rendimiento		
Comp.	Juego limpio		
155	*Caza de colitas al revés*	Persecución normal, pero los perseguidores reciben una colita (cinta colgando del pantalón). Los pillados han de realizar como penalización un ejercicio hasta que se salvan. Si un jugador consigue arrancar la cinta a un perseguidor, sin ser pillado, se salvarán todos los pillados de su penalización.	
Cont.	Velocidad		
Comp.	Ayudarse		
156	*Caza de la liebre*	Entre 1 y 5 jugadores forman el grupo de las liebres y se colocan una cinta en el pantalón. Los cazadores intentan quitarles la cinta, sin tocarles. Las liebres pueden encantar a los cazadores, tocándoles: los cazadores tocados se convierten en liebres y se colocan también una cinta. ¿Qué tiempo requieren las liebres para convertir a todos los cazadores en liebres, o bien cuánto tardan los cazadores en quitar todas las cintas (las liebres sin cinta se convierten en cazadores)?	
Cont.	Velocidad Resistencia		
Comp.	Cumplir exactamente las reglas del juego		
157	*Persecución con salida*	Los corredores se colocan en la línea de fondo, un perseguidor se sitúa en el lado opuesto. Al silbato salen todos: los corredores se desplazan al lado opuesto, el perseguidor corre hacia una cinta situada a tres metros, la coge e intenta atrapar con ella a uno o varios corredores (antes de que éstos lleguen al lado opuesto). Los atrapados cogen una cinta y ayudan en la persecución. ¿Quién sobrevive más tiempo?	
Cont.	Velocidad		
Comp.	¿Quién se convierte primero en perseguidor?		
158	*Robar*	Durante un espacio de tiempo que los alumnos desconocen, éstos intentan robar el mayor número de cintas posible (u otros objetos) a los adversarios. En cada desplazamiento sólo se puede llevar una cinta. — La obstrucción del contrario puede estar o no permitida.	
Cont.	Velocidad Resistencia		
Comp.	Obstrucción sí, pero ¡juego limpio!		
159	*Cazadores y liebres* (variante)	Los cazadores se distribuyen por la mitad del campo, entre la línea de fondo y la central. Las liebres salen desde el lado opuesto, cada uno con una cinta e intentan dar corriendo una vuelta por la pista (alrededor de las marcas del lado de los cazadores y volver) sin que los cazadores, que disponen de una (o dos) pelota(s), les toquen. Todas las liebres no tocadas pueden colocar entonces su cinta en la barra más baja de las espalderas. Cada vuelta concluida les permitirá subir la cinta una barra más arriba (los tocados acaban su vuelta pero han de dejar la cinta donde estaba). ¿Quién consigue situar primero su cinta en la última barra de arriba? — Variante: Todo el grupo de liebres intentará colocar 5 cintas en la última barra de arriba en el menor tiempo posible. ¿Qué grupo de liebres (cambio de papeles) necesita menos tiempo para ello? (Cada uno corre por sí solo, 1 vuelta = 1 barra más alta.)	
Cont.	Resistencia		
Comp.	Táctica		

1.6. Correr/cinta

N.°	Nombre del juego / Objetivos/ particularidades	Concepto/descripción	Observaciones/organización
160	*¡Pásala!*	Entre 3 y 5 cintas (u otros objetos, por ejemplo, picas, mazas, conos, etc.), han de pasarse lo más rápidamente posible.	
	Velocidad-resistencia	El que tiene algún objeto en las manos cuando para la música, ha perdido una vida, o bien debe realizar algún ejercicio de penalización (el que toca una cinta ha de aceptarla).	
	Aceptar su destino		
161	*Gallina y buitre*	De 3 a 5 jugadores se colocan uno tras otro y se cogen de la cadera (gallinas). El último jugador tiene una cinta colgando del pantalón, el de delante abre los brazos. Delante de la gallina está situado el buitre. Este intenta quitar la cola a la gallina, realizando maniobras y fintas adecuadas.	
Cont.	Velocidad Resistencia		
Comp.	Pensar en sentido del grupo	— Variante: No hay buitre, las gallinas intentan quitarse mutuamente la cola.	
162	*Persecución con cintas*	Un perseguidor intenta pillar a los demás con una cinta. Si lo consigue, deja caer la cinta al suelo. El tocado la coge, convirtiéndose en el nuevo perseguidor.	
Cont.	Velocidad (acción/reacción)	— Con varios perseguidores, eventualmente en dos campos.	
Comp.	Jugar limpiamente... Perder limpiamente...		

1.7. CORRER/BANCO SUECO

1.7.   Correr/banco sueco

N.°	Nombre del juego / Objetivos/ particularidades	Concepto/descripción	Observaciones/organización
163	*Persecución alrededor del banco sueco*	Juego de persecución alrededor de un banco con grupos pequeños. Se puede correr en ambas direcciones, pero nadie debe separarse del banco. No se puede saltar por encima del banco. — Variante: Sólo los perseguidores pueden saltar por encima del banco. — Variante: Todos pueden saltar por encima del banco.	
Cont.	Velocidad Habilidad de salto		
Comp.	¡Cumplir las reglas del juego!		
164	*Transporte real*	Grupos de 4 o 5: ¿Qué grupo acaba primero dando una vuelta (un largo de la pista) con un jugador sentado sobre el banco?	
Cont.	Fuerza		
Comp.	Cooperación		
165	*Vuelta alrededor del planeta*	Grupos de 3 o 6: Sentados uno tras otro sobre el banco. A la señal, todos corren hacia delante, dan una, dos, tres vueltas por su «planeta» (banco sueco) y lo vuelven a pasar con las piernas separadas hasta llegar a su sitio.	
Cont.	Velocidad		
Comp.	Encuentro		
166	*Relevo cruzado*	Sentados por grupos en los bancos suecos: Los últimos de cada banco corren alrededor de todos los bancos y pasan la cinta de relevo al siguiente (sentándose después delante). — En forma de relevos de entrega y recogida. — Todo el grupo ha de realizar conjuntamente 1, 2, ... vueltas. — En forma de concurso por números.	
Cont.	Velocidad		
Comp.	Encuentro		
167	*Variante de relevo cruzado*	Sin bancos suecos. De 3 a 4 grupos forman un círculo cada uno, estando estirados en el suelo (eventualmente se cogen como referencia los pies que han de situarse sobre una línea circular). Al silbato, los primeros corren pasando por encima de todos sus compañeros hasta volver a su sitio, dando el relevo al siguiente jugador tocándole, para que éste pueda hacer lo mismo. ¿Qué grupo acaba primero, dando 1, 2 vueltas?	
Cont.	Velocidad Coordinación		
Comp.	Tener cuidado a pesar de tratarse de un concurso.		
168	*Obstáculo doble*	Carrera y saltos libres por la pista y por encima de los bancos suecos (invertidos). Cuando para la música, todos han de quedar sentados sobre el canto de un banco hasta que vuelve a sonar la música. — Igual, pero con salto del potro sobre un compañero, que se pone encima del canto inferior del banco (¡difícil!). — Igual, pero pasando a través del canto por encima de un compañero que se sitúa transversalmente sobre el banco.	
Cont.	Resistencia Agilidad		
Comp.	¡Tener cuidado mutuamente!		

1.7.   Correr/banco sueco

N.°	Nombre del juego / Objetivos/ particularidades	Concepto/descripción	Observaciones/organización
169	*Cambio de sitio*	Los participantes se colocan de pie sobre 4 bancos. A la señal se cambiarán todos los sitios.	
Cont.	Velocidad	a) Todos los grupos cambian al siguiente banco a su derecha (diferentes formas de desplazamiento, también montado a caballo, etc.).	
Comp.	Encuentro	b) Todos realizan un giro a la derecha, corren en esta dirección alrededor del rectángulo y vuelven a colocarse sobre su banco. c) Dos grupos opuestos cambian lo más rápidamente posible sus puestos.	
170	*Variante de cambio de sitio*	— Bajar del banco con un salto hacia atrás, los dos extremos levantan el banco, los demás pasan por debajo para volver todos a su sitio inicial.	
Cont.	Velocidad Fuerza	— Bajar del banco con un salto hacia delante, los dos extremos levantan el banco, los demás pasan por debajo, luego se pone el banco en el suelo, todos saltan por encima, corren hacia el otro lado y se sitúan encima del otro banco.	
Comp.	Cooperación		
171	*Práctica del salto con bancos suecos*	a) Saltar por encima de los balones medicinales colocados encima de los bancos e igualmente por los huecos entre los dos bancos. b) Correr diagonalmente hacia el banco y superar los balones medicinales mediante un salto en tijeras.	
Cont.	Práctica global del salto	c) Superar los bancos montados a caballo y en carretilla. d) Superar los bancos con saltos rítmicos (por ejemplo, ritmo de tres pasos), también mediante saltos con pies juntos desde cuclillas.	
Comp.	Entrenamiento distendido en grupo	e) Correr y saltar por encima de los bancos suecos con diferentes ritmos de salto. f) Saltar por encima de dos bancos suecos puestos uno sobre el otro (¡atención!). g) Superar los bancos en forma de pases de vallas, llevar la pierna de arrastre por encima del balón medicinal. h) Salto con apoyo de manos, piernas agrupadas, rueda lateral por encima de bancos suecos y balones medicinales.	
172	*Persecución con bancos suecos*	3 o 4 perseguidores se estiran sobre el vientre cerca de la pared del polideportivo. Los jugadores se distribuyen por el campo. El perseguidor número 1 sale y pilla lo más rápidamente posible a un jugador. Este se coloca entonces al lado del perseguidor 3, esperando que le toque su turno. Nadie puede saltar por encima de los bancos.	
Cont.	Velocidad		
Comp.	¡Cumplir las reglas del juego!	— O bien: Sólo los perseguidores pueden saltar los bancos.	
173	*Driblar y perseguir*	**A** y **B** situados en lados opuestos, salen a la vez para botar una pelota alrededor del banco sueco, ambos en el mismo sentido. ¿Quién adelanta primero al otro?	
Cont.	Driblar Velocidad-resistencia	Cambios de dirección después de cada minuto o en espacios cortos de tiempo, indicados por el profesor. Variante: Los jugadores determinan los espacios de tiempo.	
Comp.	¡Cumplir las reglas del juego!		

1.7.   Correr/banco sueco

N.°	Nombre del juego / Objetivos/particularidades	Concepto/descripción	Observaciones/organización
174	*Variantes de slalom*	4 o 5 bancos suecos se colocan transversalmente en la pista con distancias iguales entre las mismas. Los alumnos corren en forma de columna, cada uno con una pelota:	
Cont.	Resistencia Habilidad con la pelota	— Correr en slalom alrededor de los bancos, realizando botes. — Correr en slalom por encima de los bancos, realizando botes por un lado.	
Comp.	Cuidado mutuo	— Correr por encima del banco, botando la pelota encima del mismo.	
175	*Carrera de obstáculos con pelota*	Los jugadores se colocan en una línea en la cara larga de la pista. Enfrente de cada grupo se coloca un banco en el lado opuesto del campo. A la señal salen los grupos corriendo. Los extremos levantan el banco y los demás pasan por debajo del mismo. Luego se coloca el banco en su sitio y todos vuelven a su puesto.	
Cont.	Velocidad		
Comp.	Cooperación		
		Propuesta propia:	
Cont.			
Comp.			

1.8.   CORRER/ESPALDERAS

1.8.   Correr/espalderas

N.°	Nombre del juego / Objetivos/particularidades	Concepto/descripción	Observaciones/organización
176	*El mono y la pantera*	La pantera se sitúa a unos 5 m de la barra de trepar, el mono se pone delante: Al silbato, el mono trepa lo más rápidamente posible, su compañero corre hasta la barra de trepar con el fin de poderle tocar todavía. Cambio. ¿Quién pilla más veces?	
Cont.	Trepar Velocidad		
Comp.	¡Atención con las manos de la «pantera»!		
177	*Relevo con espalderas*	Grupos de 3 a 5 alumnos. A 10/15 m de las espalderas se colocan bancos suecos de forma paralela. Cada grupo se sitúa por detrás de un banco sueco y delante de una espaldera: Los primeros de cada grupo salen, saltan por encima del banco y colocan una cinta en la primera barra de la espaldera. Volver, pasar por debajo y pasar el relevo. ¿Qué grupo consigue primero llevar la cinta hasta la última barra? (La cinta se sube en cada carrera una barra más alta.)	
Cont.	Velocidad Agilidad		
Comp.	¡No salir demasiado pronto!		
178	*Carrera con cintas*	Grupos de 2 a 4, cada grupo tiene una cinta colocada en la primera barra. Por cada vuelta realizada, cada miembro del grupo puede subir la cinta una barra más arriba. ¿Qué grupo sitúa primero su cinta en la última barra? — Variante: En cada vuelta se ha de trepar hasta la marca A o B. Marca A = subir la cinta una barra más arriba; marca B = dos barras. Cada uno decide por sí mismo si quiere trepar hasta la marca B o correr una vuelta más.	
Cont.	Resistencia		
Comp.	Táctica		
179	*Carrera con elevación de rodilla*	En cada espaldera se colocan dos alumnos, corriendo en el sitio. En cada zancada se ha de tocar la 2.ª (3.ª, 4.ª, 5.ª) barra con el pie. ¿Quién obtiene primero 20 toques?	
Cont.	Fuerza-resistencia de las piernas		
Comp.	¡Cumplir las reglas del juego a raja tabla!		
180	*Pasos alternos*	Con el primer paso (pierna derecha) se alcanza la 3.ª (4.ª, 5.ª, 6.ª) barra, el segundo paso (pie izquierdo) llega hasta la misma altura. El pie derecho vuelve a tocar el suelo; luego el pie izquierdo, etc. Continuamente: — En forma de ejercicio para el ritmo. — En forma de concurso.	
Cont.	Capacidad de coordinación		
Comp.	Capacidad de concentración		

1.9. CORRER/APARATOS

1.9 Correr/aparatos

N.°	Nombre del juego / Objetivos/ particularidades	Concepto/descripción	Observaciones/organización
181	*Relevos de volteretas*	Grupos de 3, delante de cada grupo hay dos colchonetas distanciadas de 10 a 20 m: voltereta hacia delante, correr hasta el banderín, voltereta atrás, volver y entregar la cinta al siguiente. ¿Qué grupo acaba primero con tres vueltas?	
Cont.	Velocidad Agilidad		
Comp.	Realizar volteretas técnicamente correctas		
182	*Pies secos*	Grupos de 2 o 3: Cada grupo dispone de dos colchonetas, que se han de transportar a una distancia determinada. Mientras, ningún miembro del grupo debe tocar el suelo.	
Cont.	Fuerza		
Comp.	Cooperación		
183	*Fútbol con colcho- netas*	El grupo **A** juega a fútbol contra el grupo **B**. Cada grupo dispone de dos colchonetas con un guardameta en cada una. Los demás jugadores no pueden pisar las colchonetas. El juego consiste en pasar la pelota al propio guardameta de forma que éste la pueda recibir estando sentado encima de su colchoneta. Después de conseguirlo se saca desde la línea central. — Variante: Se juega con dos pelotas.	colchonetas
Cont.	Fútbol Resistencia		
Comp.	Táctica		
184	*Fútbol retenido con colchonetas*	Dos equipos, una pelota: Cada equipo intenta mantener la pelota y conseguir goles, es decir, que se pase a un compañero que toque la colchoneta con al menos un pie. La pelota ha de poderse parar encima de la colchoneta. — Igual, pero con lanzamiento y recepción (de 3 a 5 colchonetas, que ambos equipos pueden usar como portería).	
Cont.	Habilidad con la pelota		
Comp.	Táctica		
185	*Fútbol/balonmano con colchonetas*	Dos o tres equipos: Como porterías sirven colchonetas apoyadas en la pared. El grupo **A** juega fútbol o balonmano contra el equipo **B**. El grupo **C** «guarda» las porterías. Juego con tres equipos: Cuando se consigue un gol, todos los guardametas cambian y entran en el campo, el equipo de campo al que se metió el gol, se convierte en guardameta.	
Cont.	Resistencia		
Comp.	Táctica		
186	*Juego de cambio de papeles*	Juego con dos equipos: Cada equipo tiene 3 (4) jugadores de campo y el mismo número de guardametas. Cuando un equipo marca un gol, todos los jugadores contrarios de campo cambian con sus guardametas (reglamento de fútbol o balonmano). — Variante: Existen más porterías que jugadores de campo, lo que significa que los guardametas han de desplazarse. — Variante: Se juega con 2 pelotas.	
Cont.	Resistencia		
Comp.	Táctica		

1.9　Correr/aparatos

N.°	Nombre del juego / Objetivos/particularidades	Concepto/descripción	Observaciones/organización
187	*Persecución con colchonetas*	De 2 a 3 perseguidores intentan pillar a los demás. Las liebres además han de mantener de pie una o dos colchonetas gruesas (o 5 a 10 delgadas). Si una colchoneta se cae gana el grupo de perseguidores. Los pillados se convierten en perseguidores.	
Cont.	Resistencia		
Comp.	Cooperación		
188	*Empujar la colchoneta*	Una colchoneta gruesa está situada en el centro de la pista y se ha de empujar más allá de la línea de 3 metros (línea de fondo) contraria. Los dos grupos se colocan enfrentados diagonalmente. Salen de forma alterna un (dos) jugador del grupo **A** y luego del grupo **B**. La colchoneta (cara lisa hacia abajo) se ha de desplazar mediante la impulsión que propicia el salto sobre la misma.	
Cont.	Fuerza de salto		
Comp.	Vivencia		
189	*Variante de empujar la colchoneta*	2 a 3 grupos (según la cantidad de colchonetas gruesas): Los dos primeros jugadores de cada grupo salen y saltan sobre la colchoneta de forma que la misma se desplace lo máximo hacia la pared opuesta. Cuando la colchoneta se para, los dos vuelven al grupo y los dos siguientes salen desplazando la colchoneta de la misma manera hacia la meta. ¿Qué grupo consigue primero traspasar la línea con la colchoneta?	
Cont.	Fuerza de salto		
Comp.	Vivencia		
190	*Persecución con colchonetas*	Cada pareja ha de transportar una colchoneta. Por lo demás se trata de un juego normal de persecución. Los pillados se convierten en perseguidores.	
Cont.	Fuerza-resistencia		
Comp.	Cooperación		
191	*El salto de salvación*	Juego de persecución con 3 o 4 perseguidores. Los perseguidos pueden salvarse mediante un salto encima de una colchoneta gruesa. En la colchoneta sólo puede haber un jugador. Los perseguidores tienen «preferencia», es decir que se ha de salir inmediatamente de la colchoneta.	
Cont.	Habilidad		
Comp.	Vivencia		
192	*Persecución con escapada*	2 a 4 perseguidores (guardianes) intentan pillar a los demás. Los pillados se sientan encima de la colchoneta gruesa (colchoneta de salto de altura). Los libres los pueden liberar tocándoles. ¿Consiguen los perseguidores pillar a todo el grupo? O bien: ¿Cuántos perseguidores se requieren para pillar a todos los demás en 5 min?	
Cont.	Velocidad		
Comp.	Ayuda		

1.9.   Correr/aparatos

N.°	Nombre del juego / Objetivos/ particularidades	Concepto/descripción	Observaciones/organización
193	*Lucha de estirar*	**A** y **B** se colocan dentro de un elemento del plinto, espalda contra espalda: Ambos intentan un sprint en direcciones opuestas, arrastrando de esta forma al otro hasta una línea.	cajón del plinto
Cont.	Fuerza: piernas		
Comp.	Atención a las lesiones		
194	*Bobsleigh*	Por parejas dentro de un elemento del plinto, uno tras otro: Correr, parar, arrancar, bajar y controlar las curvas (una vuelta alrededor del plinto), etc., en combinación con determinadas señales.	
Cont.	Velocidad		
Comp.	Cooperación		
195	*Bobsleigh en tándem*	— Variante: Dos bobsleigh van uno tras otro como perro y su amo, realizando las mismas tareas. — Variante: Carrera de bobsleigh alrededor de banderines y obstáculos ligeros.	Igual que el número 194
Cont.	Coordinación		
Comp.	Cooperación		
196	*Bobsleigh relevos*	Por parejas con un elemento del plinto, detrás de una línea de fondo. **A** sale al silbato con el bobsleigh, corre hasta la primera línea del campo de voleibol, baja y vuelve con **B**. **B** sale hacia el bob, lo conduce hasta la segunda línea del campo de voleibol y vuelve con **A**, etc. ¿Qué pareja coloca primero su bob en la línea de fondo opuesta? (También con varias vueltas seguidas, por ejemplo, un total de tres largos de la pista.)	
Cont.	Velocidad		
Comp.	Cooperación		
197	*Carrera de bobsleigh sobre líneas con control*	Las parejas se colocan dentro del bob en la línea de fondo de la pista, la meta es la línea de fondo opuesta. En cada línea del campo de voleibol que se cruza, bajar, dar una vuelta alrededor del bob, subir y hasta la siguiente línea. — Variante: Dos bobs forman un equipo. La tripulación ha de salir en cada línea y cambiar de vehículo. ¿Qué grupo, pareja acaba primero?	
Cont.	Velocidad		
Comp.	Cooperación		
198	*Bobsleigh con polizonte*	**A** es piloto, **B** el polizonte se deja guiar por **A** en la pista. Variante: El polizonte procura indicar dónde se encuentra en este momento.	
Cont.	Trabajar la percepción a nivel muscular		
Comp.	Confianza, Cooperación		

1.9.   Correr/aparatos

N.°	Nombre del juego / Objetivos/particularidades	Concepto/descripción	Observaciones/organización
199	*Carrera de Le Mans*	Por parejas estirados sobre el vientre en la línea de fondo. Para cada pareja se coloca un «autocar» (cajón del plinto) en el lado opuesto de la pista. **A** sale hacia el autocar y lo conduce hasta **B**. **B** sube y los dos hacen un viaje de ida y vuelta. Luego lo lleva **B** hasta su sitio y vuelve corriendo hasta **A**. ¿Qué pareja acaba primero?	
Cont.	Velocidad		
Comp.	Cooperación		
200	*Escalera de cajones*	Circuito: Saltos potentes de plinto a plinto. Impulsión fuerte en el plinto más alto para hacer un salto de longitud posterior sobre la colchoneta gruesa (o aterrizaje suave sobre colchoneta delgada). — Variante: Impulsiones alternas desde un plinto alto y otro bajo. Ritmo: Ta-dam, ta-dam.	
Cont.	Práctica del salto Ritmo		
Comp.	Entrenamiento distendido en grupo		
201	*¡Sálvese quién pueda!*	2 o 4 jugadores persiguen a los demás. Los jugadores tocados se cogen de la mano del perseguidor. Sólo los dos extremos de cada cadena pueden pillar a los demás. En la pista se distribuyen plintos que sirven de islas de seguridad. En cuanto una cadena de 4 toca a un quinto, los cinco a la vez gritan en voz alta: «¡Sálvese quién pueda!» Entonces se disuelven todas las cadenas y todo el mundo intenta encontrar un lugar en las islas. Pero sólo caben 5 personas en cada isla que se ayudan y se aguantan mutuamente con el fin de que ninguno de ellos caiga de la isla. Los 2 o 4 jugadores que no encuentran sitio en las islas se convertirán en los nuevos perseguidores. (Adaptar el número de jugadores permitidos por isla al número de plintos disponibles.)	¡Sálvese quién pueda!
Cont.	Velocidad-resistencia		
Comp.	Cooperación		
202	*Práctica de salto y carrera*	Se colocan plintos más bajos en dos líneas con distancias regulares entre sí: — Circuito por encima de los plintos. — Slalom alrededor de los plintos. — Saltos de plinto a plinto. — Saltos de subida por encima de los plintos. — Pasar por encima de los plintos en slalom. — Desarrollo del ritmo: (distancia de 4 a 5 m); ritmo de 3 y de 5 entre los plintos.	
Cont.	Fuerza-resistencia de las piernas		
Comp.	Entrenamiento distendido en grupo		
203	*Salida a la carrera de coches*	a) Cada dos elementos del plinto se colocan a 6 m de distancia, al lado de cada cajón se sitúa una pareja de corredores. **A** y **C** salen corriendo hacia el otro cajón, lo tocan (por ejemplo, con el trasero) y vuelven al propio cajón. Después hacen **B** y **D** lo mismo. ¿Qué grupo de 4 realiza primero 10 vueltas? — También con vueltas alrededor del cajón o carrera de costado. b) Correr de costado y sentarse brevemente en cada cajón.	
Cont.	Capacidad de coordinación		
Comp.	Capacidad de cooperación		

1.9. Correr/aparatos

N.º	Nombre del juego / Objetivos/particularidades	Concepto/descripción	Observaciones/organización
204	*Persecución con aparatos*	Persecución con 4 perseguidores determinados. Los pillados han de realizar en el siguiente aparato un ejercicio de suspensión, apoyo, etc., los jugadores libres pueden salvar a los «condenados» tocándoles. ¿Los perseguidores son capaces de condenar a todos los demás jugadores?	
Cont.	Velocidad Fuerza		
Comp.	Ayudarse		
205	*Carrera con tapas de plinto*	Cada grupo de 4 tiene una tapa de plinto y 5 picas: La tapa se coloca al revés sobre algunas picas. Un alumno se sienta en este «carro», otro le empuja, los otros dos colocan continuamente las picas libres de atrás adelante, de forma que el vehículo no se pare ni toque el suelo. Forma de relevos.	
Cont.	Vivencia		
Comp.	Cooperación		
206	*Persecución con casa*	Juego de persecución con 1 a 4 perseguidores marcados. Los jugadores perseguidos pueden salvarse en una casa marcada. (Según el material de la sesión, se utilizarán colchonetas, caballo, banco sueco, etc., como casa.) En cada casa puede haber como máximo un jugador. Los perseguidores tienen «preferencia» para entrar en casa. Si se encuentran de repente dos jugadores en una casa se convertirá en perseguidor aquel que ha estado más tiempo ocupando la casa.	
Cont.	Velocidad Resistencia		
Comp.			
207	*Buscar sitio*	En un círculo lo más grande posible se colocan aparatos diversos (o colchonetas). En cada aparato se encuentran dos jugadores bien sentados, de pie, o suspendidos. En el centro están dos o tres jugadores sin aparato. A la señal, todos han de dejar su aparato para ocupar otro. Los que quedan últimos y sin aparato se colocan en el centro. No se puede pasar al aparato siguiente. Al aire libre: distancias mayores; con banderines.	
Cont.	Velocidad Reacción		
Comp.	Tener cuidado mutuamente		
208	*Buscar sitio al revés*	Todos los jugadores se estiran sobre el vientre formando un círculo en el centro. Los pies tocan la línea del círculo central. A la señal, todos intentan conquistar un aparato, pudiendo haber dos alumnos como máximo en cada aparato. El que no llega a tiempo para ocupar un aparato, obtiene un punto de penalización o debe realizar un ejercicio como castigo. O bien: El que ocupa un aparato consigue un punto. ¿Quién alcanza mayor puntuación?	
Cont.	Velocidad Reacción		
Comp.	Tener cuidado mutuamente		

1.9. Correr/aparatos

N.º	Nombre del juego / Objetivos/particularidades	Concepto/descripción	Observaciones/organización
209	*Agua y fuego*	Los aparatos por usar en la parte principal de la clase se distribuyen por la pista (muy irregularmente). Carrera libre. Al decir el profesor la palabra clave, se ha de realizar la tarea correspondiente lo más rápidamente posible. Por ejemplo:	«Fuego» = Todos se estiran sobre el vientre.
Cont.	Capacidad de reacción	— «Fuego» = Todos se estiran sobre el vientre.	«Agua» = Todos se salvan encima de un aparato.
Comp.	Alegre diversión con aparatos	— «Agua» = Todos se salvan encima de un aparato. — «Polo norte» = Correr a la pared correspondiente de la pista (Polo sur). — «Inundación» = Sólo los aparatos muy altos ofrecen protección. — Etcétera. — Variante: Mediante diferentes formas de desplazamiento. — Variante: El último en llegar ha de realizar un ejercicio como penalización. — Variante: Los comandos deben realizarse en grupos pequeños y cogidos de las manos.	«Polo norte» = Correr a la pared correspondiente de la pista (Polo sur). «Tormenta» = Correr hacia una esquina o meterse por debajo de un aparato. «Inundación» = Sólo los aparatos muy altos ofrecen protección. Etcétera.
210	*Cambio de sitio*	1. Todo el grupo se sienta en el barrote más bajo. A la señal, todos dan una vuelta alrededor de las paralelas y vuelven a sentarse en la barra inferior ¿Qué grupo acaba primero?	
Cont.	Capacidad general de agilidad	2. Igual que antes pero no pueden tocar el suelo. 3. La barra superior sólo puede tocarse con las manos, la inferior sólo con los pies.	
Comp.	Concurso dentro del grupo	4. Igual que 3, pero sólo se puede tocar a la vez una barra. Ayudarse mutuamente (sin contar el tiempo).	
		Propuestas propias:	
Cont.			
Comp.			

1.10. CORRER/CUERDA ELASTICA

1.10. Correr/cuerda elástica

N.°	Nombre del juego / Objetivos/ particularidades	Concepto/descripción	Observaciones/organización
211	*Cadena sin fin*	Los alumnos forman 2 o 3 colas, cogiéndose cada cola en una cuerda elástica. Las serpientes trotan lentamente (!) por la pista. Al sonar el silbato, el último de la fila corre hasta la punta, convirtiéndose en el nuevo guía.	
Cont.	Resistencia Velocidad	— Igual, pero en slalom hacia delante alrededor de los compañeros que levantan la cuerda.	
Comp.	Tener cuidado mutuamente	— Igual, pero llevando la cuerda a la altura de la rodilla: slalom saltando por encima de la cuerda.	
212	*Caballos de circo*	Dos cuerdas elásticas se atan a un caballo y forman una cruz: correr en círculo saltando por encima de la cuerda/pasando por debajo.	
Cont.	Práctica del salto Ritmo	— Práctica del ritmo: ritmos de 3 tiempos, 5 tiempos. Observación: De esta forma dividimos a su vez la pista en	
Comp.	¡No tocar la cuerda!	cuatro campos: Juegos sencillos en varios campos; cambio de campo: ¿Quién se encuentra primero en el campo opuesto?; formas más complejas de persecución, etc.	
213	*Encantamiento*	Un círculo mágico (cuerda elástica en forma de círculo) se coloca en el centro de la pista sobre el suelo. De 3 a 5 perseguidores se ponen una cinta de juego. Antes de ser pillados, los jugadores pueden escaparse con un salto al círculo mágico, quedando sin embargo encantado y teniendo que permanecer dentro del círculo mágico. Pueden liberarse con un golpe de mano de otro jugador libre. Los pillados se relevan con los perseguidores.	
Cont.	Velocidad		
Comp.	Ayudarse		
214	*Variante de gallina y buitre*	Distribución y concepto del juego igual que en el juego original, pero los jugadores se cogen a una cuerda elástica. — Una serpiente gigante intenta morderse la cola. — Un vagón libre intenta engancharse en un «tren», el tren procura evitarlo. — Buitre persigue a la cola de la gallina. Etcétera.	
Cont.	Velocidad		
Comp.	Cooperación		
215	*Persecución en círculo*	De 4 a 8 jugadores forman un círculo muy grande agarrando con ambas manos la cuerda redonda. Un perseguidor intenta pillar a los demás desde el centro del círculo. Los atacados pueden soltar entonces la cuerda. Los demás han de procurar que la cuerda no toque nunca el suelo. El perseguidor cambia cuando pilla a uno del círculo o cuando la cuerda toque el suelo.	
Cont.	Velocidad (acción/reacción)		
Comp.	Cooperación Táctica		

1.11. CORRER/CONOS

1.11. Correr/conos

N.°	Nombre del juego / Objetivos/ particularidades	Concepto/descripción	Observaciones/organización
216	*Persecución con conos*	Persecución normal con 3 a 5 perseguidores marcados. El que se agarra a un cono no podrá ser pillado (se distribuyen entre 3 y 5 conos/banderines por la pista). Los conos sólo pueden ser ocupados por un jugador, como máximo. Cuando lo ocupa un segundo alumno, se ha de marchar el primero. — Igual, también se pueden usar aros o colchonetas.	
Cont.	Velocidad		
Comp.	Táctica		
217	*Zorros y cazadores*	Dos equipos igual de numerosos (zorros y cazadores) se enfrentan situados sobre las líneas de fondo respectivas. En el centro se colocan tres conos (o mazas) que simbolizan el pato. Los zorros intentan cazar el pato (tirar los conos). Los cazadores matan los zorros (tocándoles). Los zorros cazados realizan una tarea suplementaria hasta el final del juego. Los zorros ganan cuando hayan tirado todos los conos, los cazadores ganan si pillan a todos los zorros.	
Cont.	Velocidad		
Comp.	Táctica		
218	*Dribbling contra portero*	Dos equipos se colocan uno al lado del otro delante de un recorrido en slalom. Al sonar el silbato, salen los dos primeros, **A** como delantero con pelota, **B** como guardameta sin pelota. El guardameta intenta correr lo más rápido para poder llegar a la portería y reaccionar frente a la pelota que el delantero tira desde el final del slalom. ¿Qué equipo consigue más goles? (Fútbol, balonmano.)	
Cont.	Tiro a portería Velocidad		
Comp.	Practicar situaciones parecidas a las reales de partido		
219	*Relevo de principiantes*	A) Correr alrededor del grupo y del cono y llevarse el siguiente corredor. B) Relevo en cruz y enganchándose: El último corredor de cada grupo será llevado. C) Relevo en cruz y enganchándose con bancos suecos. Forma 1: Correr hasta que se hayan enganchado y descargado todos los «carros». Forma 2: **A** corre solo, coge a **B** y desengancha, pero **B** lleva a **C** (cada uno corre 2 veces).	
Cont.	Resistencia		
Comp.	Competir uno contra otro		
220	*Persecución-caza*	Vuelta marcada. En cada cono se coloca un jugador. Cada uno intenta adelantar al compañero siguiente y pillarle, vigilando que el siguiente de atrás no le pille. Gana el que pilla primero. — Igual, pueden hacerse grupos pequeños. ¿Qué equipo pilla al otro?	
Cont.	Velocidad Velocidad-resistencia		
Comp.	Probar una táctica propia de equipo		

1.11. Correr/conos

N.°	Nombre del juego / Objetivos/ particularidades	Concepto/descripción	Observaciones/organización
221	*Subir escaleras*	Dos columnas, cada jugador tiene una pelota: Al sonar el silbato, los dos primeros dan la vuelta alrededor de cada cono, volviendo siempre hasta la línea del centro (botar). ¿Quién acaba primero con la escalera? — Resistencia: Las parejas salen muy seguidas. ¿Cuántas vueltas consigue el grupo en el tiempo de 5 minutos? — Carrera de persecución: ¿Quién adelanta al que tiene delante?	
Cont.	Velocidad Resistencia		
Comp.	Competición distendida		
222	*Carrera con cuenta atrás*	Cuadrado marcado con conos: 1. Toda la clase corre durante 2 minutos en el sentido del reloj alrededor de los conos, contando el número de conos que sobrepasan. 2. A los 2 minutos se cambia la dirección sin parar: Los alumnos corren durante 2 minutos en sentido contra el reloj y descuentan todos los conos que sobrepasan. ¿Quién corre con tal regularidad que después de los 4 minutos llegue exactamente al número 0 (contar con ellos?	
Cont.	Resistencia		
Comp.	Percepción de la velocidad		
223	*Carreras en triángulo*	Triángulo equilátero marcado: *a)* Carreras de percepción temporal por vueltas o de cono en cono. Incrementar la velocidad. *b)* Carreras por números: Tres grupos con números para cada alumno. Cada grupo, detrás de un cono. *c)* Relevos en triángulo: Con entrega de un testigo de relevo. Complicar los relevos poniendo una cuerda elástica en el recorrido, que se ha de saltar.	
Cont.	Resistencia		
Comp.	Fomentar la percepción del tiempo y la velocidad		
224	*Viaje en tren*	En la pista se distribuyen algunos conos (estaciones de tren). Los alumnos corren en trenes (columnas) libremente por la pista. Cada grupo está unido por una cuerda de saltar. Si un alumno se cansa, baja en una estación para descansar y volver a subir a otro tren que pase por dicha estación.	
Cont.	Resistencia		
Comp.	Cooperación		
225	*Velocista contra corredor*	El grupo **B** efectúa una carrera de relevos de ida y vuelta entre dos conos mientras el grupo **A** corre tres vueltas (de 100 a 200 m, cada una). ¿Cuántas carreras consigue el grupo **B** en el tiempo que **A** corre las tres vueltas? Cambio de papeles	
Cont.	Resistencia Velocidad		
Comp.	Competición distendida por grupos		

Lanzar

2.1. LANZAR/BALONES

2.1.1. Lanzar/balones (interceptar la pelota)

N.°	Nombre del juego / Objetivos/particularidades	Concepto/descripción	Observaciones/organización
226	*Los diez pases* (concepto básico)	Dos equipos intentan efectuar 10 pases seguidos, o bien, interferir en los pases del adversario. Cambio de pelota y papeles, siempre cuando: — Se ha cumplido una serie de 10. — La pelota toca el suelo. — El adversario coge (o bien, toca) la pelota. — Variante: También con un número de jugadores desproporcionado; o jugando la pelota con el pie.	
Cont.	Resistencia		
Comp.	Táctica		
227	*Pelota en la línea*	Dos equipos con una pelota: Cada equipo intenta alcanzar mediante pases entre ellos a la línea de fondo contraria, para depositar allí la pelota en el suelo. No se puede llevar la pelota en la mano ni botarla. ¿Qué equipo consigue primero 5 goles?	1 punto
Cont.	Resistencia		
Comp.	Táctica		
228	*Poner huevos en las ruedas*	Se distribuyen neumáticos por el campo, entre 1 y 3 más que el número de defensores. Los atacantes intentan colocar la pelota en un neumático libre. Los defensores lo evitan, ocupando en cada caso el neumático con un pie. Si los defensores conquistan la pelota se convierten en atacantes. No se puede correr con la pelota ni botarla. Después de marcar «gol» se sigue inmediatamente con el juego.	
Cont.	Resistencia		
Comp.	Táctica		
229	*Interceptar la pelota al rey*	Dos equipos de 5 a 8 jugadores, cada uno. Cada equipo determina un rey sin darlo a conocer al equipo contrario. El equipo en posesión de la pelota se lo va pasando, implicando al máximo a su rey. Cada pase hacia el rey vale un punto. El juego termina cuando el equipo contrario averigua quién es el rey o cuando se hayan conseguido 10 puntos (con lanzamientos o chuts).	1 punto
Cont.	Resistencia		
Comp.	Táctica		
230	*Interceptar la pelota en dos campos*	Dos equipos se distribuyen en dos campos. En cada campo hay tantos jugadores del equipo A como del B. No pueden salir de su campo. Se consigue un punto al lograr un pase entre dos jugadores del mismo equipo del campo 1 al campo 2 (y viceversa). La pelota se puede pasar dentro del mismo campo entre los jugadores (con el fin de preparar el pase que cruza la línea del centro). Se recomienda defensa individual.	1 punto
Cont.	Resistencia		
Comp.	Táctica		
231	*Pelota de rey*	En cada uno de los dos círculos de tiro libre (a unos 10 m de las porterías de balonmano) se coloca un pequeño plinto. Los dos equipos han de conseguir pasar la pelota a su rey que se sitúa sobre el plinto. Sólo el rey puede conseguir goles; pasando la pelota más allá de la línea de fondo contraria (1 punto) y directamente en la portería (3 puntos). Todos los jugadores pueden colocarse en las porterías y áreas pero no pueden entrar en el círculo del tiro libre alrededor de los dos plintos reales (el rey tampoco). Los lanzamientos del rey sólo son válidos si éste se encuentra encima del plinto cuando realiza el lanzamiento. El pase hacia el rey puede evitarse con todos los medios permitidos en el baloncesto (o balonmano).	
Cont.	Pases precisos y rápidos		
Comp.	Buen juego de conjunto		

2.1.1.   Lanzar/balones (interceptar la pelota)

N.º	Nombre del juego / Objetivos/ particularidades	Concepto/descripción	Observaciones/organización
232	*Interceptación por números*	Cada equipo ha de conseguir pasarse la pelota siguiendo el orden numérico de los jugadores que llevan un número cada uno. Se permiten desviaciones, siempre que el jugador correspondiente vuelva a recibir la pelota para pasarla al siguiente número, es decir, 1 pasa a 2, 2 a 3, etc. ¿Qué equipo consigue primero pasar por todos los números sin interrupción, lo que significa que el adversario no intercepta la pelota? Los números pueden ser conocidos o no por los adversarios, según previo acuerdo. Más fácil: Sólo se ha de guardar el orden. No importa quién pasa al siguiente número. Luego se permiten los desvíos.	
Cont.	Pases precisos y rápidos		
Comp.	Visión global del juego Cooperación		
233	*Pelota interceptada con dos pelotas contra el tiempo*	Se juega a pelota interceptada normal con dos pelotas. Cada equipo ha de poseer ambas pelotas en los 5 minutos de juego el mayor tiempo posible. Este tiempo de posesión de las dos pelotas se cronometra. — Con un cronómetro por grupo. — Con un cronómetro 2 × 5 minutos. Tener en cuenta la regla de los 3 pases y, sobre todo, la de los 3 segundos.	
Cont.	Deshacerse del defensa y ofrecerse		
Comp.	Cumplir las reglas del juego		
234	*Juego de jinetes*	El equipo **A** (caballos) lleva el equipo **B** (jinetes) montado encima. El equipo de jinetes tiene una pelota (o una cuerda de saltar llena de nudos/frisbee...) e intenta pasar esta pelota el máximo número de veces entre ellos. Los caballos intentan evitar o dificultar la recepción de los pases, esquivando oportunamente. Cuando la pelota cae al suelo, se cambia de papeles. ¿Qué equipo consigue primero 10 pases?	
Cont.	Fuerza-resistencia		
Comp.	Táctica		
235	*Juego de jinetes contra el tiempo*	— Variante: ¿Cuánto tiempo pasa hasta que el equipo de jinetes haya conseguido 10 pases? Sugerencia: Los cargadores (caballos) llevan a los jinetes (compañero) ¡manteniendo la espalda lo más recta posible!	Igual que el número 234.
Cont.	Fuerza-resistencia		
Comp.	Táctica		
236	*Juego de jinetes contra el tiempo*	— Variante: ¿Cuántos pases pueden realizar los jinetes en 2 minutos? — Variante: ¿A qué dos jinetes les sale un lanzamiento con dos pelotas a la vez con recepción?	Igual que el número 234. (Insistir en una técnica correcta de los caballos, con la ¡espalda recta!)
Cont.	Fuerza-resistencia		
Comp.	Táctica		
237	*Pelota interceptada con cuerda*	Coger la pelota en combinación pasándola por encima de la cuerda. Dos equipos, mitad en cada campo. Pase a un jugador de centro del otro lado = 1 punto. Sugerencia: Marcar a los jugadores (con cintas).	
Cont.	Resistencia		
Comp.	Táctica		

2.1.1. Lanzar/balones (interceptar la pelota)

N.º	Nombre del juego / Objetivos/ particularidades	Concepto/descripción	Observaciones/organización
		Propuesta propia:	
Cont.			
Comp.			

2.1.2. Lanzar/balones (cazar con pelotas)

N.º	Nombre del juego / Objetivos/ particularidades	Concepto/descripción	Observaciones/organización
238	*Todos contra todos*	Cada jugador intenta tocar con su pelota de tenis las piernas de los demás. Los tocados van a la pared y lanzan la pelota 10 veces contra la misma, antes de poder seguir jugando.	
Cont.	Lanzamiento de precisión Velocidad		
Comp.	Juego limpio, también sin control		
239	*Toque con pelota a uno*	Grupos de 4 o 5: Uno es cazado por los demás. Los cazadores intentan tocar a la liebre con la pelota, sin correr. El jugador que toca a la liebre se convierte en ella.	
Cont.	Velocidad-resistencia		
Comp.	Táctica		
240	*Cazar con pelota en una dirección*	Con matar: Los cazadores pueden matar a la liebre, pero sólo lanzando la pelota contra las dos paredes de su campo.	La misma organización que en el número 239. ¡Tirar sólo contra las paredes! (¡Flecha!).
Cont.	Velocidad-resistencia		
Comp.	¡Sólo tirar a las piernas!		
241	*Toque con pelota en dos campos*	Dos equipos se reparten por dos campos. En cada campo se encuentra el mismo número de jugadores de cada equipo. En el campo 1, los jugadores del grupo **A** son cazadores y los del **B** liebres. En el campo 2 se invierte la situación. Las liebres tocadas se cambian al otro campo para ayudar a sus cazadores a tocar. ¿Qué equipo toca primero todas sus liebres, vaciando así su campo?	
Cont.	Velocidad-resistencia		
Comp.	Cooperación inteligente		
242	*Caza con pelota en intervalos*	Dos equipos: Los cazadores se reparten por el campo, las liebres se juntan en 2 o 3 grupos (de 3 liebres, cada uno, por ejemplo). Cada grupo permanecerá durante 30 segundos en el campo de los cazadores. (O bien hasta que la primera liebre resulte tocada). ¿Qué grupo de liebres recibe menos toques en 30 segundos? (O bien, ¿qué grupo aguanta más tiempo sin ser tocado?)	
Cont.	Velocidad-resistencia		
Comp.	Táctica		

2.1.2.   Lanzar/balones (cazar con pelotas)

N.º	Nombre del juego / Objetivos/ particularidades	Concepto/descripción	Observaciones/organización
243	*Caza de fuera a dentro*	Los cazadores se distribuyen alrededor de las liebres que se encuentran dentro de un campo pequeño (que los cazadores no pueden pisar). Los cazadores procuran tocar el máximo número de liebres posible en un tiempo determinado, por medio de pases inteligentes.	
Cont.	Pases rápidos	— El profesor tiene pelotas de recambio.	
Comp.	Táctica	— Utilizar pelotas suaves, de espuma. — También con obstáculo de protección dentro del campo de las liebres (caballo, paralelas...)	
244	*Extinción*	Un cazador comienza a tirar a las liebres con una pelota. Cada liebre tocada se coge una cinta y se convierte en cazador. Por cada tercera liebre tocada se obtiene una pelota adicional. La última liebre sobreviviente comienza de nuevo como cazador.	
Cont.	Velocidad		
Comp.	Táctica	¿Qué tiempo se requiere para matar a todas las liebres?	
245	*Pelota salvadora* (persecución con pelota de cazador)	Se forman parejas que han de ir cogidas de la manos. Una o dos parejas forman la pareja de cazadores. Han de intentar tocar a otra pareja. Una o dos pelotas están en juego. El que la posee no puede ser tocado por la pareja cazadora. La pareja no debe separarse ni lanzando ni recibiendo la pelota. Los tocados toman el papel de cazadores. Las liebres intentan pasarse la pelota de forma que no se toque a nadie.	
Cont.	Velocidad		
Comp.	Ayudarse		
246	*Persecución con handicap*	Ambos jugadores de una pareja se enganchan con la mano derecha en el brazo del compañero, de forma que uno corre hacia delante y otro hacia atrás. Esto dificulta considerablemente el juego.	
Cont.	Coordinación		
Comp.	Ayudarse		
247	*Liebre valiente*	Todos contra todos. Los tocados han de resolver un problema motriz planteado por el cazador. Pero si la liebre consigue tocar al cazador antes de tirar, cambiarán de papeles.	
Cont.	Velocidad de reacción		
Comp.	Liebre: valor Cazador: juego limpio		

2.1.2. Lanzar/balones (cazar con pelotas)

N.°	Nombre del juego / Objetivos/particularidades	Concepto/descripción	Observaciones/organización
248	*Guerra de hermanos*	(Al revés de «pelota salvadora»). Tres equipos: Equipo **A** = Perseguidores marcados con cinta. Equipo **B** = Liebres sin pelota. Equipo **C** = Liebres con una pelota cada uno. Los perseguidores intentan tocar las liebres de los grupos **B** y **C**. Cada liebre en posesión de pelota intenta pasar lo más rápidamente posible su pelota a otra liebre, ya que sólo las liebres con pelotas pueden ser tocadas. Si una liebre es tocada por una pelota, lo ha de aceptar (y, por su parte, pasarla pronto). Las liebres tocadas relevan a los cazadores. O bien: ¿Cuántas liebres pueden tocar los cazadores en 5 minutos?	
Cont.	Resistencia (en función del tiempo de juego)		
Comp.	Buena comprensión del juego		
249	*Carrera por el bosque*	Los cazadores se reparten por el campo (bosque), las liebres se colocan por detrás de la línea de fondo. Las liebres han de correr libremente hasta 5 diferentes conos (árboles). Salen todos juntos, pero pueden coger caminos diferentes. Los cazadores intentan conseguir mayor número de aciertos. ¿Qué equipo de cazadores consigue más aciertos después de haber cambiado de papeles?	
Cont.	Carrera rápida. Fintas con el cuerpo		
Comp.	Buena cooperación entre los cazadores		
250	*Carrera por colchonetas*	El mismo concepto que en «carrera por el bosque». Las liebres han de realizar 5 vueltas por las 5 colchonetas, pudiendo escoger cada uno su recorrido. No pueden ser matados encima de las colchonetas. Las liebres tocadas han de volver a la salida. ¿Cuántos aciertos consiguen los cazadores? — O bien: Los cazadores cuentan los aciertos. Las liebres cuentan las vueltas conseguidas en 5 minutos. Luego se cambia de papel.	
Cont.	Velocidad y fuerza de salto		
Comp.	Contar cada uno. Juego limpio		
251	*Uno contra todos*	Los cazadores se distribuyen por el campo, tienen dos balones, las liebres se colocan por detrás de la línea de fondo. Cada liebre ha de correr sólo atravesando el campo de cazadores para llegar hasta la pared y volver. Las liebres mismas deciden el orden de correr. Una vez que una liebre haya pasado la línea puede salir la siguiente. Los cazadores intentan tocar el mayor número de piernas posibles. Cambio. ¿Qué grupo de cazadores obtiene más aciertos?	
Cont.	Velocidad de las liebres		
Comp.	Cooperación de los cazadores, con miramiento		

2.1.2.   Lanzar/balones (cazar con pelotas)

N.°	Nombre del juego / Objetivos/particularidades	Concepto/descripción	Observaciones/organización
252	*Salvar y matar de hambre*	Dos equipos juegan a cazar con pelota en un campo delimitado. El grupo que posee la pelota se convierte siempre en cazador. Sólo el que recibe la pelota, la puede lanzar. El que resulta tocado se sienta en el banquillo como penalización (o realiza un ejercicio cerca del campo, por ejemplo, correr alrededor del campo, saltar la cuerda). El que consigue matar, salva así a su compañero del banquillo (o bien del ejercicio). Este puede volver al campo para seguir jugando. ¿Qué equipo mata primero al otro de hambre? (De forma que todos los contrarios están sentados en el banquillo.) — O bien: ¿Qué equipo tiene más jugadores en el campo después de 5 minutos?	
Cont.	Resistencia, según el tiempo de juego		
Comp.	Ayudarse mutuamente Juego limpio		
253	*Cazar puntos*	Los cazadores se distribuyen por el campo, las liebres se encuentran por detrás de la línea de fondo. Las liebres intentan (independientes entre sí) realizar el mayor número posible de carreras hasta la pared y volver. Una liebre tocada ha de volver a iniciar esta carrera. Para cada carrera concluida, las liebres se apuntan un punto. ¿Cuánto tiempo necesitan para reunir 50 puntos?	
Cont.	Velocidad-resistencia		
Comp.	Juego limpio al contar		
254	*Caza con dados*	Si queremos dejar intervenir más al azar, puede jugarse a los dados después de cada vuelta. Los números se suman constantemente. ¿En qué espacio de tiempo alcanzan las liebres exactamente 100 puntos? — Variante: En lugar de acumular puntos, las liebres pueden subir una cinta un barrote más arriba en las espalderas cada vez que consiguen una vuelta. ¿Cuánto tiempo requieren para alcanzar con tres cintas la última barra más alta?	Igual que el número 253.
Cont.	Velocidad-resistencia		
Comp.	Juego limpio, también el árbitro		
255	*Planchas*	Un número (adecuado) de cazadores intenta matar a los demás. El que se encuentra en peligro puede salvarse tirándose en plancha (caer sobre el pecho y dejarse deslizar), pero levantándose inmediatamente para seguir corriendo.	cazador
Cont.	Capacidad general de coordinación		
Comp.	¡Dar una oportunidad a las liebres!		

2.1.3.   Lanzar/balones (matar con pelotas)

N.°	Nombre del juego / Objetivos/particularidades	Concepto/descripción	Observaciones/organización
256	*Matar con puntos*	El campo se divide en cuatro partes. Dos equipos se colocan alternando los campos. Se juega con una pelota (luego también con dos o tres). Se puede matar desde los cuatro campos. Los aciertos no provocan ni eliminación ni cambio de campo, sino que cada equipo cuenta durante 5 minutos sus aciertos. ¿Quién obtiene más?	
Cont.	Reacción		
Comp.	Táctica		

2.1.3. Lanzar/balones (matar con pelotas)

N.°	Nombre del juego / Objetivos/ particularidades	Concepto/descripción	Observaciones/organización
257	*Pelota en línea*	Dos equipos se colocan cada uno en una mitad del campo. Cada grupo envía a un jugador por detrás de la línea de fondo contraria al «cielo». El objetivo de los dos equipos consiste en lanzar el mayor número de veces posible la pelota al jugador del cielo. Cada pelota allí correctamente recibida aporta un punto.	
Cont.	Lanzamientos de precisión Recepción segura		
Comp.	Táctica	— Especialmente difícil con frisbee o pelota de rugby. ¡Cambiar a menudo los «jugadores del cielo»!	
258	*Carrera liberadora*	Juego normal de matar. Los muertos se salvan. Pueden liberarse volviendo a su campo a través de un banco sueco. El adversario intenta evitarlo tocándoles. Si no lo consigue, pueden intentarlo más tarde de nuevo.	
Cont.	Velocidad		
Comp.	Táctica		
259	*Juego de matar con mazas*	Los jugadores no se defienden a sí mismos sino a una maza colocada en el campo. Si la maza cae, el jugador correspondiente va al cielo.	
Cont.	Fuerza de lanzar	— Posible en combinación con la mayoría de las formas de matar.	
Comp.	Táctica	— También en la versión de fútbol sentado. — También con fútbol. — Con 2 a 4 pelotas resulta más intenso y divertido.	
		Propuestas propias:	
Cont.			
Comp.			

2.1.4. Lanzar/balones (otros juegos sencillos)

N.°	Nombre del juego / Objetivos/ particularidades	Concepto/descripción	Observaciones/organización
260	*Carrera de jabalíes*	El profesor corre lentamente por delante de la pared de un lado a otro, aguantando un escudo protector (por ejemplo, una colchoneta). Los alumnos intentan acertar el máximo número de tiros sobre el escudo, desde la pared opuesta.	
Cont.	Lanzamiento a diana	— En forma de competición individual.	
Comp.	Vivencia	— En forma de competición en grupos o por tiempo.	
261	*Pasar por entre dos filas*	Dos equipos: El grupo **A** intenta cruzar el campo de tiro en forma de relevo pendular, sin ser matado. El grupo **B** (cada uno con una pelota) intenta acertar el máximo número posible de tiros en las piernas. ¿Qué grupo obtiene más aciertos después de haber cambiado de papel?	
Cont.	Velocidad Lanzamiento a diana	— Variante: Chutar las pelotas. Sólo con pelotas de espuma.	
Comp.	¡Sólo valen los tiros a las piernas!		

2.1.4. Lanzar/balones (otros juegos sencillos)

N.º	Nombre del juego / Objetivos/ particularidades	Concepto/descripción	Observaciones/organización
262	*Pelota botada*	Dos equipos se enfrentan cada uno en una mitad de la pista. La pelota se juega en forma de pelota botada (botando en el propio campo) hacia el campo contrario. Si no se recibe bien la pelota se anotará un punto para los atacantes, si bota fuera de la línea se les anotará un punto negativo. ¡Permitir la creación de reglas adicionales propias!	
Cont.	Percepción de la trayectoria de la pelota		
Comp.	Táctica		
263	*Pelotas rodando*	El equipo **A** se coloca en las bandas longitudinales de la pista, **B** se sitúa en los fondos anchos de la pista. El equipo **A** intenta tocar con pelotas más pequeñas los balones puestos a rodar por el equipo **B**. ¿Qué equipo consigue más aciertos después de cambiar de papeles?	
Cont.	Precisión en los tiros		
Comp.	Contar honradamente, cada uno lo suyo		
264	*Bowling*	Dos equipos juegan a pelota uno contra el otro. En lugar de porterías hay mazas, colocadas por detrás de las líneas de fondo. ¿Qué equipo acaba primero tirando las mazas contrarias al suelo? El espacio detrás de la línea de fondo no se puede pisar. — Siguiendo las reglas de balonmano. — Siguiendo las reglas de fútbol.	
Cont.	Precisión en los tiros y lanzamientos		
Comp.	Táctica		
265	*Pequeños contra grandes*	Dos jugadores se pasan libremente una pelota grande (balón medicinal, pelota de baloncesto, pelota de waterpolo). Los demás intentan como grupo tocar lo más pronto posible dicha pelota, actuando como equipo. Disponen de 2 a 5 pelotas más pequeñas (de tenis, balonmano). — Más fácil: Los dos que se pasan la pelota grande no se pueden mover de su sitio. — Más difícil: Se escoge como pelota grande una no tan grande.	
Cont.	Precisión en los lanzamientos		
Comp.	Táctica		
266	*Guerra de pelotas*	El campo de juego está partido por la línea del centro. En cada mitad se coloca un equipo, cada jugador tiene una pelota. Durante un tiempo que los equipos no conocen, tiran pelotas al campo contrario. Gana el equipo que tiene menos pelotas en su campo en el momento en el que se para el juego. — El límite entre los dos campos está cerrado con aparatos. — Sólo se pueden chutar las pelotas.	
Cont.	Velocidad		
Comp.	Al sonar el silbato no se lanza ninguna pelota más		
267	*Rollo de arenque*	Se colocan balones medicinales encima de bancos suecos situados en la línea central del campo. ¿Qué equipo envía más pelotas al campo contrario dentro de un tiempo determinado? — Determinar la forma de lanzar (tiro de béisbol, pase de pecho, etc.). — Después de cada acierto con la «mano buena» se ha de lanzar con la «mala» hasta un nuevo acierto.	
Cont.	Lanzamiento de precisión		
Comp.	Escoger el momento adecuado		

2.1.4.   Lanzar/balones (otros juegos sencillos)

N.°	Nombre del juego / Objetivos/ particularidades	Concepto/descripción	Observaciones/organización
268	*Desplazar la pelota*	Dos equipos con 5 a 6 pelotas intentan desplazar una o dos pelotas de baloncesto situadas sobre el campo hasta la portería (más fácil: línea de fondo) contraria. Los jugadores de ambos equipos pueden moverse por todo el campo. Después de cada gol, el equipo contrario saca la pelota. Si se para la pelota de baloncesto, se efectúa un tiro libre por parte del equipo contrario.	
Cont.	Lanzamiento de precisión		
Comp.	Táctica		
269	*Tiros a canasta*	En función del número de canastas disponibles (o porterías) se forman 2 o 4 grupos. Cada equipo intenta conseguir más canastas (goles) durante 3 minutos, intercambiándose los jugadores dentro del grupo. Por cada tiro fallado, todo el grupo ha de dar una vuelta de penalización, antes de que tire el siguiente. — Variante: igual, también con tiro a portería (18 m).	
Cont.	Tiro a canasta Velocidad		
Comp.	Considerar a los más débiles		
270	*Matar desde sentado*	Matar desde sentado entre dos grupos o todos contra todos. Los tocados no están eliminados sino que realizan un ejercicio de penalización, antes de poder seguir jugando. Por ejemplo, correr 2 vueltas, subir la barra de trepar, realizar 5 verticales contra la pared, etc. — Igual, pero veamos si un equipo puede matar al otro de hambre.	
Cont.	Lanzamiento de precisión Cooperación		
Comp.	Realizar el «ejercicio de penalización» con exactitud		
271	*Pelota contra maza*	Todos contra todos con uno o varios balones: Cada uno defiende a su vez su maza e intenta tirar las demás mazas. La caída de una maza implica un ejercicio de penalización para el jugador correspondiente. — Igual, también como competición entre grupos: ¿Qué equipo tira primero todas las mazas contrarias? — Igual, también en forma de fútbol.	
Cont.	Lanzamiento de precisión		
Comp.	Táctica		
272	*Pelota de rebote*	Sólo se puede tocar al otro de rebote, es decir que la pelota ha de pasar primero por el suelo. El que resulta tocado de esta manera corre una vuelta. Pero el jugador que toca al otro directamente (no de rebote) también ha de correr una vuelta. Esto significa: uno se puede defender saltando hacia el lanzamiento para resultar tocado directamente (o no). — Variante: También se puede lanzar la pelota contra la pared para que resulte indirecta.	
Cont.	Percepción de la trayectoria de la pelota		
Comp.	Observación exacta de pelota y adversario		

2.1.4.   Lanzar/balones (otros juegos sencillos)

N.°	Nombre del juego / Objetivos/ particularidades	Concepto/descripción	Observaciones/organización
273	*Pelota estresante*	Se forma un círculo con 6 a 10 jugadores que se van pasando la pelota siguiendo el círculo. Un jugador corre alrededor del círculo y decide con su carrera igualmente la velocidad de los pases y su dirección. (Además también puede influir en el tipo de pases, por ejemplo, pase de pecho directo, indirecto, pase por encima de la cabeza.) Cuando el corredor se cansa, se coloca por delante de un jugador quien le va a relevar. El objetivo del corredor es adelantar la pelota, corriendo rápido y realizando fintas.	
Cont.	Velocidad-resistencia		
Comp.	Concentración		
274	*Pelota estresante al revés*	La pelota es protagonista y decide la velocidad y la dirección del corredor. Los lanzadores intentan superar al corredor. — Igual, pero limitando el tiempo.	Igual que el número 273.
Cont.	Velocidad-resistencia		
Comp.	Concentración		
275	*Pelota escudo*	De los jugadores se determinan 4 a 6 lanzadores y un número libre de corredores. Los corredores se mueven por un espacio limitado (por ejemplo, el campo de voleibol). Los lanzadores se pasan una (varias) pelotas de voleibol e intentan tocar a los corredores. Cada corredor recibe un balón medicinal (o también una de voleibol) como escudo para apartar las pelotas. Un corredor tocado ha de entregar su escudo y cubrirse detrás de otro compañero. Si también este jugador (de delante) resulta tocado, los dos se colocarán sin escudo detrás de otro tercero que aún posee su escudo. El juego termina cuando todos los corredores están colocados detrás de un único escudo. — Variante: Otros tipos de escudo, por ejemplo, pica, mochila, cada cuatro con una colchoneta, etc. — En la piscina con tabla de nadar.	
Cont.	Lanzamiento de precisión		
Comp.	Táctica		
276	*Matar la cola (serpiente grande)*	El grupo **A** forma una serpiente cogiéndose cada uno en la cintura del que tiene delante. El grupo **B** forma un círculo alrededor del grupo **A** e intenta pasarse una pelota de forma que uno de ellos pueda matar el último jugador de la serpiente. La serpiente intenta mediante giros esquivar la pelota. ¿Cuántos aciertos consiguen los lanzadores durante 3 minutos? Si la serpiente se rompe por alguna parte se anota un punto a los lanzadores.	
Cont.	Reacciones ágiles		
Comp.	Cooperar		
277	*Matar la cola (serpiente pequeña)*	La serpiente se divide en varias serpientes más pequeñas. Pueden moverse por toda la pista, igual que el grupo de lanzadores. — Variante: Determinar la forma de andar de la serpiente.	Igual que el número 276.
Cont.	Velocidad-resistencia		
Comp.	Buena cooperación		

2.1.4. Lanzar/balones (otros juegos sencillos)

N.º	Nombre del juego / Objetivos/particularidades	Concepto/descripción	Observaciones/organización
278	Pelota pasada por zonas	Dos equipos: El grupo **A** se va pasando una pelota a través de la zona central. El grupo **B** que se encuentra en la zona central intenta impedir estos pases. Si **B** intercepta una pelota, los dos equipos cambian rápidamente de campo y ahora lo intenta el grupo **B**. ¿Qué equipo acumula en 10 minutos más pases válidos? — También 2 contra 2. (También posible con frisbee.)	
Cont.	Pases precisos y largos		
Comp.	Visión del juego y buena reacción		
279	«Toque de pelota»	Grupos de cuatro: **A**, **B** y **C** son cazadores e intentan encerrar mediante pases rápidos (o botes) a la liebre **D** de forma que le puedan «tocar» con la pelota. (La pelota no se desprende de la mano.) La liebre no puede salir del campo. ¡Campos pequeños! — Variante: Dos grupos igual de grandes: ¿Qué equipo consigue más aciertos en 2 × 5 minutos?	
Cont.	Velocidad-resistencia		
Comp.	Táctica		
280	Pelota con tres porterías	Dos equipos intentan meter gol en una de las tres porterías. Ambos equipos pueden marcar en las tres porterías y las han de defender. Los goles se pueden marcar por delante y por detrás, con la condición de que otro jugador del mismo equipo ha de recibir (parar) el tiro en el otro lado de la portería. Las porterías se constituyen mediante conos con 1 m de distancia entre ellos. Se emplean las reglas de balonmano o fútbol.	
Cont.	Resistencia		
Comp.	Táctica		
281	Pelota con colchoneta	El mismo concepto de juego como en pelota con tres porterías. Como tales se usan tres colchonetas apoyadas en la pared. De ser posible se marca medio círculo alrededor de las colchonetas, que no se podrá pisar. Reglas de balonmano o de fútbol.	
Cont.	Resistencia		
Comp.	Táctica		
282	Canasta móvil	Juego normal de baloncesto, pero las canastas son dos aros sostenidos por un jugador de cada equipo a la altura de los círculos de tiro libre (o en la botella o a lo ancho de toda la pista por detrás de la línea de fondo). Los demás jugadores no pueden entrar en las áreas de canasta. Para conseguir una canasta se ha de tirar la pelota para que pase por el aro.	
Cont.	Resistencia		
Comp.	Táctica		
283	Canasta móvil con handicap	Igual que el juego número 282. La canasta móvil puede moverse por toda la mitad de la pista. Pero el jugador que sostiene la canasta sólo puede desplazarse mediante saltos con los pies juntos.	
Cont.	Portadores: fuerza de salto Jugadores: resistencia		
Comp.	Visión del juego		

2.1.4.   Lanzar/balones (otros juegos sencillos)

N.°	Nombre del juego / Objetivos/ particularidades	Concepto/descripción	Observaciones/organización
284	*Artistas de la pelota*	¿Quién es capaz de lanzar la pelota al aire y: — recibirla estirado sobre la espalda — sentado — recibirla entre las piernas (con una mano pasando desde atrás por entre las piernas) — recibirla al lado de la rodilla (la mano pasa desde el interior de las piernas por detrás de la rodilla hacia el exterior)?	
Cont.	Habilidad específica con la pelota		
Comp.	Instruir una actuación autónoma		
285	*Silbato-pelota a canasta*	De 3 a 5 jugadores se pasan constantemente una pelota estando en movimiento continuo debajo de la canasta. Cada pase recibido se cuenta en voz alta. Dos tigres intentan interceptar los pases. Al silbato del profesor se efectúa un tiro a canasta por parte del jugador que posee en este momento la pelota. Si la pelota entra en canasta se dobla el número de puntos conseguidos hasta el momento por medio de los pases. ¿Qué grupo consigue más puntos? Los tigres cambian en cada vuelta.	
Cont.	Resistencia, en función del tiempo de juego		
Comp.	Dejar intervenir la «casualidad»		
286	*Mantener la pista libre*	El grupo **A** se coloca alrededor del campo de voleibol, **B** está distribuido por dentro del mismo. Cada miembro del grupo **A** puede lanzar una pelota al campo (muy difícil de recibir), el grupo **B** intenta recibir las pelotas. ¿Qué equipo consigue más recepciones, habiendo cambiado los dos equipos de papeles?	
Cont.	Lanzamientos y recepciones de precisión		
Comp.	Buena observación		
287	*Pelota espía*	Los grupos **A** y **B** (6 a 10 jugadores) se colocan cada uno en una mitad del campo, cada equipo con una pelota. Un jugador de cada equipo se pone en el campo contrario haciendo de espía. Los equipos han de conseguir pasar su pelota a su espía, de forma que lo pueda recibir y devolverla a un compañero de equipo. Si lo consigue, este último se convierte en segundo espía.	
Cont.	Pases de precisión		
Comp.	Cooperación		
		Propuesta propia:	
Cont.			
Comp.			
288	*Pelota en círculo*	Entre 3 y 5 jugadores se colocan como liebres dentro de un círculo, donde disponen de un plinto para protegerse. 4 a 6 jugadores externos (cazadores) se ponen alrededor del círculo e intentan matar las liebres en base a pases rápidos entre ellos (permitir eventualmente sólo los toques de pelota en las piernas o jugar con pelota de espuma). ¿Cuál de las liebres acumula menos toques durante dos minutos? (La clase debe dividirse en 2 a 4 de estos círculos; intensidad.)	
Cont.	Velocidad		
Comp.	Táctica		

2.1.4.   Lanzar/balones (otros juegos sencillos)

N.°	Nombre del juego / Objetivos/particularidades	Concepto/descripción	Observaciones/organización
289	*Pelota-burgo*	Los jugadores exteriores (6 a 8) se colocan alrededor del círculo. Dentro del mismo se encuentra un burgo (compuesto por tres mazas) y un guardián del burgo. Los jugadores exteriores se pasan la pelota e intentan tirar las mazas. Cuando consiguen tocar las tres mazas o bien si caen porque el guardián las haya tocado, se acaba el juego. ¿Durante cuánto tiempo puede el guardián defender su burgo?	
Cont.	Lanzamiento de precisión		
Comp.	Táctica		
290	*Pelota en marcha*	¿Qué grupo de 5 jugadores acaba primero pasándose la pelota alrededor de una distancia larga redonda (por ejemplo, distancia de 400 m) sin que le caiga la pelota al suelo? La organización depende de cada grupo.	
Cont.	Lanzamientos largos		
Comp.	Cooperación		
291	*Pelota de suerte*	Después de recorrer una cierta distancia (por ejemplo, x vueltas), cada uno puede intentar lanzar hacia un plinto puesto en el centro de la pista. Si la pelota se queda dentro del plinto se anota un punto adicional. También en forma de competición por grupos.	
Cont.	Resistencia Velocidad-resistencia		
Comp.	Seguridad en el lanzamiento + suerte		
292	*Squash*	Dos alumnos juegan uno contra el otro en un espacio reducido. **A** intenta tirar la pelota contra la pared, de forma que **B** no la pueda alcanzar después de que la pelota bote una vez en el suelo.	
Cont.	Sentido para la pelota		
Comp.	Anticipación Concepto del juego		
293	*Tenis de mano*	Intentamos pasarnos la pelota como en el tenis, pero utilizando sólo la mano (sin raqueta).	
Cont.	Percepción de la distancia		
Comp.	Conjuntamente		
294	*Tenis de mano* (con tareas adicionales)	Igual que el número 293, pero después de cada contacto con la pelota, el jugador ha de adoptar otra posición (por ejemplo, arrodillarse, sentarse, estirarse sobre el vientre, etc.).	
	Capacidad de coordinación		
	Conjuntamente		

2.1.4. Lanzar/balones (otros juegos sencillos)

N.º	Nombre del juego / Objetivos/ particularidades	Concepto/descripción	Observaciones/organización
295	*Captar pelotas*	Lanza a la vez dos pelotas al aire e intenta cogerlas después de que hayan botado en el suelo. ¿Quién lo consigue sin que le caigan las pelotas de nuevo al suelo?	
Cont.	Destreza con pelotas		
Comp.	Aprender a autovalorarse		
296	*Yo a ti y tú a mi*	A y B forman un equipo. A lanza a B y, a su vez, B lanza a A dos pelotas al aire. ¿Qué equipo consigue recibir las pelotas siguiendo las reglas del número 295? ¿Qué equipo de dos lo consigue primero?	
Cont.	Destreza con pelotas		
Comp.	Cooperar		
		Propuesta propia (de los alumnos):	
Cont.			
Comp.			

2.1.5. Lanzar/balones (lanzamientos)

N.º	Nombre del juego / Objetivos/ particularidades	Concepto/descripción	Observaciones/organización
297	*Pelota botada*	La pelota se bota contra el suelo desde diferentes posiciones (sentado, estirado, arrodillado...)	
Cont.	Fuerza de lanzamiento Destreza con la pelota		
Comp.	Autovaloración		
298	*Francotirador*	Tirar la pelota con mucha fuerza contra el suelo. ¿Quién consigue hacerla botar 3, 4, 5 veces? — Variante: ¿Quién puede pasar más veces por debajo de la pelota mientras bota?	
Cont.	Fuerza de lanzamiento		
Comp.	Practicar la autovaloración. ¿De qué soy capaz?		
299	*Pelota de rebote*	Lanzar la pelota contra la pared y volver a recibirla. Después de cada intento concluido, el alumno retrocede un paso. ¿Quién alcanza una mayor distancia de la pared desde donde es capaz de lanzar y recuperar la pelota antes de que toque al suelo?	
Cont.	Lanzamiento a distancia Fuerza de lanzamiento		
Comp.	Conocer sus propias limitaciones		

2.1.5. Lanzar/balones (lanzamientos)

N.º	Nombre del juego / Objetivos/ particularidades	Concepto/descripción	Observaciones/organización
300	*Juego contra la pared por parejas*	Por parejas con una pelota delante de una pared: **A** lanza la pelota contra la pared y pasa por detrás de **B**. **B** recibe la pelota, la lanza contra la pared y pasa por detrás de **A** etc. — También con pases de 10 dedos.	
Cont.	Percepción de la trayectoria de la pelota		
Comp.	Cooperación		
301	*Squash con lanzamientos*	Por parejas, en un campo reducido ante una pared: **A** lanza la pelota con mucha fuerza en picado contra la pared, de forma que a **B** le resulte difícil recibirla. **B** ha de recibir la pelota antes de que vuelva a tocar el suelo. Luego le toca el lanzamiento a él. Por cada recepción fallada, el lanzador se anota un punto; si la pelota sale del campo antes del bote, el lanzador se descuenta un punto.	
Cont.	Velocidad de reacción		
Comp.	Te devuelvo lo que me has hecho...		
302	*Test bilateral*	¿Quién tiene una diferencia mínima entre lanzamientos con la derecha y con la izquierda? — Variante: También contra la pared: ¿Quién es capaz de lanzar y recibir la pelota desde una mayor distancia, tanto con la mano derecha como con la izquierda?	izq. der.
Cont.	Fuerza de lanzamiento Coordinación		
Comp.	Descubrir su parte «débil»		
303	*Lanzamiento con tres pelotas*	¿Quién es capaz de lanzar 3 (4) pelotas tan rápidamente al aire, una tras otra, que se encuentren a la vez 3 (4) pelotas en el aire? ¿Hay un compañero capaz de recoger todas las pelotas?	
Cont.	Fuerza de lanzamiento Velocidad		
Comp.	Cooperación Coordinación		
304	*Desplazar con pelota*	Por parejas en un campo limitado: **A** comienza lanzando el balón medicinal en dirección a **B**. **B** lo recibe y lanza la pelota desde el lugar de recepción lo más lejos posible hacia **A**, etc. ¿Quién desplaza al otro más allá de la línea de fondo? — Variante: También en forma de juego por equipos con grupos pequeños o varias pelotas. — Variante: También con frisbees.	
Cont.	Fuerza de lanzar Lanzamiento largo		
Comp.	Y si es necesario, uno juega con handicap		

2.1.5.   Lanzar/balones (lanzamientos)

N.°	Nombre del juego / Objetivos/ particularidades	Concepto/descripción	Observaciones/organización
305	*Superar la diferencia*	Cada uno con una pelota por detrás de la línea de fondo: Lanzamiento desde parado, seguir la pelota y recogerla. El resto del recorrido se supera, a pata coja, corriendo hacia atrás, a cuatro patas... ¿Quién entra primero en la meta?	
Cont.	Fuerza de lanzar Velocidad		
Comp.	Juego limpio, también el árbitro		
306	*Acertar la pelota*	Por parejas, cada uno con una pelota. **A** lanza su pelota al aire. **B** intenta tocar la pelota de **A** con la suya. Cambio después de 10 intentos.	
Cont.	Lanzamiento a diana		
Comp.	Cooperación		

2.1.6.   Lanzar/balones (lanzar - correr - recibir)

N.°	Nombre del juego / Objetivos/ particularidades	Concepto/descripción	Observaciones/organización
307	*Artistas de pelota*	Por parejas, uno en frente del otro: **A** lanza dos pelotas de diferente tamaño hacia **B** y éste intenta recibir ambas.	
Cont.	Coordinación		
Comp.	Cooperación		
308	*Concurso en columnas*	Columnas de 4 a 6 jugadores. Delante de cada una se coloca un lanzador con pelota: A la señal pasa la pelota al primero, éste la devuelve y se sienta. Luego la recibe el segundo, la devuelve y se sienta también. Cuando el último la recibe, va a sustituir al que lanza, mientras el resto del grupo se vuelve a levantar. ¿Qué grupo acaba primero, habiendo pasado cada uno una vez por la función de lanzador?	
Cont.	Velocidad		
Comp.	Competir uno con otro		
309	*Prueba de colores*	**B** se coloca por detrás de **A** con una pelota. Pasa pelotas hacia **A** y nombra diferentes colores. **A** sólo se puede girar con «rojo» y «azul» y recibir la pelota, con «amarillo» no debe reaccionar	
Cont.	Reacción a las señales verbales		
Comp.	Concentración		

2.1.6. Lanzar/balones (lanzar - correr - recibir)

N.°	Nombre del juego / Objetivos/ particularidades	Concepto/descripción	Observaciones/organización
310	*Carrera en triángulo*	Cuatro alumnos repartidos por un triángulo, en una esquina hay dos jugadores, la pelota también se encuentra allí: — Pasarse la pelota en triángulo y correr tras el propio pase. — Pasar la pelota hacia una esquina y correr hacia la otra. En forma de relevos: ¿Qué grupo realiza primero 20 pases? Diferentes formas de lanzar, diferentes tipos de pelota.	
Cont.	Resistencia		
Comp.	Concentración		
311	*Lanzadores contra velocistas*	¿Quién es el más rápido: la pelota que se pasa de un lanzador al otro o el velocista que ha de recorrer la misma distancia que la pelota? Cada lanzador se convierte por una vez en velocista. ¿Quién consigue superar a los lanzadores? Eventualmente también dando una ventaja a corredor o lanzador. ¡Evitar la formación de grupos demasiado grandes de lanzadores!	Velocista
Cont.	Velocidad		
Comp.	Cooperación		
312	*Cambio volando*	A y B se enfrentan a unos 8 m de distancia: A pasa la pelota a B y se cambia al sitio de B. B pasa con las piernas abiertas por encima de la pelota y corre hacia el lugar de A. A recibe la pelota (lanzada por él mismo) en su segundo bote.	
Cont.	Velocidad Percepción de la trayectoria del vuelo		
Comp.	Cooperar		
313	*Cambio de sitio*	A y B se colocan a 10 o 15 m de distancia entre ellos: A pasa la pelota hacia B, corre tras ella, da la vuelta alrededor de B y vuelve a su sitio. B pasa la pelota hacia A, corre tras ella, etc.	
Cont.	Velocidad-re-sistencia		
Comp.	Cumplir las reglas del juego a raja tabla		
314	*Pelota de tigre*	De 3 a 6 jugadores se pasan rápidamente una pelota en círculo. Uno o varios tigres intentan tocar o coger la pelota. El tigre cambia con el que ha fallado el pase.	
Cont.	Velocidad		
Comp.	Táctica		
315	*Recoger la pelota*	Dos equipos se colocan en la línea del centro, espalda contra espalda: A la señal, todos lanzan su pelota lo más lejos posible hacia delante. Luego, el grupo A ha de recoger las pelotas de B y viceversa. ¿Qué grupo es el primero en estar de nuevo colocado en la línea del centro, con la pelota recogida? — Igual, pero 1 contra 1.	
Cont.	Lanzamiento largo Velocidad		
Comp.	Cuidado al salir		

2.1.6. Lanzar/balones (lanzar - correr - recibir)

N.°	Nombre del juego / Objetivos/ particularidades	Concepto/descripción	Observaciones/organización
316	*Prueba de visión periférica*	Por parejas, uno enfrente del otro: **A** pasa la pelota a **B** (de distintas formas) e indica un número con sus dedos. **B** ha de decir este número antes de recibir y devolver la pelota. — Variante: Con pase de 10 dedos: Los dos han de decir el número del otro antes de devolver la pelota.	
Cont.	Visión periférica		
Comp.	Concentración		

2.1.7. Lanzar/balones (otras formas)

N.°	Nombre del juego / Objetivos/ particularidades	Concepto/descripción	Observaciones/organización
317	*Devolución con los pies*	**A** estirado sobre la espalda, **B** de pie delante de él con una pelota: **B** pasa la pelota hacia **A**, **A** intenta devolverla con las plantas de los pies.	
Cont.	Fuerza (abdominal) Habilidad con la pelota		
Comp.	Cooperación		
318	*Recepción con los pies*	**A** y **B** enfrentados en posición de sentados. **A** mantiene una pelota entre sus pies: **A** deja botar la pelota hacia el suelo, **B** intenta recoger la pelota con sus pies antes de que vuelva a botar. — Igual, pero **A** «lanza» la pelota con sus pies hacia **B**, **B** intenta recibirla y devolverla (naturalmente con los pies).	
Cont.	Fuerza (abdominal) Habilidad con la pelota		
Comp.	Probar algo conjuntamente		
319	*Lanzamiento con los pies*	Por parejas, sentados uno enfrente del otro (a 2 o 3 m de distancia entre ellos): **A** mantiene el balón entre sus pies, se balancea hacia atrás, recoge las rodillas y al volver hacia delante impulsa el balón medicinal hacia **B**. **B** recibe el balón con las manos y hace luego lo mismo.	
Cont.	Fuerza Habilidad con la pelota		
Comp.	Cooperación		

2.1.7. Lanzar/balones (otras formas)

N.°	Nombre del juego / Objetivos/ particularidades	Concepto/descripción	Observaciones/organización
320	¿Quién puede?	Posición de piernas separadas con una pelota medicinal cogida con las dos manos. Lanzar la pelota con un fuerte impulso hacia atrás y arriba entre las piernas, hacer medio giro y coger la pelota en el aire.	
Cont.	Flexibilidad Orientación espacial		
Comp.	Autovaloración Refuerzos positivos		
321	Prácticas con pelota	Lanzar la pelota contra la pared y recibirla. Mientras se han de realizar diferentes tareas. Por ejemplo: — Realizar un giro de 360°. — 1, 2, 3 flexiones de brazos. — Sentarse y volver a levantarse. — Efectuar palmadas por delante y detrás del cuerpo. — Saltar por encima de la pelota que bota en el suelo, etc.	
Cont.	Habilidad con la pelota Agilidad		
Comp.	Cumplir las reglas propias		
322	Jugar con las bandas	En una esquina de la pista: ¿Quién puede hacer que la pelota toque dos veces la pared y vuelva al mismo sitio para recibirla? — También por parejas: **A** lanza la pelota, **B** la recibe y viceversa (como en squash).	
Cont.	Velocidad Percepción de la trayectoria		
Comp.	Concentración		
323	Lanzamiento de la pelota al revés	Por parejas, los dos sentados con piernas abiertas, uno enfrente del otro: Coger la pelota por detrás de la espalda y pasarla al compañero por encima de la cabeza. ¿Quién encuentra más formas? ¡Demuéstralas!	
Cont.	Flexibilidad Habilidad con la pelota		
Comp.	Gimnasia distraída por parejas		
324	Lanzamiento de la pelota hacia atrás	Por parejas, uno detrás del otro, el jugador de delante tiene una pelota: **A**, arrodillado en el suelo (en otra posición), lanza la pelota hacia atrás por encima de la cabeza hacia **B**. **B** la recibe, corre con la pelota para colocarse delante de **A** y lanza igualmente la pelota hacia atrás (cadena sin fin).	
Cont.	Fuerza Habilidad con la pelota		
Comp.	¡Conjuntamente!		

2.1.7.   Lanzar/balones (otras formas)

N.°	Nombre del juego / Objetivos/ particularidades	Concepto/descripción	Observaciones/organización
325	*Cambio de pelota*	**A** y **B** se colocan uno enfrente del otro, adoptando diferentes posiciones, cada uno con una pelota:	
Cont.	Habilidad con la pelota	— Ambos hacen rodar a la vez su pelota hacia el compañero. — Ambos hacen rodar la pelota primero alrededor de los pies y luego hacia el compañero, estando sentados.	
Comp.	Experiencia motriz	— Con las piernas separadas, ambos hacen rodar la pelota primero alrededor de los pies describiendo un «8» y luego hacia el compañero. — Ambos se pasan la pelota indirectamente con un bote en el suelo. — Ambos se pasan la pelota (con una y con dos manos). — Efectuar una palmada antes de la recepción. — Giro de 360° antes de la recepción. — Tocar la pared, el suelo antes de recibir. — Recibir y pasar con las manos cruzadas. — Pasar por debajo de una pierna. — Desde cuclillas, pasar alrededor de las piernas. — Pasar la pelota al compañero por encima de espalda y cabeza.	Por ejemplo

2.2. LANZAR/PICAS

2.2. Lanzar/picas

N.°	Nombre del juego / Objetivos/ particularidades	Concepto/descripción	Observaciones/organización
326	*Artista de picas*	Cada uno tiene una pica: Lanzar la pica hacia arriba o ligeramente hacia delante y volver a cogerla sin que se produzca una frenada rápida. Se trata de adaptar el movimiento de frenada a la velocidad de la pica de forma que la pica se frene lentamente. — También por parejas, pasándose la pica.	
Cont.	Coordinación		
Comp.	Concentración		
327	*Lanzamiento de la pica*	Cada uno tiene una pica: Agarrar la pica con una mano en su parte central: andar, correr, saltar lanzando la pica verticalmente hacia arriba. ¿Quién consigue que su pica mantenga su posición vertical en el aire? — Igual, pero intercambiando en cada encuentro con un compañero las picas con un pase suave. — ¿Quién puede combinar estos pases y recepciones con balanceo?	
Cont.	Habilidad con la pica		
Comp.	Encuentro		
328	*Lanzamiento con pica - Variantes*	Por parejas, con una pica cada uno: Pasar y recibir la pica. — Con ambas manos, pica vertical u horizontal. — Con una mano, pica vertical u horizontal. — Sentados, arrodillados... — En compás con la música.	
Cont.	Habilidad con la pica		
Comp.	Encuentro		
329	*¿Quién puede?*	Mantener la pica horizontalmente y baja por delante del cuerpo: Lanzarla al aire y recibirla en cuclillas, después de efectuar una palmada por encima de la cabeza, debajo de la rodilla, etc.	
Cont.	Habilidad con la pica Agilidad		
Comp.	Autovaloración		
330	*Equilibrista con la pica*	Balancear la pica con la punta del pie, lanzarla al aire y recuperarla apoyada de punta sobre la palma de la mano.	
Cont.	Coordinación		
Comp.	Concentración		

2.3. LANZAR/BANCO SUECO

2.3. Lanzar/banco sueco

N.°	Nombre del juego / Objetivos/ particularidades	Concepto/descripción	Observaciones/organización
331	*Cañones de pelota*	Dos equipos se colocan por detrás de las líneas del campo de voleibol. Cada alumno tiene una pelota. Sobre la línea central se colocan dos bancos suecos con pelotas medicinales (o mazas) encima. A la señal, ambos equipos intentan tirar las pelotas de los bancos lanzando pelotas (de balonmano). Gana el equipo en cuyo campo hayan menos pelotas medicinales cuando acaba el juego (en clase de voleibol también pueden emplearse remates).	
Cont.	Fuerza de lanzar Lanzamiento de precisión		
Comp.	Respetarse mutuamente		
332	*Bombardeo*	Por parejas encima de un banco sueco: Una pelota medicinal se pasa de uno al otro. Cada uno intenta tirar con tanta fuerza que el otro pierda su equilibrio cuando quiere recibir la pelota, teniendo que bajar del banco. — También con bancos invertidos, equilibrio sobre el canto estrecho.	
Cont.	Fuerza de lanzar Equilibrio		
Comp.	Atención, en función del compañero (fuerza)		
333	*¿Qué grupo se sienta primero?*	Relevos: Cada grupo se distribuye encima de dos bancos suecos, uno enfrente del otro. El primero de cada grupo tiene una pelota y empieza a pasarla al otro banco. Acabado el pase, se sienta. ¿Qué grupo acaba primero sentado (de pie de nuevo)?	
Cont.	Velocidad		
Comp.	Concentración		
334	*Matar con bancos y mazas*	En el centro del campo de cada equipo se coloca un banco sueco. Encima del mismo se ponen de 3 a 5 jugadores con mazas. Han de tratar de proteger dichas mazas. Por lo demás, el juego es igual que el normal de matar.	
Cont.	Fuerza de lanzar		
Comp.	Táctica		
335	*Tiro en suspensión*	Carrera de impulso siguiendo el ritmo de los tres pasos. Después del tercer paso se salta sobre el banco para lanzar la pelota. — Variante: Lanzamiento contra la pared, pase suave al compañero, lanzar sobre una meta, tiro con portero.	izq. - der. - izq.
Cont.	Coordinación Fuerza de lanzar		
Comp.	Respetarse mutuamente		

2.4. LANZAR/APARATOS

2.4. Lanzar/aparatos

N.°	Nombre del juego / Objetivos/ particularidades	Concepto/descripción	Observaciones/organización
336	*Balón tigre con aparatos*	Se colocan diferentes aparatos formando un círculo. Encima de ellos se ponen de pie (sentados) alumnos o grupos de alumnos. Dentro del círculo se encuentra el «tigre». Ha de intentar tocar o interceptar una pelota que los jugadores del círculo se van pasando. Si lo consigue o si la pelota cae al suelo, todos los jugadores han de cambiar de aparato. También el tigre intenta conseguir un sitio. El que se quede sin lugar se convierte en tigre.	
Cont.	Velocidad		
Comp.	Táctica		
337	*Pelota con potro*	Dos equipos juegan a fútbol o balonmano. En cada círculo de tiros libres se coloca un potro. No se puede entrar en el círculo. El gol se consigue pasando la pelota entre las patas del potro.	
Cont.	Resistencia		
Comp.	Táctica		
338	*Pelota acertada*	Encima de varios plintos y bancos suecos se colocan pelotas medicinales. El grupo **A** intenta chutar hacia un número de pelotas medicinales con el fin de que se caigan de su sitio. El grupo **B** los defiende. La distancia hasta los aparatos ha de ser como mínimo 1 m. ¿Qué grupo consigue tirar más pelotas de los aparatos, habiendo cambiado de papeles? — Con una o varias pelotas.	
Cont.	Defensa		
Comp.	Táctica		
339	*Pelota al cajón*	Dos equipos se enfrentan en una pista separada por una red de voleibol (o cuerda). Cada jugador tiene una pelota. Se colocan por detrás de la línea de 3 m e intentan lanzar su pelota por encima de la red dentro de los plintos abiertos que se encuentran en la línea de 3 m. No se puede defender el plinto. ¿Qué equipo coloca en 1 minuto más pelotas en los plintos contrarios? — También con pases de pecho o remates; establecer las formas de lanzar.	
Cont.	Precisión en los lanzamientos		
Comp.	Concentración		
340	*Balón plinto desmontable*	Reglas de juego igual que en el balonmano, pero la portería es un plinto, colocado dentro del círculo del área, que se ha de tocar. No se puede entrar dentro del círculo, tampoco hay guardametas. Después de cada gol conseguido se quita un elemento del plinto. ¿Qué equipo acaba primero en eliminar el plinto? (Cada vez será más difícil conseguir un gol, porque la superficie se va reduciendo.)	
Cont.	Resistencia		
Comp.	Táctica		

2.4. Lanzar/aparatos

N.°	Nombre del juego Objetivos/ particularidades	Concepto/descripción	Observaciones/organización
341	*Toque de cabeza con rey*	Dentro de cada círculo de tiro libre se encuentra un plinto para el rey. En cada cara longitudinal de la pista se colocan dos colchonetas verticalmente contra la pared con función de portería. Delante de cada uno de los dos equipos se pone un jugador como rey sobre un plinto. El objetivo consiste en enviar la pelota contra una colchoneta (no importa el lado de la pista) por medio de toques de cabeza. No obstante, dicho toque de cabeza sólo puede efectuarse aprovechando el pase del propio rey. Esto significa que los dos equipos intentan pasar la pelota a su rey por encima del plinto colocándose en seguida en una posición buena para un toque de cabeza posterior. (Eventualmente se ha de trazar medio círculo alrededor de la colchoneta que no se podrá pisar. Igualmente se ha de prohibir la entrada en el círculo de tiro libre alrededor del plinto.) ¡Elaborar más reglas de juego conjuntamente con los alumnos!	
Cont.	Práctica del toque de cabeza		
Comp.	Liberarse del defensa y ofrecerse		
342	*Pase desde suspensión cogiéndose con las rodillas*	Pase aprovechando el balanceo.	
Cont.	Capacidad de orientación		
Comp.	*Timing* correcto en el momento del pase		
343	*Artista con la pelota*	Anillas a la altura de salto. Pase: Enganchar la pelota entre los pies y pasar en el balanceo (eventualmente, también recibir). — Igual desde el apoyo de manos al final de las paralelas.	
Cont.	Capacidad de coordinación		
Comp.	Cooperación Agilidad		
344	*Parque de aparatos*	Distribuimos diferentes aparatos por la pista. A corre y salta encima de algún aparato. B le persigue botando una pelota (o se espera en su sitio) y pasa a A la pelota. Luego se desplaza B y A le pasa la pelota. — Variante: Pases sólo en picado contra el suelo. Pases sólo con la mano «mala».	
Cont.	Habilidad		
Comp.	Respetarse mutuamente		

2.5. LANZAR/CUERDA ELASTICA

N.°	Nombre del juego / Objetivos/ particularidades	Concepto/descripción	Observaciones/organización
	2.5. Lanzar/cuerda elástica		
345	*Pelota por debajo de la cuerda*	Se coloca una cuerda elástica por encima de la línea central (o a lo largo) de la pista a una altura de 1 m. Se enfrentan grupos de 3 o 4 jugadores. La pelota se ha de lanzar o rodar al campo contrario por debajo de la cuerda, de forma que cruce la línea de fondo contraria o alguna línea lateral (1 punto). Se permiten tres pases dentro del campo propio. ¿Qué grupo alcanza primero 15 puntos? (También se pueden emplear dos balones medicinales.)	
Cont.	Fuerza de lanzar		
Comp.	Táctica		
346	*Ventana de pase*	Se extienden dos cuerdas elásticas a lo ancho de la pista, creando una «ventana de pase» de 1 m de ancho. (Dicha ventana puede dividirse, a su vez, en varias ventanas más pequeñas.) Pases precisos a través de las «ventanas». Tanto en competición por equipos como en forma individual, ¿quién consigue primero 10 pases a través de su ventana? (Siempre se lanza desde el mismo lado, luego se recoge la pelota.) ¿Quién acierta todavía desde una distancia máxima?	
Cont.	Fuerza de lanzar Lanzamiento de precisión		
Comp.	¡Contar honradamente! ¡Sin control!		
347	*¡Mantened la pista libre!*	La pista se divide en 4 campos mediante dos cuerdas elásticas. Cuatro equipos, cada alumno con una pelota. A la señal, todos lanzan las pelotas que se encuentran en el campo propio hacia un campo contrario. ¿Qué grupo tiene menos pelotas dentro de su campo, después de x segundos? Después del silbato ¡no se podrá seguir lanzando pelotas! — Igual, pero con dos grupos, que defienden dos campos cada grupo.	
Cont.	Fuerza de lanzar Velocidad		
Comp.	¡Con el silbato se acaba el juego (para todo el mundo)!		
348	*Baloncesto con bandas*	Se extiende una cuerda elástica (o cinta separadora) a lo largo de la pista a una altura de 3 m y separada unos 50 a 80 cm de la pared lateral. Estos callejones de cuerdas (toda la longitud de la pista, o determinadas áreas de la misma) simbolizan la canasta. La mayor área de canasta facilitará esencialmente el tiro a canasta por parte de los principiantes. Por ejemplo, en forma de minibasquet de 3 contra 3 en 3 campos.	
Cont.	Baloncesto		
Comp.	Táctica		
349	*Baloncesto con callejones de cuerdas*	Se colocan dos cuerdas elásticas de canasta a canasta por el centro de la pista con una distancia entre las mismas de 50 a 80 cm y a una altura de unos 3 m. Valen las reglas de baloncesto, la canasta se consigue tirando la pelota por el callejón (eventualmente, limitar la zona). El lanzamiento a canasta puede producirse desde ambos lados de las cuerdas. No se permiten pases por encima del callejón. Si se recupera una pelota, sólo se puede iniciar el contraataque, una vez pasada la pelota contra la pared.	
Cont.	Baloncesto		
Comp.	Táctica		

Una forma de rubgy (aproximadamente en 1860)... Por cierto, ¿los alumnos habrán calentado? (Fuente: «Mathys: Los juegos de pelota», Harenberg, 1983.)

Saltar

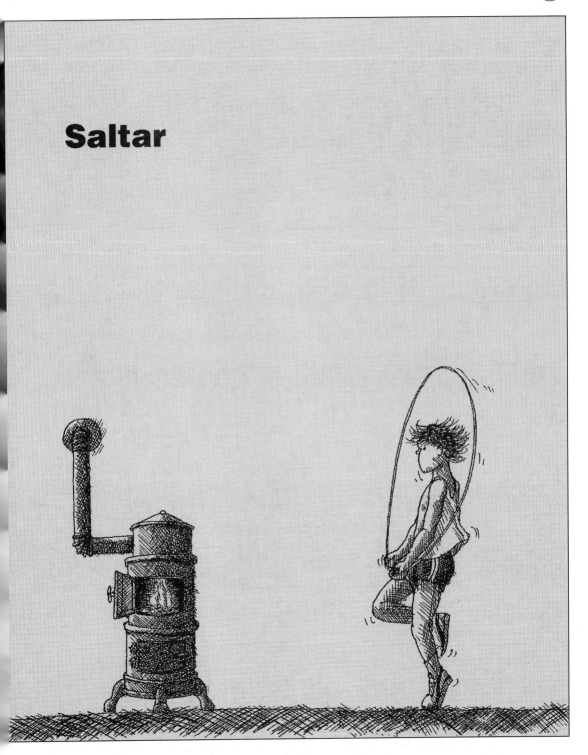

3.1. SALTAR/SIN MATERIAL

N.°	Nombre del juego / Objetivos/ particularidades	Concepto/descripción	Observaciones/organización
	3.1. Saltar/sin material		
350	*Persecución con escalera*	— Persecución con escalera grande. El que se coloca en el mismo escalón que el perseguidor se considera pillado y se convierte en perseguidor.	
Cont.	Fuerza-resistencia Velocidad	— Relevo en la escalera con diferentes formas de desplazamiento, por ejemplo: 3 escalones hacia arriba, 2 abajo. ¿Quién llega primero arriba de todo? Igual, hacia abajo, pero corriendo hacia atrás.	
Comp.	Juego limpio	— Relevos con dado: Se ha de subir tantos escalones como el número que se obtiene al tirar el dado.	
351	*Concurso de saltos*	¿Quién salta más lejos? — Forma de salto preestablecida (salto simple). — Número de saltos preestablecido (multisaltos). — Diferentes combinaciones de saltos (por ejemplo: izq., izq., dr., izq., izq., dr.).	
Cont.	Fuerza de piernas Agilidad		
Comp.	Arbitrar uno al otro		
352	*Salto de longitud en grupo*	¿Qué grupo tiene que hacer menos saltos para cruzar la plaza? El siguiente salta desde el lugar donde llegó el anterior.	
Cont.	Fuerza de piernas		Igual que el número 351
Comp.	Juego limpio entre dos		
353	*Serie irregular de saltos*	Cada jugador ejecuta una serie irregular de saltos (por ejemplo, dr.-dr.-izq.-dr.-ambas). Los demás observan y repiten la misma combinación.	
Cont.	Agilidad		
Comp.	Concentración		
354	*Desplazamiento mediante saltos*	Dos alumnos han de superar una distancia mediante saltos, actuando sólo uno en un tiempo. Se cambia a juicio de los alumnos. ¿Qué pareja necesita menos saltos?	
Cont.	Fuerza de piernas		
Comp.	Cooperación		
355	*Lucha de estirar con las piernas*	**A** y **B** se colocan uno enfrente del otro, enganchándose con las piernas derechas (izquierdas). — ¿Quién puede arrastrar de esta forma al contrario hasta más allá de la línea? — ¿Quién puede desplazar el contrario lateralmente hasta la línea?	
Cont.	Fuerza		
Comp.	Táctica		

3.1. Saltar/sin material

N.°	Nombre del juego / Objetivos/particularidades	Concepto/descripción	Observaciones/organización
356	*Salto de potro*	**A** se coloca en forma de potro, **B** salta por encima con las piernas abiertas y se coloca a continuación como potro para **A** (cadena sin final, también factible en forma de serpiente larga).	
Cont.	Agilidad		
Comp.	El potro ha de ponerse bien tenso		
357	*Salto de obstáculos*	**A** forma otro obstáculo en lugar de potro (por ejemplo, elevar una pierna a la horizontal). **B** ha de decidir por sí mismo cómo superar dicho obstáculo.	
Cont.	Agilidad		
Comp.	Fantasía		
358	*Persecución a la pata coja*	Dos equipos, cada uno es a la vez perseguidor y perseguido (el grupo **A** persigue al grupo **B** y viceversa). Desplazamientos sobre una pierna, la otra se coge con la mano. Los pillados se paran y pueden ser salvados mediante un toque de mano de un compañero del mismo grupo. ¿Qué equipo es capaz de desactivar al otro, es decir, conseguir que todos se sienten?	
Cont.	Fuerza-resistencia		
Comp.	Táctica		
359	*Carrera a la pata coja*	**A** y **B** se ponen espalda contra espalda, cogiendo cada uno el tobillo del compañero. Posición por parejas en la línea de fondo. ¿Qué pareja supera primero una distancia determinada sin soltarse?	
Cont.	Fuerza-resistencia		
Comp.	Cooperación		

3.2. SALTAR/BALONES

3.2. Saltar/balones

N.°	Nombre del juego / Objetivos/ particularidades	Concepto/descripción	Observaciones/organización
360	*Saltos con ritmo*	Por parejas, con una pelota: **A** bota la pelota con diferentes ritmos. **B** intenta saltar al mismo ritmo que el bote de la pelota, es decir, al mismo ritmo que la pelota se mueve hacia arriba.	
Cont.	Ritmo		
Comp.	Concentración		
361	*Saltos con ritmo al revés*	**A** bota la pelota muy fuerte contra el suelo. Cada vez que la pelota vuelve a botar en el suelo, **A** ha de encontrarse en el aire. Los saltos serán cada vez más seguidos hasta que la pelota «se muere».	
Cont.	Ritmo		
Comp.	Concentración		
362	*Rodar y saltar la pelota*	Por tríos con una pelota: **A** hace rodar la pelota hacia **B** y **C** salta por encima de la pelota. Luego, **B** rueda la pelota hacia **C** y **A** salta por encima, etcétera.	
Cont.	Coordinación		
Comp.	Concentración Encuentro		
363	*Pelota engancha-da*	¿Quién salta más lejos con la pelota enganchada entre los pies sin que ésta se caiga? Variante: Cada uno escoge su distancia hacia la línea de meta. ¿Será capaz de llegar justo sobre la línea con su salto? ¿También con los ojos cerrados?	
Cont.	Habilidad de saltar		
Comp.	Percepción del cuerpo y de la distancia		
364	*Saltos con timing*	— ¿Quién es capaz de coger la pelota en el punto más alto de su trayectoria? — ¿Quién es capaz de saltar tan alto, recibiendo la pelota justo antes de llegar al suelo? — ¿Quién encuentra una combinación entre salto y lanzamiento?	
Cont.	Timing para el momento de saltar		
Comp.	Animar a pensar		

3.3.   SALTAR/CUERDA DE SALTAR

3.3.   Saltar/cuerda de saltar

N.°	Nombre del juego / Objetivos/particularidades	Concepto/descripción	Observaciones/organización
365	*Lejano oeste*	Hacer girar la cuerda con una mano cerca del suelo y saltar por encima con ambas piernas. También alternando con círculos por encima de la cabeza. ¿Variantes propias?	
Cont.	Agilidad		
Comp.	Respetar a los demás		
366	*Saltos con «lazo»*	Por parejas: **A** hace circular la cuerda de cuclillas por debajo de los pies de **B**, mientras que **B** hace circular la suya por encima de la cabeza de **A**. — También se pueden alternar (es decir: alternar entre saltar al aire y bajar a cuclillas).	
Cont.	Coordinación		
Comp.	Cooperación		
367	*«Lazo» en círculo*	Por tríos: **A** se coloca entre **B** y **C** y hace circular la cuerda. **B** y **C** han de saltarla, cada uno, en el momento adecuado. — Igual, también con un grupo más grande, usando dos cuerdas atadas entre sí. El que toca la cuerda se convierte en el nuevo personaje central que mueve la cuerda.	
Cont.	Timing del salto		
Comp.	Cooperación		
368	*Jardín de saltos*	La mitad de la clase mantiene una cuerda horizontalmente sobre el suelo, en grupos de dos; la otra mitad salta estas cuerdas de diferentes formas. — Igual, pero los que aguantan las cuerdas saltan en el sitio. — Igual, en forma de relevos.	
Cont.	Resistencia Agilidad		
Comp.	Aguantar la cuerda correctamente (¡¡juego limpio!)		
369	*Saltos entre dos*	**A** y **B** se colocan juntos, cogidos de las manos interiores y mueven la cuerda con las manos exteriores: a) ambos saltan juntos la cuerda, b) igual, con giros.	
Cont.	Coordinación		
Comp.	Cooperación		
370	*Fosa de cuerdas*	Las cuerdas se colocan paralelamente, una a continuación de la otra (o bien, describiendo un abanico). ¿Quién alcanza la última cuerda... — con saltos sobre una pierna? — con saltos en carrera? — con saltos de rana? Variar las distancias, por ejemplo: las distancias aumentan de cuerda a cuerda.	
Cont.	Fuerza de piernas Ritmo		
Comp.	Autovaloración		

3.3.   Saltar/cuerda de saltar

N.°	Nombre del juego / Objetivos/ particularidades	Concepto/descripción	Observaciones/organización
371	*Línea saltarina*	Los alumnos se colocan en columna, el primero tiene la cuerda. A la señal, el segundo agarra la cuerda y ambos corren, uno por cada lado de la columna, hasta llegar al último, pasando la cuerda a ras del suelo. Los compañeros de la columna han de saltar la cuerda uno tras otro. Cuando llegan al final de la columna, el primero suelta la cuerda y se sitúa al final, mientras que el segundo vuelve al principio con la cuerda y repite lo mismo con el tercero.	
Cont.	Agilidad		
Comp.	¡No seas el agua-fiestas!		
372	*Polonesas*	Grupos de 4 a 8, donde cada dos tienen una cuerda: — Inventar polonesas, formas de saltar por encima, pasar por debajo, slalom, etc. Buscar recorridos interesantes, aprovechar el espacio de toda la pista.	
Cont.	Resistencia		
Comp.	Fantasía		
373	*Saltar figuras*	Intentar dibujar figuras propuestas por el profesor, corriendo y saltando la cuerda hacia delante, por ejemplo, una letra, palabras enteras, figuras geométricas. — También en forma de adivinanza por parejas: **A** va delante, **B** le sigue. **B** ha de averiguar la letra que **A** dibuja.	
Cont.	Resistencia		
Comp.	Figuras		
374	*Acrobacias*	a) ¿Quién sabe saltar la cuerda con cambios de paso? b) ¿Quién sabe saltar con las piernas cruzadas? (Cruzar alternadamente las piernas, una delante de la otra.) c) ¿Quién sabe saltar dos veces pasando la cuerda lateralmente? d) ¿Quién sabe saltar desde cuclillas? (Los brazos estirados lateralmente y cuerda normal, o cogiendo la cuerda más corta.)	El que descubra otra forma de saltar, lo puede demostrar.
Cont.	Agilidad		
Comp.	Autovaloración Fantasía		
375	*Saltos sincroniza-dos I*	Por parejas, cada uno tiene una cuerda: **A** salta la cuerda y cambia constantemente su velocidad, **B** también salta e intenta adaptarse a la velocidad de **A**. — ¿Qué pareja es capaz de cambiar de papeles sin interrumpir sus saltos?	
Cont.	Ritmo		
Comp.	Cooperación		
376	*Saltos sincroniza-dos II*	**A** y **B**, uno al lado del otro, con una cuerda, cogiendo cada uno un extremo de la cuerda con la mano interior: 1. Mover la cuerda (arriba-abajo): **A** realiza medio giro, salta la cuerda y vuelve a su posición inicial. 2. **B** igual. 3. Ambos efectúan medio giro hacia el centro y saltan a la vez. 4. Seguir el giro y pasar la cuerda a la otra mano.	
Cont.	Coordinación		
Comp.	Cooperación		

3.3.   Saltar/cuerda de saltar

N.°	Nombre del juego / Objetivos/ particularidades	Concepto/descripción	Observaciones/organización
377	*Saltos en círculo*	**A** y **B**, uno al lado del otro, cogiendo la cuerda con la mano derecha, cada uno: Mientras **A** se queda en su sitio (como centro del círculo) girando la cuerda, **B** salta la cuerda y describe un círculo alrededor de **A**. Después cambio sin parar, **A** da la vuelta alrededor de **B**. — La cuerda gira hacia adelante y hacia atrás.	
Cont.	Coordinación		
Comp.	Cooperación		
378	*Solo - por parejas - solo*	Por parejas, enfrentados con una cuerda: **A** salta la cuerda, **B** espera el momento oportuno (fuera de la cuerda) para pasar por debajo de la cuerda y saltar junto a **A**. Ambos saltan juntos hasta que **B** salga de la cuerda (hacia atrás).	
Cont.	Coordinación		
Comp.	Cooperación		
379	*Combinación*	— Igual, pero **A** pasa la cuerda a **B**. — Igual, pero antes de pasar la cuerda, **B** efectúa medio giro dentro de la cuerda. — **B** entra en la cuerda por detrás de **A**, de forma que los dos saltan uno detrás del otro.	Igual que el número 378
Cont.	Coordinación		
Comp.	Cooperación		
380	*Saltar la cuerda a la inglesa*	**A** y **B** se ponen uno enfrente del otro y mueven dos cuerdas con ambas manos hacia fuera (¡ritmo!). **C** intenta llegar al otro lado, pasando por debajo o saltando las cuerdas. — Igual, pero **C** salta entre las cuerdas y las salta sin salir (o bien, realiza una carrera con marcada elevación de las rodillas).	
Cont.	Ritmo		
Comp.	Cooperación		
381	*Cuerda larga*	Dos alumnos mueven la cuerda larga (o dos cuerdas de saltar atadas) con mucha regularidad. Los demás realizan las siguientes tareas: — Pasar por debajo de la cuerda desde cada lado. — Entrar desde ambos lados a la cuerda y saltarla unas veces. — Igual, pero con recepción y devolución de una pelota, todo debajo de la cuerda. — Igual, pero dos alumnos saltan juntos la cuerda y se van pasando una pelota. — ¿Quién es capaz de pasar por debajo de la cuerda larga, saltando su propia cuerda (corta) sin interferir el movimiento de la cuerda? — Igual, saltando la cuerda dentro de la cuerda larga. También: Saltar dos veces la cuerda durante una vuelta de la cuerda larga. — Saltar con dos cuerdas largas que se mueven de forma que una se encuentra abajo cuando la otra esté arriba. ¿Quién puede saltarla?	
Cont.	Coordinación		
Comp.	Los que mueven la cuerda pueden ayudar a sus compañeros con un movimiento hábil de la cuerda		

3.3.   Saltar/cuerda de saltar

N.°	Nombre del juego / Objetivos/ particularidades	Concepto/descripción	Observaciones/organización
382	*Artista de la cuer-da*	a) ¿Quién es capaz de pasar la cuerda dos (tres) veces en un salto?	Por ejemplo
Cont.	Coordinación Resistencia	b) ¿Quién es capaz de saltar desde un punto más eleva-do, pasando la cuerda tres veces antes de llegar al suelo? También con minitramp o cama elástica.	
Comp.	Autovaloración	c) ¿Quién es capaz de saltar con los brazos cruzados? d) ¿Quién es capaz de saltar con diferentes ritmos pero al mismo compás? Por ejemplo: en el mismo tiempo, dos pa-sadas cortas o una larga.	

3.4.   Saltar/aros

383	*Saltar con dos aros*	Por parejas a una distancia de unos 5 m entre los dos, cada uno tiene un aro delante suyo: Saltar al propio aro y salir.	
Cont.	Formas Ritmo	Correr al aro del compañero y saltar de nuevo. ¿Qué pareja encuentra una trayectoria y un ritmo interesan-te?	
Comp.	Cooperación	¿Qué pareja es capaz de saltar al mismo aro de forma al-terna?	
384	*Saltos de tijera con aro*	¿Quién es capaz de realizar saltos de tijera sobre el aro en desplazamiento, saltando con la pierna derecha e izquierda? — Igual, pero sólo con un paso intermedio, saltos seguidos.	
Cont.	Coordinación		
Comp.	Cumplir las reglas del juego		
385	*Variantes de salto*	Los aros repartidos por el espacio: Cada alumno intenta saltar dentro de su aro y hacia fuera, de muchas formas diferentes.	
Cont.	Resistencia	Por ejemplo: Sobre una pierna, sobre ambas piernas, de una pierna a la otra, hacia delante, hacia atrás, lateralmente, etc.	
Comp.	Fantasía	Los saltos o secuencias de saltos interesantes serán repeti-dos por todos los alumnos.	
386	*Saltar al aro por parejas*	Se distribuyen tantos aros como alumnos por la pista sin que queden espacios intermedios. Cada dos jugadores se cogen de la mano. Han de buscarse —igual que todos los demás— un camino por los aros, saltando sobre una pierna y ocu-pando juntos sólo un aro.	
Cont.	Fuerza-resistencia		
Comp.	Cooperación	— En forma de competición: ¿Qué pareja realiza más saltos durante 2 minutos, de aro en aro?	

3.4.   Saltar/aros

N.º	Nombre del juego / Objetivos/ particularidades	Concepto/descripción	Observaciones/organización
387	*Ordenador y saltos*	Los aros libremente distribuidos por el espacio: **A** y **B** forman un «grupo informático» . **A** salta un número libre de aros a su elección. **B** (el ordenador) memoriza los saltos. Luego el «ordenador B» intenta saltar exactamente la misma combinación de saltos. **A** lo controla. — ¡Conseguir combinaciones cada vez más difíciles y más largas!	
Cont.	Fuerza de piernas		
Comp.	Fantasía y auto-valoración		
388	*Combinación entre aros y salto*	Los aros se colocan en una doble fila: Cada uno exhibe una combinación de saltos, que todos han de imitar, por ejemplo, izq.-izq.-dr.-ambas. — Cada pareja salta una combinación sincronizada (¡¿Con música?!)	
Cont.	Fuerza de piernas Coordinación		
Comp.	Aceptar otras ideas		
389	*Saltos en forma de trébol*	— Cada pareja crea una serie de saltos con cuatro aros. — Igual, pero **A** demuestra su serie y **B** la ha de copiar después exactamente.	
Cont.	Coordinación		
Comp.	Formas		
390	*Twist con aros*	Por parejas, **A** aguanta el aro, **B** salta: Igual que en el twist con goma, también aquí se buscan diferentes formas de saltar dentro y sobre el aro. El aro puede aguantarse a diferentes alturas. *a)* **B** exhibe una serie que **A** debe repetir después. *b)* Cambio, cuando el cuerpo toca el aro. ¡Inventar otras reglas!	
Cont.	Resistencia		
Comp.	Fantasía		
391	*Juego de saltitos*	Para cada grupo se colocan los aros en forma de determinadas figuras, por ejemplo, en zig-zag, círculo. Cada grupo intenta recorrer la figura de otra forma (de aro en aro).	por ejemplo
Cont.	Formación general de la fuerza de piernas		
Comp.	Fantasía		
392	*Persecución*	Perseguidores y perseguidos saltan sobre una pierna (con el silbato se cambia de pierna). Los perseguidores intentan cazar a alguno con el aro, es decir, pasarle el aro por encima del cuerpo. Los pillados siguen con el aro.	
Cont.	Fuerza-resistencia		
Comp.	Cuidado		

3.5. Saltar/picas

N.°	Nombre del juego / Objetivos/ particularidades	Concepto/descripción	Observaciones/organización
393	*Salto de picas*	A y B se colocan uno enfrente del otro. A aguanta la pica horizontalmente a la altura de la rodilla (eventualmente, de la cadera); B salta de diferentes maneras por encima de la pica, por ejemplo, con salto de tijeras, en cuclillas, con piernas separadas, salto de caballo...	
Cont.	Fuerza de piernas Agilidad		
Comp.	Mantener la pica quieta	— Igual, pero A describe con la pica un círculo y B salta por encima.	
394	*Picas en línea*	Las picas se colocan de forma paralela en una línea: Saltos por encima de las picas de diferentes maneras. Por ejemplo:	
Cont.	Práctica del salto Ritmo	— Saltos con una pierna, — saltos dobles laterales, — saltos de rana,	
Comp.	Entrenamiento distendido de la fuerza de piernas	— combinación de saltos, por ejemplo, izq.-izq.-dr., izq.-izq.-dr. — saltos en carrera izq.-dr.-izq.-dr. — saltos a pata coja en slalom alrededor de las picas, etc.	
395	*Saltos con obstáculos*	Por parejas, dos picas colocadas paralelamente en el suelo (a unos 70 cm de distancia): Demostración mutua de formas de saltar por encima y entre las picas (comparable al twist con goma). Todas las picas se colocan en una fila doble:	
Cont.	Formas Ritmo	Buscar formas de saltar por la «calle». ¡También a ritmo de música! También A tras B: B imita todo lo que A hace en cuanto a saltos.	
Comp.	Cooperación entre dos		
396	*Baile hindú de bambú*	Se usan picas o mejor tubos de bambú más largos o palos de escoba: A y B cogen las picas y marcan: 2 veces contra el suelo, 1 vez una pica contra la otra. C intenta saltar entre estas picas sin quedar enganchado; por ejemplo 2 veces por el centro, 1 vez separando piernas por encima.	
Cont.	Fuerza de piernas Reacción		
Comp.	Cooperación	— También con 4 picas cruzadas: ¡Resulta especialmente difícil saltar por el centro!	4 picas
397	*Pica a saltar*	Los alumnos corren en columna alrededor de la pista, cogiendo la pica con la mano derecha. A la señal que será cada vez más frecuente, el primero coge la pica horizontalmente en un extremo y corre en dirección opuesta, mientras aguanta la pica de forma que todos han de saltar por encima.	
	Resistencia		
	¡Juego limpio!	Igual, pero se utilizan dos picas paralelas para saltar por encima.	

3.6.   Saltar/banco sueco

N.°	Nombre del juego / Objetivos/particularidades	Concepto/descripción	Observaciones/organización
398	*Carrera de vallas*	Varios bancos suecos organizados de diferente manera: — Saltar por encima de la línea de bancos con un ritmo determinado de pasos (3 pasos, 5 pasos). Llegar con la pierna de impulso o de salto o con ambas. — Saltos ascedentes sobre los bancos (un pie se apoya encima del banco para saltar desde allí).	
Cont.	Resistencia		
Comp.	Realizar exactamente la tarea propuesta		
399	*Formación rítmica en el banco sueco*	Por ejemplo, en forma de trabajo de grupo: Dibujar diferentes formas de colocar los bancos suecos, probando en una de las colocaciones las diferentes combinaciones de salto y recorridos. Después, los grupos exponen su resultado a los demás y éstos lo repiten.	
Cont.	Ritmo		
Comp.	Formas		
400	*Banco doble*	Dos bancos suecos se colocan en cruz, uno encima del otro (el banco superior con la superficie del asiento mirando hacia abajo). Diferentes formas de saltar por encima: — Saltar con la derecha y llegar al suelo con la izquierda. — Saltar con la derecha y llegar al suelo con ambas piernas. — Saltar con la derecha y llegar al suelo con la derecha. — Saltar y llegar con ambas piernas, etc.	
Cont.	Práctica del salto		
Comp.	Estimular la creación de formas propias		
401	*Saltos en cuclillas*	Salto desde cuclillas en el suelo a cuclillas encima del banco, pasando por un estiramiento global del cuerpo, e igualmente volver con un salto de las mismas características al suelo.	
Cont.	Fuerza de piernas Agilidad		
Comp.	Calidad del movimiento		
402	*Saltar por encima del foso*	— ¿Quién es capaz de saltar por un «foso» más ancho desde el banco? (Aterrizaje sobre una colchoneta, que cada vez se aleja más del banco.)	Salto como en el número 401. Atención: En cada extremo del banco se coloca un alumno (¡Fijación del banco sueco!).
Cont.	Fuerza de piernas Agilidad		
Comp.	¡Cuidado en el salto!		

3.7.   Lanzar/aparatos

403	*Jardín de saltos*	Se reparten muchos elementos de plinto (u otros obstáculos) por la pista: — ¿Quién salta en dos minutos por encima de más elementos? — Igual, en forma de competición por equipos (por ejemplo, en grupos de tres, uno tras otro). — Igual, pasar por encima de un elemento puesto plano = 1 punto, puesto vertical = 2 puntos.	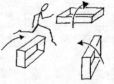
Cont.	Fuerza-resistencia		
Comp.	¡Contar honradamente!		

3.7. Lanzar/aparatos

N.°	Nombre del juego / Objetivos/particularidades	Concepto/descripción	Observaciones/organización
404	*Competencia de saltos*	Plintos con diferente número de elementos: — ¿A qué altura llegas justo? — ¿Qué plinto superas todavía con tu salto (aterrizaje, eventualmente, sobre una colchoneta).	
Cont.	Fuerza de piernas		
Comp.	Valor		
405	*Saltos bajos*	Saltar desde lo alto de un plinto. ¿Hasta qué altura llegas, saltando inmediatamente sobre un plinto? ¿1, 2 ... elementos? ¿También eres capaz de seguir saltando y pasar por encima de otro plinto? (¡Atención, columna vertebral! Adaptar la altura de los plintos a edad y nivel de entrenamiento.)	
Cont.	Fuerza de piernas Agilidad		
Comp.	Indicar una llegada suave		
406	*Carrera sobre una pierna*	Las parejas se colocan por detrás de la línea de fondo, aguantan una colchoneta, poniendo cada uno una pierna encima de la misma. ¿Qué pareja llega primero a meta con saltitos? Ejemplos: Recorrido variado, slalom, un largo con cambio de pierna, etc. — Igual, también en grupos de 3 o de 4.	
Cont.	Fuerza-resistencia		
Comp.	Cooperación		
407	*Remolque*	¿Quién no se deja desenganchar? **A** y **B** arrastran la colchoneta. **C** está con un pie sobre la misma, con el otro más atrás. ¡Adelante!	A+B C
Cont.	Capacidad de equilibrio		
Comp.	Conjuntamente		

3.8. Saltar/cuerda elástica

408	*Tela de araña*	— Carrera libre por la tela de araña: No se puede tocar nunca la tela al sobrepasarla, pasar por debajo o saltar por encima. — Carreras de persecución por el centro del «laberinto», por ejemplo, con salida desde los lados opuestos. Observación: ¡Dejar «tejer» la tela de araña por los alumnos!	2 cuerdas elásticas y paralelas 4 cuerdas 4 cuerdas elásticas + cuerdas de saltar
Cont.	Resistencia		
Comp.	¡No tocar la cuerda!		

3.8. Saltar/cuerda elástica

N.°	Nombre del juego / Objetivos/particularidades	Concepto/descripción	Observaciones/organización
409	*Persecución de araña I*	La araña intenta pillar la mosca. Observación: Aprovechar aparatos pesados o instalaciones existentes como dispositivos de barra fija, ganchos en la pared, etc.	
Cont.	Velocidad		
Comp.	Tocado = pillado		
410	*Persecución de araña II*	Moscas por fuera, araña en el centro. La araña intenta coger las moscas que corren hacia el centro, etc.	
Cont.	Resistencia		
Comp.	Respetar a los compañeros		fijar bien la cuerda elástica
411	*Escuela de saltos*	— Saltos de tijera por encima de las cuerdas con carrera en diagonal, una vez con la derecha, otra con la izquierda. — A cada palo se ha de dar una vuelta. Puede saltarse por encima de las cuerdas o por el medio. — Práctica de la resistencia, desarrollo orgánico en base a un número adecuado de vueltas a velocidad baja.	Instalar el jardín de saltos *previamente* a la sesión y probarlo primero.
Cont.	Práctica de saltar		
Comp.	Respetar la instalación		
412	*Dar vueltas*	— Saltos de tijera desde ambos lados. — Saltos agrupados y con piernas separadas. — Con colchonetas: saltos en rodilla, volteretas lanzadas. — Relevos: salida en la pared: ¿Quién acaba primero con 20 saltos? (volviendo cada vez hasta la pared).	
Cont.	Según cada forma de salto		
Comp.	Entrenamiento distendido en grupo		
413	*Saltos por zonas*	De longitud o de altura: El que haya superado su longitud/altura lo intenta 1 m más a la derecha. Al aire libre se utilizará el foso de saltar, en pista cubierta, se usará una colchoneta, sobre todo en los saltos de longitud.	
Cont.	Fuerza de piernas		
Comp.	Autovaloración		
414	*Espiral*	La cuerda elástica se estira en forma de espiral: Buscar diferentes formas de saltar sobre la cuerda. Con una y con ambas piernas. — Igual, con formas de serpiente, zig-zag, etc.	
Cont.	Resistencia		
Comp.	Fantasía		
415	*Serpiente salvaje*	**A** aguanta un extremo de la cuerda, **B** lo impulsa con movimientos hacia arriba/abajo o laterales. (La cuerda serpentea.) Los alumnos saltan de diferentes formas por encima de esta cuerda inquieta, sin tocarla.	
Cont.	Coordinación		
Comp.	¡Fuera con los aguafiestas!		

3.8.   Saltar/cuerda elástica

N.°	Nombre del juego / Objetivos/particularidades	Concepto/descripción	Observaciones/organización
416	*Ventana para saltar*	Dos alumnos de pie forman una «ventana» con dos cuerdas elásticas: Una cuerda se aguanta a la altura máxima, la otra en la cadera. Los alumnos saltan por la «ventana», sin tocar ninguna de las dos cuerdas.	
Cont.	Práctica del salto	— Establecer diferentes formas de saltar.	
Comp.	Cooperación	— Diferentes llegadas al suelo, por ejemplo, sobre la pierna de impulso, sobre la pierna de apoyo, sobre ambas piernas, etcétera.	
417	*Cuerda perseguidora*	2 alumnos corren con una cuerda tensada por la pista e intentan tocar a alguien con la cuerda. Los demás escapan saltando por encima de la cuerda. El que resulta tocado por la cuerda releva a su «perseguidor».	
Cont.	Coordinación		
Comp.	Perseguidores: mantener la cuerda baja		
418	*Twist con gomas*	Este juego muy popular entre los niños se presta excelentemente para desarrollar la fuerza de piernas y la agilidad. Diferentes formas de saltar en distintas alturas (tobillo, rodilla, cadera, axilas) y distintas anchuras (de cadera, pies juntos, pies separados anchos, una pierna). El que comete un error es relevado.	
Cont.	Fuerza-resistencia Agilidad		
Comp.	Cooperación		
419	*Persecución mágica*	2 a 4 perseguidores van detrás de las liebres que corren libremente por la pista. Sólo pueden salvarse, pasando por encima de la cuerda elástica (mágica). En su «casa» (por detrás de la cuerda), sin embargo, puede haber como máximo 2 liebres. (La cuerda elástica a la altura de la cadera, aproximadamente.)	
Cont.	Resistencia Velocidad		
Comp.	Arriesgarse	— Al aire libre se pueden salvar con un salto encima de la colchoneta de salto de altura.	cuerda elástica
420	*Cuerda inclinada (suspendida)*	¿Quién puede tocar la cuerda aún con la cabeza? Preestablecer diferentes técnicas de salto, de batida, de distancias de carrera, etc.	
Cont.	Fuerza de piernas		
Comp.	Autovaloración		

3.8.   Saltar/cuerda elástica

N.°	Nombre del juego / Objetivos/ particularidades	Concepto/descripción	Observaciones/organización
421	*Cuerda inclinada (en el suelo)*	La cuerda se extiende en diagonal, por ejemplo, en un foso de saltar. Se establecen diferentes tipos de salto, por ejemplo, batida con una pierna, con ambas piernas, con o sin carrera, etc. El alumno siempre ha de predecir antes de cada salto, qué anchura justa será capaz de superar.	
Cont.	Fuerza de piernas		
Comp.	Autovaloración		Adaptar la distancia entre batida y cuerda a las posibilidades.
		Propuesta propia:	
Cont.			
Comp.			

4

Potenciar

4.1. POTENCIAR/SIN MATERIAL

4.1.1. Potenciar/sin material (piernas)

N.°	Nombre del juego / Objetivos/particularidades	Concepto/descripción	Observaciones/organización
422	*Cigüeña en el pantano*	La cigüeña (perseguidor) se pavonea (salta) sobre una pierna (la pierna se puede cambiar). Las ranas del pantano se le escapan (con saltos de rana), pero cada 5 saltos han de croar 5 veces. El que es atrapado por la cigüeña se convierte en cigüeña.	
Cont.	Piernas / Resistencia	— Los atrapados relevan la cigüeña.	
Comp.	¡Cumplir las reglas del juego!	— Los atrapados se convierten en cigüeñas hasta que no queden ranas.	
423	*Circo de pulgas*	Cada pulga —con una excepción— tiene su pedestal (aro, colchoneta, etc.). Sólo una pulga salta por sí sola por el circo. Cuando éste grita: «¡Enemigo viene!», todas las demás pulgas han de cambiar de sitio saltando. El que no consigue un lugar nuevo ha de vigilar si viene el enemigo.	
Cont.	Piernas / Velocidad		
Comp.	Juego limpio		
424	*Prensa a empujones*	A y B estirados sobre la espalda, uno en frente del otro, contacto mediante las plantas de sus pies, piernas semi-flexionadas: A estira sus piernas contra la resistencia de B y viceversa.	
Cont.	Piernas	— ¿Alguno de los dos consigue desplazar al otro lentamente hacia atrás?	
Comp.	Encuentro	— ¿Consiguen los dos desplazar al otro lentamente hacia atrás?	
425	*Prensa de piernas*	B estirado sobre su espalda, cabeza levantada, su pierna izquierda (derecha) mirando hacia arriba. A apoya su tronco sobre la planta izquierda de B y se agarra a su tobillo. B flexiona y estira su pierna izquierda.	
Cont.	Piernas	— Si aún no son capaces de hacerlo con una pierna, utilizarán ambas plantas para apoyarse.	
Comp.	Encuentro	Atención: No flexionar demasiado. (¡Fuerte carga para la rodilla!)	
426	*Combates de estirar y empujar I*	A y B de pie, espalda contra espalda, cada uno coge con su mano derecha la pierna izquierda del otro:	
Cont.	Piernas	— Igual, pero los dos se enfrentan y cogen una pierna del otro, cada uno.	
Comp.	Encuentro		
427	*Combates de estirar y empujar II*	— Igual que antes, pero enganchándose con las piernas derechas para estirar así el otro hacia atrás.	
Cont.	Piernas	— Igual, pero los dos compañeros se dan la mano izquierda y aguantan con su mano derecha la propia pierna derecha. Cada uno intenta obligar al otro a soltar la mano derecha.	
Comp.	Encuentro		

4.1.1. Potenciar/sin material (piernas)

N.°	Nombre del juego / Objetivos/ particularidades	Concepto/descripción	Observaciones/organización
428	*Lucha a empujones*	**A** y **B** de cuclillas, uno delante del otro: De espaldas: cada uno intenta desequilibrar al otro mediante empujones con el trasero.	
Cont.	Piernas		
Comp.	Encuentro		
429	*Combate a tijeras con las piernas*	**A** y **B** enfrente, sentados con las manos apoyadas hacia atrás, piernas ligeramente elevadas. **A** intenta juntar las piernas de **B**, **B** por su parte separa las piernas de **A**. ¿Puede **A** empujar con tanta fuerza que los pies de **B** se junten?	
Cont.	Músculos internos y externos del muslo		
Comp.	Cooperación		
430	*Combate con piernas enganchadas*	**A** y **B** estirados sobre la espalda, uno al lado del otro. La cabeza de **A** se encuentra al lado de los pies de **B**. Los dos se dan la mano derecha (interna). A la señal levantan su pierna derecha (interna), enganchándolas mutuamente e intentan girar al otro hacia su lado con estirones de la pierna.	
Cont.	Piernas Tronco		
Comp.	Encuentro		
431	*Combate de prensa de piernas*	La misma posición inicial como en el combate con piernas enganchadas. Los dos levantan la pierna interna hasta la vertical, toman contacto a la altura posterior de la rodilla e intentan empujar la pierna del otro hacia atrás.	
Cont.	Piernas Tronco		
Comp.	Encuentro		
432	*Empujar*	**A** y **B** sentados, espalda contra espalda, intentan empujarse mutuamente hasta una marca (línea) determinada. Ponerse de mutuo acuerdo sobre posibles reglas complementarias.	
Cont.	Piernas Tronco		
Comp.	Combate limpio		
433	*Variantes de sentadillas*	Posición inicial, cara a cara, brazos estirados hacia delante, cogiéndose de las manos. Los dos a la vez realizan sentadillas. — Igual, pero alternando: **A** flexiona, **B** estira. — Igual, pero bajando hasta quedar estirado sobre la espalda con las piernas dobladas; también alternando. — Igual, con una pierna, estirando la otra hacia delante. — Igual, el compañero coge la pierna libre con su mano.	
Cont.	Piernas Equilibrio		
Comp.	¡El mejor de los dos se adapta al otro!		

4.1.1.   Potenciar/sin material (piernas)

N.°	Nombre del juego Objetivos/ particularidades	Concepto/descripción	Observaciones/organización
434 Cont. Comp.	*Cuclillas* Piernas (fuerza-re- sistencia) Encuentro	**A** y **B** de pie, espalda contra espalda, los brazos cruzados delante del pecho. Sentadillas lentas hasta un ángulo de 90°, parar un momento y volver hacia arriba. — ¿Quién de los dos aguanta más tiempo? — También en forma de combate de empujones espalda contra espalda en cuclillas. ¿Quién empuja primero al otro hasta más allá de una marca?	
435 Cont. Comp.	*Separar-juntar* Piernas, muslos Cadera Diversión entre los dos	**A** y **B** enfrentados de rodillas, brazos doblados: empujarse mutuamente hacia atrás, inclinar el tronco estirado hacia atrás, frenar y volver a enderezarse.	
436 Cont. Comp.	*Freno de pies* Piernas, muslo Cadera anterior/posterior Dosificar la trac- ción	**A** apoyado sobre su vientre, **B** coge el pie derecho de **A**: **A** flexiona y estira su rodilla derecha contra la resistencia de **B**. — También con ambas piernas a la vez. — También en posición de espaldas al suelo: **A** acerca su rodilla en dirección a su pecho contra la resistencia de **B** y vuelve a estirarla (contra la resistencia de **B**).	
437 Cont. Comp.	*No decaigas* Piernas, espalda Fuerza-resistencia Confianza	**A** de rodillas, brazos cruzados detrás de su nuca. **B** fija los pies de **A** contra el suelo. **A** baja y eleva el tronco con la mayor inclinación hacia delante posible. — También con giros en el tronco hacia izq. y dr., después de inclinarse hacia delante. — También estirando el tronco plano sobre el suelo sin llegar a tocarlo.	
438 Cont. Comp.	*Elevación de pier- nas* Piernas Cooperación	Sentados con las piernas separadas, uno enfrente del otro, plantas de los pies contra plantas: Los dos elevan primero una pierna ligeramente del suelo, luego intentan levantar ambas piernas a la vez. — apoyando las manos por detrás del cuerpo, — sin apoyo, manos cruzadas.	
439 Cont. Comp.	*Vacilar desde apo- yo de rodillas* Piernas, tronco Fuerza-resistencia Percibir el equili- brio	Brazos juntos al cuerpo: Bajar lentamente hacia atrás, sin doblar la cadera y volver a enderezarse. Sólo bajar hasta tal punto que permita volver a subir. — Igual, pero al bajar el tronco, giros hacia la dr. y la izq. antes de enderezar.	

4.1.1.   Potenciar/sin material (piernas)

N.°	Nombre del juego / Objetivos/particularidades	Concepto/descripción	Observaciones/organización
440	*A cuatro patas por detrás*	Estirar de forma alterna la pierna dr. e izq. hacia delante. — Igual, pero más rápido. La pierna dr. deja el suelo antes de que la izq. lo toque. — A cuatro patas con una pierna por detrás: elevar y bajar la cadera con una pierna estirada. — Igual, pero apoyando los hombros (en lugar de las manos).	
Cont.	Piernas, cadera posterior Espalda		
Comp.	¡Cumplir las reglas de juego!		
441	*Palmera en el viento*	Apoyado sobre ambos pies, desplazar el centro de gravedad hacia delante y atrás hasta los límites. Los pies enganchados en el suelo. — Trasladar el peso hacia los cantos externos e internos del pie; hacia puntas y talones.	
Cont.	Piernas, tronco Pies		
Comp	Capacidad de equilibrio		
442	*Coordinación de los dedos de los pies*	Flexionar primero todo el pie, dedos inclusive, después estirar el pie, manteniendo los dedos flexionados, luego estirar también los dedos. Repetir y cambiar de pierna. — Sentado, con los dos pies a la vez (o con el desfase de un compás). — Igual, pero todo el ejercicio en orden invertido.	
Cont.	Piernas Pies		
Comp.	Coordinación		
443	*Marcha de gusano*	Arrastrarse con los pies hacia delante (o empujarse hacia atrás). Desplazarse lateralmente con tenares y talones, abriendo y cerrando los pies de forma adecuada. Observación: Realizar, evidentemente..., toda la gimnasia de los pies con los pies descalzos.	puntos de giro
Cont.	Coordinación Flexibilidad		
Comp.	Descubrir los propios pies		
444	*Tocar el piano con los pies*	Flexionar pie y dedos, luego estirar cada dedo por sí solo (empezando con el dedo pequeño) y volver. — ¿Quién lo puede hacer con los dos pies? — ¿Quién puede hacer lo mismo a la vez con los dedos correspondientes de las manos?	
Cont.	Coordinación Flexibilidad		
Comp.	Vivencias corporales		
445	*En la sala de espera*	Nos sentamos contra la pared (espalda recta). ¿Quién lo puede hacer sobre una pierna?	
Cont.	Fuerza-resistencia		
Comp.	Percibir la tensión		

4.1.1. Potenciar/sin material (piernas)

N.°	Nombre del juego / Objetivos/particularidades	Concepto/descripción	Observaciones/organización
446	*No sueltes*	**A** y **B** se aguantan juntamente de las manos. Bajar lentamente y volver a subir. ¿Quién lo puede hacer sobre una pierna?	
Cont.	Fuerza de piernas		
Comp.	Confianza		

4.1.2. Potenciar/sin material (tronco)

447	*Aplanadora*	Estirado sobre la espalda, brazos levantados y en tensión, piernas estiradas y separadas a 5 cm del suelo: Cambiar de apoyo de espalda a apoyo sobre el vientre (parando eventualmente sobre el costado), brazos y piernas se mantienen en tensión sobre el suelo. Mayor dificultad: Tanto en posición de apoyado sobre la espalda como sobre el costado, parar y acercar rodillas hacia el pecho y volver a estirarlas.	
Cont.	Tronco Coordinación		
Comp.	Percibir la tensión del cuerpo		
448	*¿Quién puede?*	Sentado con las piernas estiradas, cambiando a apoyo sobre el vientre, con las piernas ligeramente elevadas, sin tocar el suelo con manos y pies. — ¿Quién lo hace muy rápidamente? — ¿Quién lo hace muy lentamente? ¿Qué resulta más difícil?	
Cont.	Tronco Coordinación		
Comp.	Vivir la tensión		
449	*No me caigo*	**A** sentado con las piernas separadas. **B** intenta hacer caer a **A** mediante empujones. **A** lo evita con su postura tensa, ayudándose o no de las manos.	
Cont.	Tronco		
Comp.	Encuentro Dosificación		
450	*Lagarto*	Estirado sobre la espalda, piernas ligeramente dobladas. Colocar ambas rodillas hacia el lado derecho: Elevar el tronco, empujar la barbilla contra el pecho y mirar hacia la cadera. Bajar las rodillas hacia el lado izquierdo, elevar el tronco.	
Cont.	Abdominales		
Comp.	Concentración		
451	*«Sit-up» entre dos*	**A** y **B** enfrentados sentados, ambas piernas enganchadas. Los dos elevan el tronco hasta tocarse con las manos (brazos estirados). Bajar, descansar y repetir el ejercicio.	
Cont.	Abdominales		
Comp.	Encuentro		

4.1.2.   Potenciar/sin material (tronco)

N.°	Nombre del juego / Objetivos/ particularidades	Concepto/descripción	Observaciones/organización
452	*Buenos días*	Estirado sobre la espalda: Elevar la cabeza y girarla lentamente 10 veces hacia la dr. y la izq. Bajarla lentamente y repetir el ejercicio 5-10 veces.	
Cont.	Abdominales, cuello Flexibilidad (nuca)	— Igual, pero levantando la cabeza y empujando la barbilla fuertemente contra el pecho durante 3 seg (sin manos).	
Comp.	Conciencia corporal	— Igual, con giros de la cabeza hacia la dr. e izq. ¡No olvidar de respirar!	
453	*Como un rayo*	Posición lateral dr., cuerpo en tensión, brazos elevados. Giro rápido, sentarse y encogerse como un paquete. Bajar a la posición lateral izq. y estirarse antes de levantarse de nuevo.	
Cont.	Abdominales Tensión corporal		
Comp.	Dominio corporal		
454	*Vehículo de oruga*	Sentado con piernas estiradas, brazos apoyados por detrás del cuerpo: Elevación de las piernas estiradas, girar la cadera hacia la dr. y llevar las piernas lentamente por el lado hasta la mano dr.; luego hacia el otro lado (mano izq.). Las piernas siempre a 10 cm del suelo.	
Cont.	Tronco Parte posterior de la cadera		
Comp.	Percibir el equilibrio		
455	*Lucha por la posición de sentado*	**A** y **B** estirados sobre el suelo, apoyados sobre la espalda, de forma que los pies de **A** están al lado de la cabeza de **B**. A la señal, los dos intentan enderezarse, o bien evitan que el compañero lo haga (mediante empujones).	
Cont.	Tronco		
Comp.	Juego limpio		
456	*Fuera barriga*	Los brazos cruzados delante del pecho, apoyado sobre la espalda, presionar fuertemente con el talón sobre el suelo: Elevar cabeza y hombros (acercar la barbilla hacia el pecho) y mantener esta posición durante 3 seg. Vigilar que los pies toquen siempre el suelo.	
Cont.	Abdominales	— También elevación en diagonal, es decir, llevar el codo izq. hacia la rodilla dr. y viceversa.	
Comp.	Conciencia corporal		
457	*Tijeras*	**A** estirado sobre su espalda, aguantándose en un pie de **B**, levanta sus piernas hasta la vertical. **B** retrasa su pie dr. hacia atrás e impulsa su pierna izq. fuertemente contra el suelo. **A** debe frenar la pierna antes de que su pie toque en el suelo.	
Cont.	Parte anterior de la cadera		
Comp.	Cooperación	Igual, con las dos piernas juntas, **B** ha de aguantar eventualmente con un pie el tronco de **A**.	

4.1.2. Potenciar/sin material (tronco)

N.°	Nombre del juego / Objetivos/particularidades	Concepto/descripción	Observaciones/organización
458	*Tumbona incómoda*	Por parejas: **A** estirado sobre su espalda (piernas levantadas del suelo). **B** coge los pies de **A**. **A** levanta su tronco y lo vuelve a bajar muy lentamente. El ejercicio resultará más difícil si **B** leventa más los pies de **A**. ¿Hasta qué altura llega?	
Cont.	Abdominales		
Comp.	Encuentro		
459	*No te dejo tranquilo*	Por parejas, sentados sólo sobre el trasero (sin apoyar las manos), tocándose con las plantas de los pies: ¿Quién consigue primero desequilibrar al otro hacia atrás o hacia un lado u obligar al otro de apoyar sus manos? (Desequilibrando al compañero mediante empujones con los pies.)	
Cont.	Abdominales Equilibrio		
Comp.	Encuentro		
460	*Marioneta*	Posición de estirado sobre la espalda, ángulo de rodillas y cadera fijo en 90°: Intenta levantar y bajar tu pelvis como si un hilo invisible estirara de tus rodillas un poco hacia arriba (sólo pueden ser unos cm). Variante: El practicante se aguanta en los tobillos de su compañero colocado tras él. Las piernas además se pueden estirar cuando se bajan para dificultar más la tarea.	
Cont.	Abdominales		
Comp.	Experimentar conscientemente la tensión		
461	*Limpiaparabrisas*	Por parejas: **A** estirado sobre su espalda, piernas verticalmente hacia arriba. **B** fija por detrás los hombros de **A**: Bajar y elevar lateralmente las piernas. Más difícil: Los glúteos no deben tocar el suelo. O bien: Las piernas no llegan hasta el suelo por el lado, sino que se levantarán en seguida de nuevo.	
Cont.	Abdominales, parte posterior de la cadera		
Comp.	Confianza		
462	*Ascensor de cadera*	Posición de espaldas con piernas ligeramente anguladas, plantas de los pies totalmente en contacto con el suelo, los brazos al lado del cuerpo, palmas de las manos sobre el suelo: Durante la inspiración, elevar el tronco hasta que forme un ligero puente, después bajarlo, vértebra por vértebra. Notar en el puente que los hombros estén bien fijados sobre el suelo.	
Cont.	Espalda Parte posterior de la cadera		
Comp.	Conciencia corporal		
463	*Elevador*	Posición de flexión de brazos con la espalda hacia el suelo, apoyado sobre los antebrazos: Elevar la pelvis, luego separar una pierna del suelo, sin perder la tensión a nivel de la cadera, es decir, sin doblar la cadera.	
Cont.	Espalda Parte posterior de la cadera		
Comp.	Percibir la tensión		

4.1.2.   Potenciar/sin material (tronco)

N.°	Nombre del juego / Objetivos/particularidades	Concepto/descripción	Observaciones/organización
464	*Moldear el plástico*	Posición de espaldas al suelo: Presionar con la columna vertebral contra el suelo: tensión que pasa lentamente desde los pies hasta el tronco. Separar la pelvis ligeramente del suelo, elevar los brazos hacia delante y arriba, sin bajar la pelvis.	
Cont.	Espalda, parte posterior de la cadera Tensión corporal		
Comp.	Percibir la tensión muscular		
465	*Hormigonar*	Estar sentado con las piernas muy encogidas: soltar lentamente los brazos, sin doblar la columna vertebral.	
Cont.	Tronco		
Comp.	Conciencia corporal Sensación postural		
466	*Contacto lento con la pared*	De pie, apoyado con la espalda contra la pared, los pies a unos 20 cm de la pared: Inclinar el tronco hacia delante, relajar brazos y cabeza. Enderezarse lentamente, apretando una vértebra tras otra contra la pared. Inspirar al subir, espirar la bajar.	
Cont.	Espalda		
Comp.	Conciencia corporal		
467	*Búfalo*	Por parejas: **A** en posición de banco: **B** empuja la cabeza de **A** hacia abajo contra la resistencia del mismo. — Igual, al revés, **A** tiene la cabeza bajada e intenta levantarla contra la resistencia de **B**. — Igual, también con la cabeza girada hacia un lado.	
Cont.	Espalda Nuca		
Comp.	Encuentro		
468	*No te dejo subir*	Por parejas, **A** estirado sobre su vientre, **B** presiona sobre los omoplatos de **A**. **A** intenta elevar su tronco contra la resistencia.	
Cont.	Espalda		
Comp.	Encuentro		
469	*Manténte fuerte*	Por parejas, **A** en posición de piernas abiertas y tronco inclinado hacia delante, brazos en la nuca, **B** empuja los codos de **A** hacia abajo: **A** intenta elevar su tronco lentamente contra la resistencia de **B**.	
	Espalda		
	Encuentro		

4.1.2. Potenciar/sin material (tronco)

N.º	Nombre del juego / Objetivos/ particularidades	Concepto/descripción	Observaciones/organización
470	*¿Quién lo puede?*	Por parejas: **A** estirado sobre su espalda, ángulos de cadera y rodilla fijos en 90°; **B** mantiene los pies de **A** en el aire: Elevar el tronco (también en diagonal), empujando a su vez los talones hacia abajo (pero **B** no cede). La columna lumbar mantiene el contacto con el suelo. Respiración regular.	
Cont.	Abdominales		
Comp.	Ayuda dosificada		
471	*No te caigas*	Sentado sobre los talones, brazos estirados hacia atrás, cabeza sobre el suelo: Elevar el tronco con la columna recta y pasarlo hacia delante.	
Cont.	Espalda		
Comp.	Percibir el equilibrio		

4.1.3. Potenciar/sin material (brazos, hombros)

N.º	Nombre del juego / Objetivos/ particularidades	Concepto/descripción	Observaciones/organización
472	*Asiento enganchado*	**A** y **B** sentados con las rodillas encogidas, uno enfrente del otro, pies opuestos, cogidos de las manos y estirando: El que separa primero el trasero del suelo, pierde.	
Cont.	Cintura escapular Brazos		
Comp.	Competición limpia y sin tensión		
473	*Boxeo chino*	**A** y **B**, uno enfrente del otro con las piernas separadas, las palmas de sus manos verticalmente una sobre la mano del otro. A la señal, cada uno intenta desequilibrar al otro estirando o empujando (de golpe) al otro, de forma que sus dos pies pierdan el contacto con el suelo.	
Cont.	Brazos		
Comp.	Lucha limpia		
474	*Empujar con los brazos*	**A** y **B** enfrentados en posición de apoyo sobre el vientre, ambos tienen su brazo derecho apoyado sobre el codo y se cogen con la mano dr.; su mano izq. sobre el suelo (o se cogen): ¿Quién es capaz de doblar el antebrazo del contrario hacia un lado? Variante: **A** apoyado sobre su vientre, con el brazo dr. apoyado en ángulo de 90°, **B** coge su mano desde delante: **A** intenta estirar su brazo contra la resistencia de **B** o bien doblar su brazo estirado.	
Cont.	Brazos		
Comp.	Encuentro		

4.1.3.   Potenciar/sin material (brazos, hombros)

N.°	Nombre del juego / Objetivos/ particularidades	Concepto/descripción	Observaciones/organización
475	*Mover las alas*	Posición de pie con piernas separadas, brazos estirados lateralmente:	
Cont.	Cintura escapular Zona pectoral	— Rotaciones rápidas de los brazos hacia delante y atrás. — Subir y bajar rápidamente los brazos, con las palmas de las manos mirando hacia arriba y luego abajo.	
Comp.	Notar la carga	— Anteversión y retroversión rápida de los brazos. — Igual, los brazos hacia delante, área de movimiento de los brazos como máximo de 20 cm. Posición derecha, sin sacar el vientre hacia delante.	
476	*Postura de pájaro*	De cuclillas, con los brazos apoyados en el suelo entre las rodillas, elevar el trasero, subiendo las rodillas cerca de los hombros, mientras que los pies despegan del suelo. ¿Quién puede mantener el equilibrio de esta forma?	
Cont.	Brazos, hombros		
Comp.	Buscar, percibir el equilibrio		
477	*Girar hacia un lado*	A y B sentados con las piernas separadas, espalda contra espalda, brazos enganchados: ¿Quién puede girar primero al otro hacia un lado?	
Cont.	Cintura escapular Tronco		
Comp.	Encuentro		
478	*Lucha con los codos*	A y B enfrentados, manos cruzadas detrás de la cabeza, codos mirando hacia delante: A intenta separar los codos de B, B por su parte intenta juntar los codos de A.	
Cont.	Cintura escapular Brazos		
Comp.	Las mismas reglas para los dos		
479	*Pasar por debajo*	A y B enfrentados de pie, cogidos de las manos: Cada uno intenta, contra la resistencia del otro, pasar su cabeza por debajo de los brazos contrarios.	
Cont.	Cintura escapular Brazos		
Comp.	Fintas corporales adecuadas		
480	*En contra - a favor*	A y B de pie, espalda contra espalda, tocándose con los dorsos de las manos, brazos estirados hacia arriba. Los dos empujan con sus brazos hacia atrás. . — Igual, pero los dos estiran con los brazos hacia delante.	
Cont.	Cintura escapular Pectorales		
Comp.	Percibir al compañero		

4.1.3.   Potenciar/sin material (brazos, hombros)

N.º	Nombre del juego / Objetivos/ particularidades	Concepto/descripción	Observaciones/organización
481	*Ponte en pie*	Por parejas: **A** sentado en el suelo, pierna izq. doblada, pierna dr. estirada y apoyada en **B**, que está de pie delante de **A**: **B** intenta subir a **A** para que llegue de pie con su pierna estirada (espalda recta). — Cambio de pierna y de sitio.	
Cont.	Brazos		
Comp.	Cooperación		

4.1.4.   Potenciar/sin material (ejercicios globales del cuerpo)

482	*¿Quién tiene miedo del rinoceronte?*	Comenzar con 2 o tres perseguidores. Como atrapado, se considera el que es levantado del suelo (los perseguidores levantan juntamente a un jugador del suelo y cuentan hasta 3). El jugador cazado ayuda en la siguiente vuelta a pillar.	
Cont.	Cuerpo global		
Comp.	Táctica Cooperación		
483	*Monigote por parejas*	**A** está sentado en el suelo, eleva ligeramente las piernas y las abre y cierra con ritmo. **B** salta entre las piernas de **A** (separando-juntando sus piernas). — Igual, **B** ha de bajar en sus saltos hasta cuclillas y volver a subir.	
Cont.	Cuerpo global Coordinación		
Comp.	Cooperación		
484	*Riesgo*	Por tríos: **A** y **B** estirados sobre la espalda, plantas de los pies en contacto, **C** se coloca en un lado. **A** y **B** elevan ligeramente sus piernas y las mueven hacia la dr. y la izq., mientras **C** salta por encima. — Igual, pero **A** y **B** separan y juntan las piernas, **C** salta en medio de las piernas separadas y vuelve a salir.	
Cont.	Cuerpo global		
Comp.	Cooperación		
485	*Persecución en vertical*	Igual que un juego normal de persecución, pero los que tengan las piernas en el aire no se pueden tocar y el perseguidor ha de ir tras otro jugador. También: El que se mantiene durante 3 seg en la vertical ya no puede ser tocado.	
Cont.	Verticales de manos		
Comp.	Cumplir las reglas de juego		
486	*Tiovivo*	Por parejas: **B** coge a **A** desde detrás por debajo de sus brazos, juntando sus manos delante del tronco de **A** y le da vueltas en círculo. **A** sube las piernas y se deja llevar.	
Cont.	Cuerpo global		
Comp.	Confianza		

4.1.4.   Potenciar/sin material (ejercicios globales del cuerpo)

N.°	Nombre del juego / Objetivos/ particularidades	Concepto/descripción	Observaciones/organización
487	*Trompa de elefante*	Por parejas: **A** en posición de flexión de brazos, cogiéndose con sus piernas en la cadera de **B**. **B** aguanta a **A** por sus muslos. **A** eleva su tronco del suelo hasta la horizontal, cuenta hasta tres y lo vuelve a bajar lentamente. Brazos levantados hacia delante o manos cogidas detrás de la nuca	
Cont.	Cuerpo global Espalda, cadera		
Comp.	Confianza		
488	*Ballet*	Por parejas: **A** estirado sobre su espalda, piernas recogidas, pies apoyados en el suelo. **B** se sitúa por detrás de él y coge sus manos. **B** levanta a **A**, éste empuja con la cadera hacia delante, pasando por una posición de arqueo hasta estar de pie. Igual, pero sobre una pierna, la otra se estira hacia delante.	
Cont.	Cuerpo global		
Comp.	Confianza		
489	*El mundo al revés*	Por parejas: **A** y **B** colocados uno tras otro: **B** realiza una vertical contra la espalda de **A**, poniendo sus piernas por encima de los hombros de **A**. **A** fija los pies de **B**: **B** sube y baja lentamente su tronco (elevación del tronco hacia delante).	
Cont.	Cuerpo global Abdomen		
Comp.	Confianza		
490	*Silla de manos - transporte*	Por tríos en forma de competición: **A** al lado de **B**, los dos llevan a **C** apoyado sobre sus hombros. ¿Qué grupo efectúa más vueltas en 2 min? (Cambiando a menudo de papeles, de forma que cada uno será transportado alguna vez.)	
Cont.	Cuerpo global		
Comp.	Cooperación		
491	*Sin miedo*	Por parejas: **A** corre hacia delante, empujando a **B**. **B** se apoya hacia atrás contra las manos de **A** y se deja empujar hacia delante ofreciendo una ligera resistencia.	
Cont.	Cuerpo global Piernas		
Comp.	Encuentro Confianza		
492	*Relevos por el puente*	En grupos de 4 a 6 jugadores se sientan uno al lado del otro, se apoyan sobre manos y pies y elevando el vientre hacia arriba. El último de cada grupo repta por debajo de sus compañeros para juntarse a la punta del grupo. ¿Qué grupo acaba primero con tres vueltas?	
Cont.	Cuerpo global Brazos		
Comp.	Cooperación		
493	*¡Abrete, paquete!*	Sentado con el cuerpo recogido sobre sí mismo como un paquete: Dejarse caer lentamente hacia atrás y antes de tocar con la espalda el suelo, estirar fuertemente brazos y piernas y poner todo el cuerpo en tensión. Repetición.	
Cont.	Tensión corporal		
Comp.	Timing		

4.1.4. Potenciar/sin material (ejercicios globales del cuerpo)

N.º	Nombre del juego / Objetivos/ particularidades	Concepto/descripción	Observaciones/organización
494	*Prensa de piernas*	**A** estirado sobre la espalda, brazos y piernas mirando verticalmente hacia arriba. **B** se coloca con su vientre sobre los pies de **A** y coge las manos de **A** con las suyas. Mientras **A** flexiona y estira sus piernas, **B** se pone tieso (tensión a nivel de abdomen y glúteos, estirar los pies).	
Cont.	Cuerpo global Tensión corporal		
Comp.	Cooperación Confianza		
495	*En el ascensor*	**A** en posición de flexión de brazos, con la espalda mirando al suelo, manos giradas hacia fuera. **B** levanta las piernas de **A**. **A** ha de ponerse tenso de forma que su cuerpo, desde los hombros hasta los pies forme una recta (¡subir las caderas!). **B** suelta de manera irregular una u otra pierna de **A**. **A** debe mantener su tensión, de modo que la pierna soltada no baje hacia el suelo. — **B** puede además mover a **A** ligeramente hacia delante o atrás.	
Cont.	Tensión corporal		
Comp.	Vivir conscientemente la tensión		
496	*Te devuelvo lo que me has hecho*	**A** enfrente de **B**, los dos con los brazos hacia delante, de forma que las manos justo se puedan coger. Desplazar el peso del cuerpo hacia delante sin que los pies se desplacen, subir las manos lentamente hacia arriba. ¡Cuerpo en tensión, meter la barriga hacia dentro!	
Cont.	Tensión corporal		
Comp.	Confianza		
497	*Hombre muerto*	Por tríos (dos «transportistas» y un «hombre muerto»): — **C** en tensión, estirado sobre su espalda, brazos junto al cuerpo; **A** y **B** le cogen a la altura de glúteos y espalda, le levantan hasta la vertical y le colocan de vientre al suelo (coger por debajo de hombros y cadera). ¡Lentamente! — Igual, pero con **C** estirado sobre un costado.	
Cont.	Cuerpo global Tensión corporal		
Comp.	Confianza		
498	*Palmera en el viento*	**C** de pie con los brazos junto al cuerpo y en tensión, se deja llevar por **A** y **B** en todas las direcciones. Los pies se mantienen en el mismo lugar, ¡no relajar las caderas! También con ligera fase de vuelo (¡pero con recogida suave!) y con los ojos cerrados.	
Cont.	Cuerpo global Tensión corporal		
Comp.	Confianza		
499	*Palmera en el viento con vertical*	¡Cuidado! **C** estirado sobre el vientre, brazos estirados hacia delante. **A** y **B** le levantan lentamente hasta la vertical y le bajan por el otro lado hasta que esté estirado sobre la espalda. **C** ha de girar sus manos hacia fuera en la posición de vertical para que le puedan bajar.	
Cont.	Cuerpo global Tensión corporal		
Comp.	Confianza		

4.1.4. Potenciar/sin material (ejercicios globales del cuerpo)

N.°	Nombre del juego / Objetivos/particularidades	Concepto/descripción	Observaciones/organización
500	*Prueba de vertical*	**A** realiza una vertical contra **B** y se pone en máxima tensión (presionar una pierna contra la otra).. **B** intenta separar las piernas de **A** (lateralmente o hacia delante/atrás).	
Cont.	Tensión corporal Cintura escapular		
Comp.	Volverse consciente de la tensión muscular		
501	*Vertical - excursión*	**A** efectúa una vertical contra **B**. ¿Quién llega más lejos caminando en vertical? — Hacia delante y atrás. — ¡La tensión muscular se ha de mantener! (Hundir la barriga, juntar los glúteos.)	
Cont.	Cintura escapular Brazos		
Comp.	Confianza		
502	*Lucha de gallos*	Los dos compañeros se desplazan sobre una pierna, brazos cruzados en la espalda. ¿Quién consigue mediante empujones y saltos desequilibrar al otro (apoyar la otra pierna en el suelo)?	
Cont.	Cuerpo global Piernas		
Comp.	Fintas con el cuerpo		
503	*Echar del círculo*	Unos 10 alumnos se encuentran dentro de un círculo marcado. Todos contra todos: ¿Quién consigue echar a otro del círculo, empujando, arrastrando, transportando, etc.? — También con dos equipos: ¿Qué equipo ha vaciado primero el campo de batalla? Observación: Se requieren ciertas limitaciones, según cada grupo, con el fin de evitar «muertos».	
Cont.	Cuerpo global		
Comp.	Táctica, juego limpio		
504	*Esquivar*	Los compañeros uno enfrente del otro tanto como para poder darle en la espalda con su mano izq. (dr.). — Igual, pero pisándose los pies. — Igual, pero tocando la pierna del contrario.	
Cont.	Cuerpo global		
Comp.	Dominio corporal		
505	*Arrastrar hasta más allá de la línea*	Cogidos de la mano derecha, uno al lado del otro, los pies derechos juntos: Cada uno intenta acercar el otro hacia él, de forma que éste se vea obligado a levantar su pie izq. del suelo. Igual, pero impulsando hasta que el otro tenga que mover su pie derecho.	
Cont.	Cuerpo global Brazos		
Comp.	Táctica		

4.1.4. Potenciar/sin material (ejercicios globales del cuerpo)

N.°	Nombre del juego / Objetivos/ particularidades	Concepto/descripción	Observaciones/organización
506	*Hombros empujando*	Los compañeros se colocan uno enfrente del otro, apoyados sobre pies y manos. Los dos hombros dr. (izq.) toman contacto:	
Cont.	Cuerpo global	¿Quién empuja el contrario primero hasta más allá de la línea contraria?	
Comp.	Encuentro	— Igual, de pie, las manos sobre los hombros del contrario.	
507	*Lucha a empujones desde cuclillas*	Los compañeros se colocan uno enfrente del otro de cuclillas, presionando sobre las palmas de las manos. ¿Quién desequilibra primero al contrario?	
Cont.	Cuerpo global Equilibrio	— Igual, arrodillado, cogiéndose las manos.	
Comp.	Combate limpio		
508	*Lucha por levantar el banco*	**A** en posición de banco, **B** pasa por debajo de él e intenta levantarle, empujando hacia arriba. Este resiste e intenta mantenerse sobre el suelo con todas sus fuerzas.	
Cont.	Cuerpo global		
Comp.	Encuentro		
509	*Mantenerse sobre el suelo*	**B** se coloca por detrás de **A** e intenta levantarle. **A** procura mantener el contacto con el suelo con sus pies y/o manos.	También es posible partiendo desde arrodillado (**A**).
Cont.	Cuerpo global		
Comp.	Cumplir las reglas del juego		
510	*Lucha de levantar*	Cada uno intenta desde cuclillas arrastrar al otro una determinada distancia. No sentarse.	
Cont.	Cuerpo global		
Comp.	Sentido de equilibrio		
511	*Girar de espaldas*	Por parejas: **A** estirado sobre el vientre, lo más rígido posible, piernas y brazos en cruz. **B** intenta girarle con todas sus fuerzas.	
Cont.	Cuerpo global Tensión corporal		
Comp.	Encuentro		
512	*Girar hacia un lado*	Por parejas: Sentados espalda contra espalda con las piernas separadas, brazos enganchados: ¿Quién puede girar primero al otro hacia un lado? ¿Quién lo puede hacer muy lentamente (el más fuerte) o muy de repente (el más rápido)?	
Cont.	Cuerpo global		
Comp.	Encuentro		

4.1.4.   Potenciar/sin material (ejercicios globales del cuerpo)

N.°	Nombre del juego / Objetivos/ particularidades	Concepto/descripción	Observaciones/organización
513	*Tirar de la cuerda sin cuerda*	Dos parejas enfrentadas. El último de cada pareja se agarra a la cadera de su compañero, los dos primeros se cogen de las manos: ¿Qué pareja puede llevar al otro hasta más allá de la línea o marca determinada? — También pueden ser grupos de 3.	
Cont.	Cuerpo global		
Comp.	Juego limpio		
514	*Rey del swing*	B intenta desbancar a **A** de su posición ancha de flexión de brazos. ¡Las rodillas de **B** no se pueden separar del suelo! ¿Qué tiempo requiere **B**? ¿Quién mantiene su equilibrio frente a (casi) todos (rey del swing)?	
Cont.	Brazos/piernas		
Comp.	Juego limpio		
515	*Transportar a un enfermo*	¿Quién es capaz de transportar a su compañero encima de la espalda sin que éste se caiga? El «enfermo» puede aguantarse agarrándose a las caderas de la «ambulancia». ¿También funciona sin aguantarse?	
Cont.	Dosificar su fuerza		
Comp.	Equilibrio y percepción del propio cuerpo		
516	*Glúteos duros*	A estirado sobre el vientre con los glúteos en mucha tensión. B intenta (¡con cuidado!), subirse de pie encima del trasero de **A**. ¿Cuánto tiempo aguanta **B** de pie? ¿**A** consigue «tirar» a **B**, modificando la tensión muscular en sus glúteos?	
Cont.	Tensión a nivel de los glúteos		
Comp.	Equilibrio Confianza		

Variantes de flexiones de brazos

La «flexión de brazos» es uno de los ejercicios más conocidos y efectivos de todos. Puede ser practicada por casi todo el mundo en cualquier sitio y sin material auxiliar y existen incontables posibilidades de variación.

La flexión de brazos se refiere popularmente a la «fuerza de los brazos» olvidando, sin embargo, que la propia posición de flexión de brazos repercute en todo el cuerpo. Las piernas, por ejemplo, soportan una buena parte del peso corporal (lo notamos muy bien, si intentamos realizar una flexión de brazos sin piernas, es decir, desde una vertical de manos).

También se requiere toda la musculatura del tronco para estabilizar la pelvis, los músculos del pecho intervienen más o menos, en función de la posición de los brazos. La labor de los músculos abdominales en este ejercicio de flexión de brazos la notamos mejor si previamente realizamos unas cuantas flexiones abdominales; las flexiones de brazos resultan entonces ¡bastante difíciles!

¡Y otro más!
¡Y otro m.....
¡Y otro.........
¡Y ot...........
¡Y ....
..................!

4.1.5.   Potenciar/sin material (variantes de flexiones de brazos)

N.°	Nombre del juego / Objetivos/ particularidades	Concepto/descripción	Observaciones/organización
517	*Flexiones de bra- zos en círculo*	En posición de flexión de brazos: — Círculos con los brazos alrededor de los pies. — Círculos con los pies alrededor de los brazos (centro). — También en forma de competición: ¿Quién acaba prime- ro con una vuelta? — Por parejas: ¡Buscad una forma competitiva desde la po- sición de flexión de brazos!	
Cont.	Cuerpo global Brazos Tensión corporal		
Comp.	Aguantar		
518	*Variantes simples de las flexiones de brazos*	— Flexión de brazos separando las manos el doble que la anchura de los hombros (músculos pectorales). — Flexión de brazos con apoyo sobre los puños, puntas de los dedos. — Flexión de brazos sobre una pierna: levantar al bajar una vez la pierna dr. y luego la izq. — Flexión de brazos con un brazo: piernas separadas, bra- zo libre sobre la espalda. — Flexión de brazos con impulsión hacia arriba: ¿Quién es capaz de dar 1, 2, 3 palmadas mientras está separado del suelo? — Flexión de brazos apoyado sobre los antebrazos: estirar primero un brazo y luego el otro para volver también de for- ma escalonada al apoyo de antebrazos. — Flexión de brazos con cambios: Cambiar de la posición de flexión de brazos de espaldas al suelo mediante giro por el eje longitudinal a la posición de flexión de brazos con el vientre hacia el suelo; ¡de forma continuada!	Por ejemplo
Cont.	Cuerpo global Brazos		
Comp.	Poder mantener la tensión muscular		
519	*Flexión de brazos lateral*	Posición lateral, apoyando el antebrazo más cercano al sue- lo directamente por debajo del hombro, mantener las piernas bien juntas, cuerpo en tensión. Elevar el tronco lentamente hacia un lado levantando el bra- zo libre estirado desde el cuerpo hacia arriba. Bajar.	
Cont.	Brazos Tensión corporal		
Comp.	Controlar el cuerpo		
520	*Marcha redonda*		
Cont.	Cuerpo global Brazos, coordina- ción	A y B en posición de flexión de brazos lateral, uno enfrente del otro. Mano dr. apoyada (eventualmente dentro de un aro, cuerda), mano izq. apoyada en la cadera: A la señal, los dos se mueven lo más rápido posible en círculo alrededor de su mano de apoyo e intentan alcanzarse mutuamente o bien to- car al contrario a la altura de su cadera.	
Comp.	Cumplir las reglas		
521	*Lucha de tirar de la nuca*		
Cont.	Cuerpo global Brazos	A y B enfrentados en posición de flexión de brazos, cogien- do con la mano dr. la nuca del contrario: ¿Quién consigue primero que el vientre del otro toque el suelo? — Igual, cogiéndose la mano. — Igual, enfrentados en posición de flexión de brazos sin cogerse: Desequilibrar al otro estirándole de una mano.	
Comp.	Encuentro, juego limpio		

4.1.5. Potenciar/sin material (variantes de flexiones de brazos)

N.°	Nombre del juego / Objetivos/ particularidades	Concepto/descripción	Observaciones/organización
522	*Todos contra todos*	Toda la clase en posición de flexión de brazos en un área limitada. Cada uno intenta obligar a otro a perder su posición de flexión de brazos. ¿Quién «mata» primero a 5 (10) compañeros?	
Cont.	Cuerpo global Brazos, fuerza-resistencia		
Comp.	Juego limpio		
523	*Lucha de hombros*	**A** y **B** enfrentados en posición de flexión de brazos, tomando contacto por el hombro izq. Cada uno intenta empujar al otro más allá de una línea o hacer que abandone su posición.	
Cont.	Cuerpo global		
Comp.	Encuentro, juego limpio		
524	*Golpear las manos*	**A** y **B** enfrentados en posición de flexión de brazos: Cada uno intenta golpear el mayor número de veces posible los dorsos de las manos del contrario. ¿Quién los toca más veces en 1 minuto? — También con varios jugadores.	
Cont.	Cuerpo global Brazos, capacidad de reacción		
Comp.	Competición alegre		
525	*Biplano*	**A** estirado sobre su espalda, brazos estirados hacia arriba, sus manos cogen los tobillos de **B**. **B** en posición de flexión de brazos sobre las piernas de **A**. Ambos flexionan y estiran sus brazos (a la vez o alternando).	
Cont.	Cuerpo global		
Comp.	Cooperación Confianza		
526	*Carretilla*	**A** en posición de flexión de brazos, **B** se coloca tras él y coge las piernas de **A**: Mientras **A** flexiona y estira los brazos, **B** realiza sentadillas (conjuntamente o alternando).	
Cont.	Cuerpo global		
Comp.	Cooperación		
527	*Carretilla defectuosa*	— La misma posición inicial que arriba: ¿Será **A** capaz de estirar un brazo hacia arriba e impulsarse o bien bajarse con un solo brazo? — La misma posición inicial que arriba: flexión de brazos hacia atrás. También girando por el eje longitudinal y alternando entre flexiones hacia delante/atrás.	Igual que el número 526
Cont.	Cuerpo global		
Comp.	Cooperación		
528	*Flexiones dobles*	**A** estirado sobre la espalda, **B** detrás de él, apoyándose sobre los brazos de **A**: Flexión y extensión conjunta de los brazos.	
Cont.	Cuerpo global		
Comp.	Sensación de tensión		

4.1.5. Potenciar/sin material (variantes de flexiones de brazos)

N.º	Nombre del juego / Objetivos/ particularidades	Concepto/descripción	Observaciones/organización
529	*Carrera en posición de flexiones dobles*	**A** en posición de banco, **B** igual sobre **A**, enganchando sus pies en los hombros de **A** y apoyando sus manos en los tobillos de **A**: ¿Qué pareja puede «correr» más lejos de esta forma, sin separarse? — Eventualmente también en forma de relevos.	
	Cuerpo global		
	Cooperación, diversión		
530	*Flexiones con «hombre muerto»*	**A** estirado sobre la espada, brazos arriba, **B** se coloca sobre **A** de espaldas, con las piernas separadas: **A** sujeta a **B** por sus hombros y flexiona y extiende los brazos.	
Cont.	Cuerpo global Brazos		
Comp.	Encuentro		
531	*En la tumbona*	**B** se coloca al revés (cabeza sobre cabeza), brazos levantados y se pone rígido. **A** flexiona y extiende sus brazos.	
Cont.	Cuerpo global Brazos		
Comp.	Encuentro		
532	*Twist en posición de flexiones*	El tronco describe círculos muy grandes hacia dr. e izq. — Igual, en posición de flexión de brazos invertida. — Igual, en posición de banco. — Igual, en posición de cuatro patas.	
Cont.	Cuerpo global Brazos, flexibilidad		
Comp.	Dominio corporal		
533	*Saltos desde posición de flexiones*	¡Intenta saltar en posición de flexión de brazos de una mano a la otra! Variante: ¿Quién puede empujarse con las dos manos y efectuar 1 (2, 3) palmadas en el aire? — ¿Quién puede separarse del suelo a la vez con manos y pies?	
Cont.	Fuerza explosiva de los brazos, coordinación		
Comp.	Valor de atreverse		
534	*Baile en posición de flexión de brazos*	Con una música determinada se han de realizar los «pasos de baile» correspondientes con las manos. ¿También funciona por parejas o en grupo?	
	Brazos, en función de la música		
	Formación del oído para la música		

4.2. POTENCIAR/BALONES

4.2.1. Potenciar/balones (piernas)

N.°	Nombre del juego / Objetivos/ particularidades	Concepto/descripción	Observaciones/organización
535	*Fuera del campo*	**A** y **B** enfrentados de cuclillas, cada uno con un balón medicinal delante del pecho. ¿Quién consigue primero echar al otro de un campo pequeño (más allá de una línea, desequilibrar)?	
Cont.	Muslo Equilibrio		
Comp.	Reglas de juego iguales		
536	*Saltos alternos*	Intenta saltar desde una pierna a la otra mediante un salto alto y lateral. Conjuntamente con el aterrizaje has de botar la pelota una vez.	
Cont.	Fuerza de salto Coordinación		
Comp.	Vivir conscientemente el timing		
537	*Rodar y saltar la pelota*	Haz rodar la pelota lentamente hacia delante y salta de diferentes formas de un lado a otro de la pelota sin tocarla.	
Cont.	Fuerza de salto		
Comp.	Fantasía Creatividad		
538	*Artista de la pelota*	Saltos alternos de un pie al otro, intentando dirigir la pelota en la dirección deseada mediante pequeños golpes con las plantas de los pies. Variante: En forma de competición.	
Cont.	Manejo de la pelota Capacidad de coordinación		
Comp.	Comparación: izquierda/derecha		
539	*La torre inclinada*	Sentado con piernas cruzadas, cada uno con un balón medicinal levantado por encima de la cabeza: Enderezar la columna vertebral y adelantar al máximo el tronco hacia delante, manteniendo la columna recta.	
Cont.	Espalda Cintura escapular		
Comp.	Conciencia del control corporal		

4.2.2. Potenciar/balones (tronco)

N.º	Nombre del juego / Objetivos/particularidades	Concepto/descripción	Observaciones/organización
540	*Derecha-izquierda*	Por parejas: **A** arrodillado, sosteniendo el balón medicinal por encima de la cabeza. **B** fija los tobillos de **A**. **A** intenta entonces tocar el suelo con su codo derecho y por delante de su rodilla izquierda (y viceversa). ¿Le sale? ¿Quién lo puede hacer también más hacia delante?	
Cont.	Espalda y cintura escapular		
Comp.	Entrenar conjuntamente		
541	*Construcción de puentes*	Cada uno con su balón medicinal en posición de apoyo de rodillas: Inclinar el tronco hacia delante hasta la horizontal y adelantar la pelota mucho hacia delante e intentar «mantener» esta posición durante algunos segundos (¡si es posible!). — Igual, pero subir y bajar rápidamente con la pelota. — Igual, pero depositar la pelota en el suelo muy por delante del tronco y volver a cogerla. Lo mismo desde la ¡posición de pie!	Espalda recta
Cont.	Espalda, cintura escapular y brazos		
Comp.	Sentido del equilibrio		
542	*Lucha de tira y afloja*	Por parejas, apoyados sobre el vientre, uno enfrente del otro, separados por una línea. Ahora, cada uno intenta empujar la pelota hacia la zona del otro, más allá de la línea. — Igual, pero cada uno intenta (al revés) arrancar la pelota de las manos del compañero.	
Cont.	Espalda y cintura escapular		
Comp.	¡Juego limpio!		
543	*Encontronazo*	De 4 a 6 jugadores forman un círculo, todos apoyados sobre el vientre, para pasarse rodando un balón medicinal a mucha velocidad. De 1 a 2 jugadores están de pie en el centro del círculo e intentan esquivar la pelota «hábilmente». — Igual, pero con dos pelotas. — Igual pero la pelota se puede lanzar de diferentes formas hasta la altura de las rodillas.	
Cont.	Espalda/hombros Reacción		
Comp.	Conjuntamente		
544	*Flipper*	La misma idea de juego que en «encontronazo»/n.º 543, pero los jugadores se colocan en el círculo de pie con piernas separadas y mirando hacia fuera, tocándose con los pies. Entonces van rodando la pelota hacia atrás, por en medio de sus piernas. ¿Quién (no) es tocado en el centro?	
Cont.	Cintura escapular Flexibilidad		
Comp.	Procurar estirar las piernas		
545	*¿Quién sabe hacer esto?*	Cada uno estirado de espaldas, con su balón medicinal cogido con los pies: Elevar las piernas con la pelota, pasar por la vertical de los hombros hasta más allá de la cabeza donde se describen pequeños círculos (verticales) con la pelota.	
Cont.	Espalda, piernas Flexibilidad		
Comp.	Practicar, aunque no salga bien		

4.2.2. Potenciar/balones (tronco)

N.º	Nombre del juego Objetivos/ particularidades	Concepto/descripción	Observaciones/organización
546 Cont. Comp.	*Forzudo* Espalda, cintura escapular, brazos Notar la tensión	Cada uno con una pelota medicinal en posición de apoyo sobre el vientre, pelota elevada hacia delante, pies pegados al suelo: — Elevar la pelota ligeramente del suelo, varias veces. — Elevar la pelota del suelo y girar el tronco hacia dr. e izq. — Igual, intentando partir desde la posición de apoyo sobre un costado.	
547 Cont. Comp.	*Esto resulta difícil* Tronco Coordinación ¿Lo conseguimos todos?	Cada uno de espaldas al suelo, con una pelota medicinal entre los pies: Intentar cambiar continuamente entre apoyo de espaldas a apoyo sobre el vientre, sin perder la pelota ni tocar el suelo con los pies.	
548 Cont. Comp.	*¿A quién pertenece la pelota?* Abdomen, parte anterior de la cadera Piernas Encuentro	**A** y **B** apoyados sobre la espalda, uno enfrente del otro, ambos sostienen la pelota con los pies: Cada uno intenta arrebatar la pelota al otro. — Igual, pero sentados, apoyando o no los brazos.	
549 Cont. Comp.	*Espejo* Abdomen, cadera Encuentro	**A** y **B** apoyados sobre la espalda, cabeza contra cabeza, manos cogidas lateralmente, ambos aguantan una pelota cada uno con los pies: Elevar la pelota hasta la vertical y moverla con un movimiento de limpiaparabrisas lateralmente de dr. a izq.	
550 Cont. Comp.	*Círculos con la pelota* Abdomen, parte anterior de la cadera, equilibrio Cooperación	Por parejas, sentados, con las piernas estiradas, uno enfrente del otro, cada uno sostiene un balón medicinal con sus pies: Cada uno describe círculos alrededor de los pies del otro.	
551 Cont. Comp.	*¿Tú o yo?* Abdomen, parte anterior de la cadera Juego limpio	Cada uno sentado con las piernas estiradas, sosteniendo un balón medicinal con los pies: Elevar los pies ligeramente del suelo. ¿Quién mantiene la pelota más tiempo sobre el suelo? — Igual, pero **A** eleva la pelota con las piernas, **B** intenta quitárselo con golpecitos con la mano plana sobre la pelota.	

4.2.2. Potenciar/balones (tronco)

N.º	Nombre del juego / Objetivos/particularidades	Concepto/descripción	Observaciones/organización
552	*Vueltas*	Cada uno se estira en el suelo sobre su espalda, con una pelota entre los pies. Girar la pelota hacia la izq. y la dr. de forma que una vez se encuentre la pierna dr. arriba y luego la izq. La espalda se mantiene pegada contra el suelo.	
Cont.	Abdomen, parte anterior de la cadera		
Comp.	Cada uno busca su propia dificultad		
553	*Lanzamiento con las piernas*	Por parejas: **A** de espaldas al suelo, **B** de pie por detrás de él: **A** mantiene un balón medicinal entre los pies y lo pasa hacia su compañero balanceando sus piernas hacia atrás. Igual, pero **B** colocado por delante de **A**: **A** sostiene la pelota con sus pies en posición de vertical de hombros y lo pasa hacia su compañero con un impulso fuerte hacia abajo.	
Cont.	Abdomen, parte anterior de la cadera		
Comp.	Cooperación		
554	*La pelota que circula*	Cada uno de espaldas al suelo con una pelota, manteniendo los ángulos de cadera y rodilla en 90°: Intentar describir círculos con la pelota alrededor de las piernas elevando ligeramente el tronco.	
Cont.	Abdomen, parte anterior de la cadera		
Comp.	Percibir el propio equilibrio		
555	*Algo más pesado*	Igual, pero elevar alternativamente una y otra pierna y pasar la pelota entre las piernas a la otra mano (ambas piernas se mantienen separadas del suelo).	
Cont.	Abdomen, parte anterior de la cadera		
Comp.	Buscar el equilibrio		
556	*¿Quién llega más alto?*	Apoyo sobre el vientre, pelota elevada: Elevar el tronco y dejar entrar la pelota al máximo por debajo del cuerpo sin que toque el pecho, luego llevarla lo más adelante posible hasta el estiramiento total del cuerpo, elevando la pelota. Luego bajar el cuerpo lentamente.	
Cont.	Espalda y cintura escapular		
Comp.	Elevación lenta		
557	*Avión*	Igual que el n.º 556 pero rodando la pelota lateralmente de un brazo al otro por debajo del tronco.	
Cont.	Espalda y cintura escapular		
Comp.	Lo más lento posible		

4.2.2. Potenciar/balones (tronco)

N.°	Nombre del juego / Objetivos/ particularidades	Concepto/descripción	Observaciones/organización
558	*Del pie a la barbilla*	Tumbado sobre la espalda: Colocar la pelota sobre los pies y las manos sobre los muslos: Elevar lentamente las piernas, de forma que la pelota ruede desde las piernas hacia la cadera llegando hasta la barbilla. Luego se eleva el tronco para que la pelota vuelva hasta los pies.	
Cont.	Tensión corporal		
Comp.	Sensibilidad para la pelota		
		Propuestas propias:	
Cont.			
Comp.			

4.2.3. Potenciar/balones (brazos, hombros)

559	*Lanzamiento de peso al revés*	Por parejas sentados, con el cuerpo agrupado, dándose la espalda, a unos 5 m de distancia entre los dos: Flexionarse ligeramente y lanzar a continuación el balón medicinal atrás por encima de la cabeza hacia el compañero.	
Cont.	Cintura escapular, brazos, espalda		
Comp.	Respetar a los demás		
560	*Acertar la pelota*	En grupo de 4 con dos balones medicinales: **A** y **B** se pasan una pelota medicinal, empujándola hacia arriba. **C** y **D** intentan tocar dicha pelota con la suya, con el mismo movimiento de pase de pelota medicinal. Cambio a los 10 intentos.	
Cont.	Brazos (fuerza de lanzamiento)		
Comp.	Percepción de la trayectoria		
561	*Arrancar la pelota*	**A** y **B** sostienen conjuntamente una pelota medicinal e intentan arrancársela mutuamente. — Igual, pero pueden aguantar la pelota con los brazos.	
Cont.	Brazos, cuerpo global		
Comp.	Juego limpio		

4.2.3.   Potenciar/balones (brazos, hombros)

N.°	Nombre del juego / Objetivos/particularidades	Concepto/descripción	Observaciones/organización
562	*Boxeo contra la sombra de la pelota*	**A** y **B** sostienen un balón medicinal cada uno, uno enfrente del otro: Cada uno intenta, golpeando con la propia pelota a la contraria, quitar al otro su pelota de las manos.	
Cont.	Brazos, cuerpo global		
Comp.	Juego limpio		
563	*Botes con una y otra mano*	En posición de flexión de brazos, manteniendo la pelota con una mano e intentando botarla con esta mano. ¿Quién consigue alternar entre ambas manos?	
Cont.	Coordinación, habilidad específica con la pelota		
Comp.	Autovaloración		

4.2.4.   Potenciar/balones (ejercicios globales del cuerpo)

564	*Rodar la pelota*	Dos equipos, desplazamientos sólo en forma de «carretilla» por parejas (uno en posición de flexión de brazos, el otro le coge de las piernas): Rodando hábilmente la pelota, ambos equipos intentan marcar gol al otro.	
Cont.	Cuerpo global, brazos		
Comp.	Cooperación	— Las porterías son colchonetas, bancos suecos, porterías de balonmano o las paredes del fondo. — ¡Campo de juego reducido! - ¡Sólo al final del calentamiento!	
565	*Interceptar la pelota*	2 equipos; juego normal de interceptar la pelota, pero con balón medicinal. ¿Qué equipo consigue primero 10 pases seguidos?	
Cont.	Cuerpo global	— También en forma de balón tigre por tríos o entre cuatro: **A** y **B** (y **C**) se van pasando la pelota, **D** intenta interceptar o tocar la pelota.	
Comp.	Táctica	— Establecer las formas de lanzar, también posible con los pies.	
566	*Guerra de pelotas*	Dos equipos, separados por la línea del centro o por una línea de bancos suecos, intentan rodar (o lanzar) el máximo número de balones medicinales al campo contrario. Estas pelotas se pueden devolver inmediatamente. Al final del juego se cuentan las pelotas y pierde el equipo que tiene más en su campo.	
Cont.	Cuerpo global, brazos, velocidad		
Comp.	Silbido: ¡stop!		

4.2.4. Potenciar/balones (ejercicios globales del cuerpo)

N.°	Nombre del juego / Objetivos/ particularidades	Concepto/descripción	Observaciones/organización
567	*Lucha en posición de flexión de brazos*	Cada jugador adopta la posición de flexión de brazos con una pelota sujetada por los pies: Cada uno intenta quitar al otro la pelota con sus manos. El que pierde su pelota corre una vuelta como penalización. — Igual, pero sólo se puede quitar la pelota con los pies. — ¡Delimitar el campo de juego!	
Cont.	Cuerpo global, brazos		
Comp.	Cumplir las reglas del juego		
568	*Luchar estirando*	Por parejas, cogidos de las manos, uno enfrente del otro. En el suelo entre la pareja hay una pelota: Cada uno intenta estirar al otro por encima de la pelota.	
Cont.	Cuerpo global, brazos		
Comp.	Encuentro Juego limpio		
569	*Malabarismos en posición de flexión de brazos*	Posición de flexión de brazos sobre un brazo: Lanzar la pelota al aire con una mano y recogerla con la otra. ¿Quién consigue más pases en 1 minuto?	
Cont.	Cuerpo global, brazos Coordinación		
Comp.	¡Probar primero!		
570	*Girar la rueda*	Por parejas, con una pelota: **A** en posición de flexión de brazos, con las manos apoyadas sobre la pelota, **B** aguanta a **A** por las piernas. **A** hace rodar la pelota hacia delante o bien va avanzando sobre la pelota hacia delante. — También en forma de relevos, con cambios. — Distancias no demasiado largas, cambiar preferiblemente 2 veces.	
Cont.	Cuerpo global		
Comp.	Cooperación		
571	*Excursión en círculo*	Cada uno en posición de flexión de brazos, con los pies sobre una pelota: Describir con los brazos un círculo alrededor de la pelota (centro). — Igual, con la espalda hacia el suelo. — Igual, con las manos apoyadas sobre la pelota: los pies describen el círculo.	
Cont.	Cuerpo global, brazos		
Comp.	¡Cuidado!		
572	*Lanzar correctamente*	Por parejas, en posición de flexión de brazos, uno enfrente del otro, distancia entre 5 y 10 m: Pasarse la pelota con la mano izq. y dr. — Probar también con 2 pelotas. — Igual, pero **A** hace rodar la pelota hacia **B**. Este se impulsa hacia arriba cuando llega la pelota, de forma que acaba cayendo sobre la pelota en posición de flexión de brazos. — Practicar eventualmente primero con la pelota quieta (atención/¡peligro de lesión!)	
Cont.	Cuerpo global, brazos, habilidad con la pelota		
Comp.	Cooperación		

4.2.4.   Potenciar/balones (ejercicios globales del cuerpo)

N.°	Nombre del juego / Objetivos/ particularidades	Concepto/descripción	Observaciones/organización
573	*Lanzamientos con vertical*	Por parejas con una pelota, uno enfrente del otro: **A** hace rodar la pelota atrás hacia **B** en el momento de subir a vertical de manos momentánea. — Igual, pero empujando/rodando la pelota hacia delante. — **A** sube a la vertical momentánea. **B** lanza la pelota contra la espalda de **A**, de forma que **A** la devuelve con el impulso de la subida a vertical.	
Cont.	Cuerpo global, brazos, piernas Habilidad con la pelota		
Comp.	Valor para arriesgarse		

4.3.   Potenciar/cuerda de saltar

N.°	Nombre del juego / Objetivos / particularidades	Concepto/descripción	Observaciones/organización
574	*Coche de dos caballos*	Dos alumnos, uno al lado del otro, arrastran a un tercero con la cuerda alrededor de sus caderas. Este último resiste.	
Cont.	Piernas		
Comp.	Cooperación		
575	*¿Quién arrastra al otro?*	**A** y **B**, uno enfrente del otro, de pie con las piernas separadas y el tronco inclinado hacia delante, las cuerdas de saltar entrelazadas (en cruz): Ambos estiran de su cuerda, con la espalda recta (tensión durante 3 a 7 segundos, luego soltar). ¿Quién puede desequilibrar al otro de esta forma? — Igual, también tumbado sobre el vientre: ¿Quién pesa más?	
Cont.	Musculatura superior de la espalda		
Comp.	Diversión a dúo		
576	*Burro recalcitrante*	Por parejas: **A** hace circular una cuerda a ras de suelo; **B** en posición de flexión de brazos: **B** intenta impulsarse hacia arriba, cada vez que se acerca la cuerda, de forma que la cuerda sigue sin tocarle. — Igual, pero subiendo con las manos. — Igual, pero impulsándose con todo el cuerpo (es decir, que manos y pies se separan del suelo durante un instante).	
Cont.	Cuerpo global Coordinación		
Comp.	Competir entre los compañeros		
577	*Tirar de la cuerda*	Por parejas, cada uno coge un extremo de la cuerda, la mitad de la cuerda se sitúa por encima de una línea: ¿Quién puede obligar al otro a pasar dicha línea? ¡Experimentar con diferentes posiciones del cuerpo!	
Cont.	Cuerpo global		
Comp.	Encuentro Lucha		

4.3. Potenciar/cuerda de saltar

N.°	Nombre del juego / Objetivos/ particularidades	Concepto/descripción	Observaciones/organización
578	¡Tirar de la cuerda en cruz!	Dos cuerdas de saltar se cruzan en el centro. Cada alumno (en total, cuatro) estira de cada extremo. Detrás de cada jugador se coloca un banderín (u otras señales) formando un cuadrado. ¿Quién puede llevar a los demás hacia su lado y tocar su banderín?	
Cont.	Brazos y tronco		
Comp.	¡Comenzar todos a la vez!	— También con dos cabos cruzados para dar sitio a 4 grupos.	

4.4. Potenciar/aros

579	Baile sobre cuerda	Con los pies descalzos: Los alumnos intentan balancearse hacia delante y atrás sobre aros colocados en el suelo.	
Cont.	Pies, equilibrio	— Igual, con los ojos vendados.
Comp.	Sensibilidad corporal	— Se colocan muchos neumáticos en el suelo, uno al lado del otro: Los alumnos se buscan un camino para atravesar los neumáticos.
580	Pájaro en el nido	Cada uno se sienta dentro de un aro: Tocar de forma alternada con los dedos de los pies el exterior del aro y con los talones el interior.
Cont.	Tronco	— Con los dos pies a la vez.
Comp.	¡Percibir el equilibrio!	— Con los dos pies de forma opuesta. — Sin apoyar las manos (¡espalda recta!).
581	Aureola	Aro horizontal, agarrado desde el exterior: Pasar desde apoyo sobre glúteos por apoyo sobre el vientre y volver al apoyo sobre glúteos. El aro ha de mantenerse horizontal.
Cont.	Tronco Coordinación	— ¿Quién lo puede hacer con el aro vertical?
Comp.	Capacidad de orientación	
582	Circular	Sentado dentro del aro: Elevar las piernas y repasar el aro con los dedos de los pies hacia la derecha y la izquierda. ¿Quién vuelve primero al punto inicial?
Cont.	Tronco	
Comp.	Concentración	
583	Aglomeración	Círculo entre 3 y 8 jugadores, cogidos de la mano: Cada uno intenta apoyar su pie en el aro, situado en el centro del círculo, o bien evita que otro lo consiga empujando y estirando.
Cont.	Cuerpo global	
Comp.	Encuentro	Variante: Igual, pero al revés: Cada uno intenta estirar el otro hacia el aro para que lo toque o bien evitar tocar el aro.

4.4. Potenciar/aros

N.°	Nombre del juego / Objetivos/ particularidades	Concepto/descripción	Observaciones/organización
584	*Aglomeración con huida*	La misma idea de juego como arriba: Cuando un alumno pisa involuntariamente el aro, todos los demás huyen hacia una casa (o pared de la pista cubierta). El jugador fallado intenta pillar a un compañero. Si lo consigue, el pillado obtiene el punto de penalización en lugar del «culpable».	
Cont.	Cuerpo global Velocidad		
Comp.	Encuentro		
585	*Dueño de la casa*	**A** y **B** situados dentro del aro: Cada uno intenta echar al otro de la casa. — Igual, pero sin usar las manos (sólo empujando). — Igual, pero sobre una pierna, la mano dr. coge el pie libre.	
Cont.	Cuerpo global, piernas		
Comp.	Encuentro		
586	*Combates de tirar y empujar*	Muchos de los combates de tirar, empujar y desequilibrar descritos en el capítulo «Fuerza sin material» también se pueden realizar con aros, por ejemplo: — Estirar hacia el interior del aro: por parejas cogidas de las manos: Cada uno intenta tirar el otro al interior del aro. — Empujar o tirar el otro más allá de una línea. — De cuclillas: desequiilbrar.	
Cont.	Cuerpo global		
Comp.	Encuentro		
587	*Vertical en el aro*	Aro sobre el suelo, manos apoyadas dentro del aro: ¿Quién consigue llegar al otro lado, realizando una rueda? — También con muchos aros repartidos por la pista: Correr libremente y realizar en cada aro una rueda.	
Cont.	Rueda Cintura escapular		
Comp.	Dominio corporal		
588	*Salto de altura con aro*	Grupos de tres: **A** y **B** aguantan el aro a la altura de la cadera (corriendo eventualmente hacia delante). **C** se apoya en los hombros de **A** y **B**, salta al interior del aro y vuelve a saltar hacia fuera, o pasa por debajo del mismo. — Estos ejercicios también se pueden realizar en columna con varios grupos de tres (portadores y corredores).	
Cont.	Brazos		
Comp.	Cooperación		

4.5. Potenciar/picas

N.°	Nombre del juego / Objetivos/particularidades	Concepto/descripción	Observaciones/organización
589	*Combates de tirar y empujar*	Muchos de los combates de tirar, empujar y desequilibrar descritos en el capítulo «Fuerza sin material» también se pueden realizar con picas, adquiriendo así un encanto específico. Por ejemplo: — Estirar hasta más allá de la línea. — Empujar hasta más allá de la línea. — Desequilibrar desde cuclillas.	
Cont.	Cuerpo global		
Comp.	Encuentro		
590	*Sensibilidad en la punta de los dedos de los pies*	Desde sentado, dar vueltas a la pica con el pie: — Con cada pie por separado. — Con ambos pies juntos. — Elevar la pica lo más alto posible con ambos pies y piernas estiradas.	
Cont.	Pies, abdomen, parte anterior de la cadera		
Comp.	Sensibilidad del pie		
591	*Columpio*	Por parejas, arrodillados, uno enfrente del otro, la pica cogida conjuntamente con los brazos estirados: Balanceos lentos hacia delante y atrás, sin doblar la cadera.	
Cont.	Tronco, cadera, muslo		
Comp.	Cooperación		
592	*Sentadilla*	Por parejas, uno enfrente del otro, sentado de cuclillas, ambos aguantan la pica por delante suyo: — Elevarse y sentarse de forma alterna (es decir, **A** sentado, **B** de pie). — Ambos compañeros se levantan y se sientan a la vez.	
Cont.	Piernas		
Comp.	Coordinación		
593	*Mantener la calma*	**A** y **B** de cuclillas, uno enfrente del otro, **A** con la pierna izq. adelantada, **B** con la dr. Cada uno aguanta un extremo de la pica por delante: Adelantar y retroceder de forma alterna con el tronco (los pies no se mueven de su sitio). (Después del desplazamiento, **B** tiene la posición de **A** y viceversa.)	
Cont.	Piernas		
Comp.	Cooperación		
594	*Saltos de rana con pica*	Por parejas, **A** agrupado, pica cogida delante, **B** de pie delante de **A**, también cogiendo la pica: Saltos consecutivos de rana, **B** prestando ayuda al tirar de la pica.	
Cont.	Piernas		
Comp.	Cooperación		

4.5.   Potenciar/picas

N.º	Nombre del juego / Objetivos/particularidades	Concepto/descripción	Observaciones/organización
595	Sprints con pica	La misma posición inicial que antes, pero **A** intenta, con elevaciones de las rodillas, realizar un sprint hacia delante contra la resistencia de **B**.	
Cont.	Cuerpo global, piernas		
Comp.	Cooperación		
596	Elevar las piernas	Por parejas, enfrentados a 1 m de distancia, espalda contra espalda. Sentados con piernas estiradas, las picas horizontales, cogidas al lado de los hombros: Intentar elevar una o dos piernas del suelo. Varias repeticiones.	
Cont.	Parte anterior de la cadera, piernas		
Comp.	Cooperación		
597	Arrancar la pica	Por parejas, sentados uno enfrente del otro, la pica situada en el suelo entre los dos. Los dos intentan agarrarse con los dedos de los pies en la pica y arrancarla del compañero. Las manos apoyadas o no en el suelo (pero desde luego, ¡con los pies desnudos!)	
Cont.	Pies, tronco		
Comp.	Encuentro		
598	Transportar la pica	De pie o sentado, intentar transportar la pica situada sobre el suelo, mediante los dedos de los pies, llevándolo por la pista. — También en forma de relevo. — También entregando la pica a un compañero.	
Cont.	Pies		
Comp.	Cooperación		
599	Pica pesada	Pica cogida por encima de la cabeza, con los brazos estirados, desplazarla hasta los omoplatos y hasta abajo, por detrás de la espalda y volver a la posición inicial. — Igual, desde sentado con piernas cruzadas y espalda recta. — Igual, tumbado sobre el vientre, elevando a la vez el tronco. — Igual, contra una ligera resistencia del compañero	
Cont.	Espalda, cintura escapular, brazos		
Comp.	Juego limpio		
600	Pica rodando	De pie, tronco inclinado hacia delante, pica encima de las manos: Dejar rodar la pica a través de brazos y espalda y al revés hasta que vuelve a estar colocada en las manos. Mantener la espalda recta.	
Cont.	Espalda, cintura escapular		
Comp.	Sentido táctil del cuerpo		
601	Doblar ropa	Por parejas, enfrentados, con las piernas separadas, cogiendo cada uno el extremo de una pica por debajo del cuerpo: Bajar el cuerpo y elevando, a su vez, las picas hacia ambos lados, luego volver a subir el tronco, volviendo con las picas a la posición inicial. Durante el ejercicio, la espalda siempre se mantiene recta (evitar «espalda redonda» al bajar).	
Cont.	Espalda, cintura escapular		
Comp.	Cooperación		

4.5. Potenciar/picas

N.°	Nombre del juego / Objetivos/ particularidades	Concepto/descripción	Observaciones/organización
602	*Espalda recta*	**A** sentado sobre sus talones, tronco recto, apoyando la espalda contra la pica que **B** coloca verticalmente en el suelo: Elevar la pelvis durante la espiración y sentir la pica a través de la columna lumbar (es decir, empujar con toda la espalda contra la pica). Al inspirar, dobla la pelvis, separando la columna lumbar de la pica (espalda hueca).	
Cont.	Espalda, cadera		
Comp.	Conciencia corporal		
603	*Columpio*	Por parejas, tumbados de espalda al suelo, cabeza contra cabeza, los dos aguantan la pica hacia arriba: Ambos elevan a la vez las piernas, tocando la pica con los pies para volver a bajar las piernas estiradas y mantener los glúteos el máximo tiempo separado del suelo (extensión de la cadera).	
Cont.	Abdomen, cadera Flexibilidad		
Comp.	Cooperación		
604	*Arriba y abajo*	Por parejas, dándose la espalda, los dos sostienen en cada lado una pica: Subir y bajar la pica. — Ejecución rápida sin resistencia. — Ejecución lenta, el compañero resiste.	
Cont.	Espalda, cintura escapular, brazos		
Comp.	Cooperación		
605	*Flexión doble de brazos con pica*	Por parejas: **A** estirado sobre la espalda, mantiene la pica levantada, **B** por detrás de **A** en posición de flexión de brazos sobre la pica: — **A** flexiona, **B** extiende los brazos. — **A** y **B** flexionan y extienden los brazos a la vez. — También posible en otras posiciones, por ejemplo: **B** se apoya con sus manos en las piernas de **A**.	
Cont.	Cuerpo global, brazos		
Comp.	Coordinación		
606	*Carretilla*	Por parejas: **A** en posición de flexión de brazos, la pica en el suelo por debajo de sus pies; **B** levanta las piernas de **A** mediante la pica (¡espalda recta!): carretilla sobre una cierta distancia. — Evitar una bajada de la cintura, ¡glúteos y abdomen en tensión! — Todos contra todos: Las parejas intentan quitarse mutuamente la mano de apoyo.	
Cont.	Cuerpo global, brazos		
Comp.	Cooperación		
607	*La barra fija móvil*	**A** estirado sobre la espalda, pica cogida horizontalmente por encima suyo; **B** de pie tras él: **A** estira y empuja los brazos estirados contra la resistencia de **B** hacia abajo y arriba. Durante todo el ejercicio ha de aplicar más o menos la misma fuerza, es decir, que en los puntos de cambio no se para, sino que sólo se cambia rápidamente la dirección del movimiento.	
Cont.	Pecho, cintura escapular		
Comp.	Cooperación		

4.5.   Potenciar/picas

N.°	Nombre del juego / Objetivos/ particularidades	Concepto/descripción	Observaciones/organización
608	*La barra fija viva*	— Subida al apoyo, bajar y salida.	
Cont.	Cuerpo global	— Subir al apoyo con una rodilla y bajar. — Péndulo cogido de las rodillas, salida de «campana» (Napoleón).	
Comp.	Cooperación	— Medio giro agrupado, saltos por encima. — «Subir escaleras» por las picas con ayudantes y «baile sobre la cuerda». — Impulsiones por debajo y encima, etc.	

4.6.   Potenciar/cintas

609	*Caza a la cola del búfalo*	Parejas, montados a caballo, el de arriba tiene una cola de búfalo (cinta) metida en su cintura. Cada pareja, sobre todo el de arriba, ha de conseguir el máximo número de cintas. Las cintas robadas se enganchan como trofeos. El juego dura como máximo 2 minutos, después cambio de papeles. Cinta conquistada: 1 punto; cinta defendida hasta el final: 2 puntos.	
Cont.	Cuerpo global		
Comp.	Cooperación		
610	*Persecución de la cola del búfalo*	Por parejas, montados a caballo: El jinete tiene una «cola» enganchada en la cintura. De 2 a 4 parejas perseguidoras no llevan cola. Si una pareja perseguidora consigue una cola, la pareja atrapada se convierte en perseguidor.	Igual que el n.° 609
Cont.	Cuerpo global		
Comp.	Cooperación		
611	*Caza por equipos*	La misma idea de juego que en la «caza a la cola del búfalo», pero las parejas forman dos equipos con diferentes colores de las cintas. ¿Qué equipo conquista primero todas las colas del equipo contrario?	Igual que el n.° 609
Cont.	Cuerpo global		
Comp.	Cooperación		
612	*Persecución de la manada*	Todas las parejas montadas a caballo llevan una cola de búfalo. El que pierda la cola ayudará a pillar. El juego acaba cuando toda la «manada» esté atrapada. Variante: Todos estos juegos de «persecución de colas» también pueden jugarse en el agua con una profundidad hasta el pecho.	Igual que el n.° 609 Vigilar el «transporte correcto de las cargas» ¡con la espalda recta!
Cont.	Cuerpo global		
Comp.	Cooperación		
613	*Habilidad con el pie*	Intenta atar una cinta en las paralelas, espalderas o en la barra fija, ¡sin usar las manos para ello! ¡Intenta también coger diferentes aparatos pequeños de la pista con los pies!	
Cont.	Pies Coordinación		
Comp.	¡Practicar la paciencia!		

4.7. Potenciar/banco sueco

N.°	Nombre del juego / Objetivos/ particularidades	Concepto/descripción	Observaciones/organización
614	*Presa de piernas*	El compañero sentado encima del banco sueco. (Según el lugar donde se sienta resulta una carga menor o mayor.) Intentar empujar el banco sueco con el compañero hacia arriba con las piernas. — El banco sueco también se puede enganchar en las espalderas.	
Cont.	Piernas		
Comp.	¡Espalda recta!		
615	*Acrobacia con el banco*	Sentado delante del banco, con los talones encima del mismo, manos apoyadas por detrás del cuerpo: Elevar caderas hasta la posición de flexión de brazos invertida, las piernas paralelas al suelo. Separar un pie, flexionar la pierna correspondiente, estirarla hacia arriba y volver a colocarla sobre el banco. Igual, elevando la otra pierna. Bajar a la posición de sentado inicial.	
Cont.	Parte posterior de la cadera, espalda		
Comp.	También con formas propias		
616	*Avión*	Apoyado con el vientre sobre el banco, brazos doblados y apoyados en el suelo: Estirar los brazos y elevar el brazo dr. (izq.) hacia arriba acompañado por una elevación del tronco. — Intentar también la elevación de ambos brazos hacia arriba.	
Cont.	Espalda, cintura escapular		
Comp.	Buscar el equilibrio		
617	*Arriba y abajo continuamente*	De costado sobre el banco sueco, las manos se agarran en el banco: Subir y bajar las piernas estiradas. Variante: La misma posición inicial que antes, el compañero fija las piernas: subir y bajar el tronco.	
Cont.	Abdomen		
Comp.	Ayudarse mutuamente		
618	*Voleibol sobre el banco*	A y B tumbados sobre el vientre, uno a cada lado del banco, y enfrentados: Elevar conjuntamente el tronco, entregar la pelota por encima del banco; bajar y relajarse, luego repetir lo mismo.	
Cont.	Espalda, cintura escapular		
Comp.	Cooperación		
619	*Giros alrededor del banco*	Tumbado sobre el vientre delante del extremo del banco sueco: Se ha de describir un círculo vertical alrededor del extremo del banco, subiendo y bajando el tronco. Hacia la izq., derecha.	
Cont.	Espalda, cintura escapular, brazos		
Comp.	Cuanto más lento, más eficaz		

4.7. Potenciar/banco sueco

N.°	Nombre del juego / Objetivos/particularidades	Concepto/descripción	Observaciones/organización
620	*Subir-entregar-bajar*	Por parejas, enfrente, tumbados sobre la espalda, las piernas apoyadas sobre el banco sueco, los pies enganchados mutuamente: los dos elevan conjuntamente el tronco y uno entrega una pelota medicinal al otro; bajar al apoyo de la espalda y repetirlo.	
Cont.	Abdomen, parte anterior de la cadera		
Comp.	Diversión a dúo		
621	*Apoyos sobre el banco-variantes*	Posición de flexión de brazos con apoyo sobre el canto del banco: Retroceder de forma alterna el brazo dr. e izq. flexionando y estirando a la vez los brazos. Variante: También sentado de espalda hacia el banco, manos sobre el banco: Flexionar y estirar los brazos.	
Cont.	Tronco, cintura escapular, brazos		
Comp.	Ejercicios lentos		
622	*Tirar de la cuerda sobre el banco sueco*	¿En qué equipo se cae primero un competidor del banco? Los «caídos» se ponen al final de la fila y la competición sigue. Variante: El juego acaba cuando el primer «caído» vuelve a estar al principio.	
Cont.	Cuerpo global		
Comp.	Táctica		
623	*Lucha de empujar-estirar*	Sentados espalda contra espalda sobre un (o dos) bancos suecos. — Lucha de empujar: ¿Quién sale primero del banco? — Lucha de estirar: ¿Quién ha de separar primero sus pies del suelo o quién estira al otro hacia su lado?	
Cont.	Cuerpo global		
Comp.	Encuentro		

4.8. POTENCIAR/ESPALDERAS

4.8.1. Potenciar/espalderas (piernas)

N.°	Nombre del juego / Objetivos/ particularidades	Concepto/descripción	Observaciones/organización
624	*Escuela básica de ballet*	Agarrarse en las espalderas a la altura de la cadera y bajar el tronco formando una línea horizontal con una de las piernas:	
Cont.	Piernas, parte posterior de la cadera	Flexión y extensión de la pierna de apoyo. La otra pierna se separa al máximo hacia atrás.	
Comp.	Lentamente		
625	*¡No me sueltes!*	Por parejas: **A** de pie sobre la cuarta o quinta barra de las espalderas, estirando una pierna hacia atrás. **B** coge esta	
Cont.	Piernas, brazos	pierna oponiendo resistencia, mientras que **A** flexiona y estira su pierna de apoyo.	
Comp.	Cooperación	Variante: Igual, pero **B** se estira sobre su espalda, tenso, dejándose subir y bajar como una tabla.	
	Confianza		
626	*A caballo*	Por parejas: **B** sentado sobre los hombros de **A**, éste apoyado con sus dedos en la barra más baja: **A** se eleva con los	
Cont.	Piernas	dedos varias veces, conjuntamente con su jinete.	
Comp.	Confianza		
627	*Salto de rana sobre una pierna*	Los alumnos se colocan de espaldas a las espalderas y se enganchan con una pierna hacia atrás aproximadamente a la altura de la rodilla.	
Cont.	Piernas	Tocar de forma alterna con las manos al suelo y subir de golpe doblando la pierna de apoyo en el aire.	
Comp.	*¡Con valentía hacia arriba!*	Variante: también es posible sin espalderas: el compañero aguanta la pierna que el practicante estira hacia atrás.	
628	*Saltos de mono*	De pie delante de las espalderas, agarre a la altura de los hombros: Saltar sobre la primera, segunda, tercera... barra,	
Cont.	Piernas Coordinación	rebote sobre el travesaño, empujarse hacia arriba y volver al suelo (las manos se mantienen en las espalderas). ¿Quién alcanza mayor altura?	
Comp.	*¡Con valor!*	¿Quién puede saltar de una barra a otra? (Soltar o bien volver a agarrarse con manos y pies a la vez.)	

4.8.2. Potenciar/espalderas (tronco)

N.°	Nombre del juego / Objetivos/ particularidades	Concepto/descripción	Observaciones/organización
629	*Freno de emergencia*	Por parejas: **A** tumbado sobre la espalda, agarrado en la barra inferior, **B** de pie delante de él. **A** eleva las piernas hasta la vertical. **B** empuja los pies de **A** fuertemente hacia el	
Cont.	Abdomen, parte anterior de la cadera	suelo. **A** debe frenar las piernas antes de que toquen el suelo.	
Comp.	Encuentro		

4.8.2.   Potenciar/espalderas (tronco)

N.°	Nombre del juego / Objetivos/ particularidades	Concepto/descripción	Observaciones/organización
630	*Limpiaparabrisas (en suspensión)*	Suspendido de las espalderas de espaldas: cruzar con la pierna izq. hasta el brazo dr. y viceversa. Piernas dobladas o estiradas. También subiendo ambas piernas en forma de limpiaparabrisas hacia la dr. e izq.	
Cont.	Abdomen, parte anterior de la cadera		
Comp.	También de forma lenta		
631	*Limpiaparabrisas (estirado)*	Tumbado de espaldas delante de las espalderas, agarrando la barra inferior: «Limpiaparabrisas»: Bajar las piernas en ángulo recto hacia el lado dr. e izq. tocando el suelo o bien parando justo antes.	
Cont.	Abdomen		
Comp.	Muy lentamente		
632	*Más complicado imposible*	Varios alumnos en suspensión de las espalderas separados a 2 m pasándose una pelota con los pies. — Elevar las piernas hasta la horizontal antes de la entrega. — También con varias pelotas.	
Cont.	Cuerpo global		
Comp.	Cooperación		
633	*Competición de entrega*	Por tríos: **A** y **B** se entregan la pelota de uno a otro, **C** recoge la pelota cuando cae al suelo. ¿Cuántas entregas pueden hacer en 1 minuto?	Igual que el n.° 632, pero con un tercer jugador (**C**) que recoge y devuelve la pelota si es necesario.
Cont.	Cuerpo global		
Comp.	Cooperación		
634	*Pelota-suspensión*	Por parejas con un balón medicinal: **A** lanza la pelota con sus piernas hacia **B**, **B** se lo vuelve a entregar. Variante: **B** lanza la pelota hacia **A**, éste lo devuelve empujándolo con las plantas de sus pies. También factible (pero más difícil) en suspensión de las anillas o de la barra fija.	
Cont.	Abdomen, parte anterior de la cadera		
Comp.	Cooperar		
635	*Hacia atrás y arriba*	Tumbado de espaldas delante de las espalderas, agarrado en la barra inferior: Elevar piernas y tronco hasta la vertical, paralelamente a las espalderas (ángulo de la cadera 180°). Bajar lentamente todo el cuerpo como una tabla (es decir, sin doblar en la cadera) hasta volver a estar tumbado	
	Abdomen, cadera, pecho		
	¿Quién lo puede hacer lentamente?		

4.8.2. Potenciar/espalderas (tronco)

N.°	Nombre del juego / Objetivos/ particularidades	Concepto/descripción	Observaciones/organización
636	*Como una banana*	En suspensión de espaldas: Separar lentamente las piernas estiradas y la cadera hacia atrás. Mantener la tensión durante 3 seg y volver lentamente. Variante: También sólo con una pierna o alternando izq.-dr.-izq., etc. ¡muy lentamente!	
Cont.	Espalda, parte posterior de la cadera		
Comp.	Mantener la tensión		
637	*Movimiento de Fosbury*	Sentado con la espalda contra las espalderas, piernas estiradas, presa dorsal por encima de la cabeza: Impulsión del tronco hacia arriba hasta formar un arco tensado; volver a la posición de sentado.	
Cont.	Espalda, parte posterior de la cadera		
Comp.	Tensión-relajación		
638	*Plano inclinado*	Tumbado de espaldas al suelo, talones sobre la tercera barra: Elevar la cadera, contar hasta 10 y volver a bajar. Varias series. Variante: ¿Quién puede indicar correctamente el ángulo en su cadera (cuántos grados)?	
Cont.	Espalda, parte posterior de la cadera, piernas		
Comp.	Cerrrar los ojos		

4.8.3. Potenciar/espalderas (brazos, hombros)

N.°	Nombre del juego / Objetivos/ particularidades	Concepto/descripción	Observaciones/organización
639	*¿Hasta dónde se llega?*	De pie delante de las espalderas, a 1 m de distancia, aproximadamente: Dejarse caer hacia adelante hasta el apoyo con brazos doblados y empujarse hacia atrás. El tronco se mantiene tenso, ¡sin doblarse! — Igual, pero bajando cada vez más de barrotes.	
Cont.	Cintura escapular, brazos		
Comp.	¡Con valentía hacia atrás!		
640	*Hop*	En suspensión de cara a las espalderas. Agarre dorsal: Impulsión de las piernas hacia atrás y doblarlas rápidamente para llegar a apoyarlas sobre una barra a media altura (los brazos se mantienen estirados), enderezarse, bajar a la posición inicial.	
Cont.	Coordinación		
Comp.	¡Un poco de valentía!		
641	*Suspendido-de pie*	Posición inicial como en el dibujo: Elevar tronco y piernas con un ligero impulso (o «disfrutando» lentamente) hasta quedar en suspensión con piernas dobladas y luego estirar las piernas. Bajar lentamente hasta la posición inicial.	
Cont.	Cintura escapular, tronco		
Comp.	Subir lentamente, bajar lentamente		

4.8.2. Potenciar/espalderas (brazos, hombros)

N.°	Nombre del juego / Objetivos/ particularidades	Concepto/descripción	Observaciones/organización
642	*Pared-flexión de brazos*	Flexión de brazos de cara, pies sobre la quinta barra: Flexión de brazos, extensión y luego subir la pelvis, acabando con el tronco vertical sobre el suelo.	
Cont.	Brazos, tronco		
Comp.	¡Con valentía hacia arriba!		
643	*Caminar hasta la vertical*	Posición de flexión de brazos, pies en la barra inferior: Subir lentamente hacia atrás hasta la vertical y volver.	
Cont.	Vertical Cintura escapular	— Igual, pero desde la vertical medio giro por el eje longitudinal acabando con la espalda contra la pared. — O bien efectuar una vertical normal contra las espalderas, medio giro, voltereta hacia delante.	
Comp.	Busca el equilibrio		
644	*Duro como una tabla*	**A** tumbado sobre el vientre, agarre dorsal en la segunda barra, tenso: **B** levanta las piernas de **A**. **A** intenta permanecer como una tabla sin doblarse en los hombros ni en la cadera.	
Cont.	Cintura escapular, tronco	— Igual, pero **A** intenta doblar los brazos contra la resistencia de **B**.	
Comp.	Encuentro Confianza		
645	*Lucha en posición de flexión de brazos*	**A** y **B**, uno al lado de otro en posición de flexión de brazos, los pies sobre la barra inferior: ¿Quién consigue obligar al otro a abandonar su posición, estirando o empujándole?	
Cont.	Cintura escapular, brazos, tronco		
Comp.	Juego limpio		
646	*Trepar con estilo libre*	De rodillas delante de las espalderas: Trepar hacia arriba y abajo con las piernas dobladas (igual que un «escalador con estilo libre»).	
Cont.	Cintura escapular, brazos	— Variante: **A** y **B** forman un equipo de escaladores. **B** intenta seguir el mismo recorrido que **A** en la escalada (asegurarse mutuamente).	
Comp.	Imagínate que estás a 50 m de altura		
647	*Vertical sobre la pared*	**A** con su costado dr. al lado de las espalderas, doblar el tronco hacia la dr., brazos estirados por encima de la cabeza. Agarrarse en la tercera y quinta y separar la pierna izq. lateralmente hacia arriba (véase el dibujo):	
Cont.	Cintura escapular, tronco, cadera	— Doblar la pierna dr., separarla hacia delante y bajarla hasta el suelo. **B**, de costado, aguanta con ambas manos la pierna izq. de **A** y lo acerca hacia su cadera mientras que **A** realiza el movimiento de la pierna, luego círculos con la	
Comp.	Confianza, orientarse		

4.8.3.   Potenciar/espalderas (brazos, hombros)

N.°	Nombre del juego / Objetivos/particularidades	Concepto/descripción	Observaciones/organización
648	*¡No me apartarás!*	**A** encaramado a las espalderas, **B** en el suelo: **B** intenta separar a **A** de las espalderas. ¡Pensad en las reglas del «fair play»: — ¡Juego limpio! — ¡Juego intenso! — ¡No hacer daño a nadie!	
Cont.	Cintura escapular, brazos		
Comp.	Juego limpio		

4.9. POTENCIAR/APARATOS

4.9. Potenciar/aparatos

N.°	Nombre del juego / Objetivos/ particularidades	Concepto/descripción	Observaciones/organización
649	*Carrera de caballos*	Líneas con colchonetas de diversos espesores: Carrera de caballos sobre las colchonetas, lo más rápidamente posible; varias vueltas. — Carrera de caballos también sobre otros obstáculos pequeños como bancos suecos, elementos del plinto, etc.	
Cont.	Cuerpo global		
Comp.	Encuentro Confianza		
650	*La mesa pesada (de colchonetas)*	Sentados, por parejas, uno enfrente del otro, con los extremos de la colchoneta apoyados sobre las piernas: Intentar elevar la colchoneta con las piernas y volver a bajarla.	
Cont.	Parte anterior de la cadera, piernas		
Comp.	Cooperación		
651	*Línea de colchonetas en suspensión*	Los alumnos se tumban sobre el vientre en la pared lateral de las colchonetas y ponen las manos debajo de las colchonetas. ¿Son capaces de elevar las colchonetas (o bien toda la línea de colchonetas)? — Igual, tumbados sobre la espalda.	
Cont.	Cintura escapular, brazos		
Comp.	Cooperación		
652	*Vertical por parejas*	Por parejas: **A** en vertical de manos, con los pies sobre los hombros de **B**. **A** va saltando a lo largo de las colchonetas (impulsándose con ambas manos a la vez). B fija sus pies.	
Cont.	Cuerpo global		
Comp.	Cooperación		
653	*Empujar colchonetas*	Cada uno (o cada pareja) con una colchoneta; en posición de flexión de brazos invertida delante de la colchoneta. Esta se ha de empujar con los talones hacia el otro lado. ¿Quién llega primero? Observación: la colchoneta se ha de girar eventualmente, para que se deslice mejor.	
Cont.	Cuerpo global		
Comp.	¡Cumplir las reglas al pie de la letra!		
654	*Colchoneta deslizante*	**A** en posición de flexión de brazos delante de la colchoneta (con su cara lisa hacia abajo), **B** aguanta las piernas de **A**. **A** debe empujar la colchoneta delante suyo de forma alterna con la mano izq. y la dr. hasta una marca donde los dos cambian. ¿Qué equipo llega primero a la meta?	
Cont.	Cuerpo global		
Comp.	Cooperación		

.9. Potenciar/aparatos

N.°	Nombre del juego / Objetivos/ particularidades	Concepto/descripción	Observaciones/organización
655	*Combinaciones colchoneta-saltos*	— Batida con la pierna izq., llegada dr., paso intermedio y batida dr., llegada con pierna izq., etc. — Batida con la pierna izq., llegada dr., paso intermedio y batida izq., etc. — Batida con la pierna izq., llegada izq., dos pasos y batida dr., llegada con pierna dr. — Salto con pies juntos con paso intermedio. — Salto con pies juntos sin paso intermedio. — Saltos sobre una pierna con y sin paso intermedio. — Diferentes formas de salto por parejas uno al lado del otro (también cogidos de la mano). — Las mismas formas de salto, de colchoneta en colchoneta, por encima de los espacios intermedios. — ¿Propuestas propias de los participantes?	
Cont.	Piernas y tobillos		
Comp.	Estimular la colaboración		
656	*Relevos de transporte*	Por tríos con unas paralelas y un balón medicinal: **A** va de apoyo en apoyo aguantando la pelota entre los pies hasta el lugar de **B**, **B** hace lo mismo hasta llegar al sitio de **C**, **C** hasta **A**... ¿Qué grupo realiza primero 10 vueltas?	
Cont.	Cintura escapular, brazos		
Comp.	Cumplir las reglas del juego		
657	*Arriba y abajo*	En suspensión debajo de la barra fija, cuerpo estirado, pies apoyados. Flexión y extensión de los brazos. Por parejas: **A** realiza una flexión de brazos sobre la barra fija: **B** aguanta sus pies.	
Cont.	Cintura escapular, brazos		
Comp.	Cooperación Confianza		
658	*Lucha estirando*	Por parejas con un elemento del plinto: — Arrastrar al otro más allá de una línea. — Igual, pero desde dentro del plinto. — Elevar el elemento del plinto a la altura del pecho y empujar al otro hasta más allá de la línea	
Cont.	Cuerpo global		
Comp.	¡Cuidado!		
659	*Dentro del cajón... Fuera del cajón*	Saltar desde el apoyo de manos (posición de flexión de brazos) desde un lado del cajón hacia dentro y desde dentro hacia el otro lado. Uno solo o varios alumnos seguidos. Desde la dr. hacia la izq. y desde la izq. hacia la dr.	
Cont.	Cuerpo global, brazos		
Comp.	Empujarse con fuerza		

4.9.　Potenciar/aparatos

N.º	Nombre del juego / Objetivos/ particularidades	Concepto/descripción	Observaciones/organización
660	*Flexión de brazos con dificultades*	Tapa del plinto (o banco sueco) en el suelo: Flexión de brazos con los pies sobre el cajón y describiendo con las manos un semicírculo alrededor del cajón. —También en forma de carrera de persecución por parejas, alrededor del cajón. Salida, uno opuesto al otro.	
Cont.	Brazos, cintura escapular		
Comp.	Tensar bien el cuerpo		
661	*Listón humano del salto de altura*	La tapa del plinto en el suelo: **A** en posición de flexión de brazos con los pies sobre el plinto, **B** salta por encima del plinto y pasa por debajo de **A**. En cada salto de **B**, **A** flexiona y extiende sus brazos. — ¿Qué pareja realiza más vueltas en 2 × 1 minutos (con cambio)? — ¿Quién de cada pareja hace más vueltas?	
Cont.	Cintura escapular, brazos		
Comp.	Cooperación		
662	*Relevo de transporte*	Por parejas: **A** se sitúa sobre una tapa de plinto, con una pelota entre sus pies, cogiendo las anillas a la altura de su pecho. Se impulsa del plinto y balancea con la pelota en posición de apoyo (brazos en flexión) hasta el elemento del plinto abierto, para dejar caer la pelota dentro y vuelve balanceándose hasta la tapa del plinto. **B** recoge la pelota cada vez y la coloca en su sitio inicial. ¿Qué pareja transporta más balones?	
Cont.	Cintura escapular, brazos		
Comp.	Apreciar el timing		
663	*Futbolista en suspensión*	Por parejas: **A** en apoyo en las anillas; **B** le pasa una pelota. **A** intenta devolver la pelota con los pies.	
Cont.	Brazos, coordinación		
Comp.	Cooperación		
664	*Lucha en posición de flexión de brazos*	Por parejas, uno contra otro: Los dos enganchan cada pie en una anilla (o sólo un pie) y adoptan la posición de flexión de brazos. ¿Quién puede obligar al otro a tocar con el vientre al suelo o a quitar los pies de las anillas, estirándole, empujándole, etcétera?	
Cont.	Cintura escapular, brazos		
Comp.	Encuentro		
665	*Lucha estirando*	Por parejas en posición de flexión de brazos, los pies enganchados en dos anillas: ¿Quién puede llevar al otro hasta el borde de la colchoneta (línea)?	
Cont.	Cintura escapular, brazos, cuerpo global		
Comp.	Reglas iguales		

4.9. Potenciar/aparatos

N.°	Nombre del juego / Objetivos/ particularidades	Concepto/descripción	Observaciones/organización
666	*¡No bajes!*	Las anillas a 10 o 20 cm sobre el suelo. Por parejas, uno contra el otro: Cada uno con un pie dentro de una anilla, intentando hacer bajar al otro.	
Cont.	Cuerpo global		
Comp.	Encuentro		
667	*Picar las manos*	Posición de apoyo, uno al lado del otro, sobre la barra fija o una barra de las paralelas: Cada uno intenta picar la mano más cercana del otro.	
Cont.	Cintura escapular, brazos		
Comp.	Encuentro		

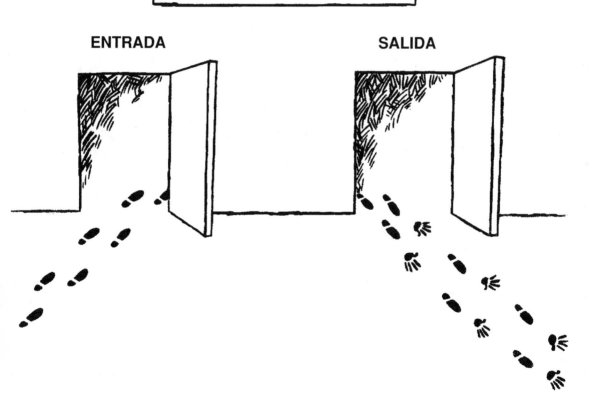

¡Sin esfuerzo... no hay «premio»!

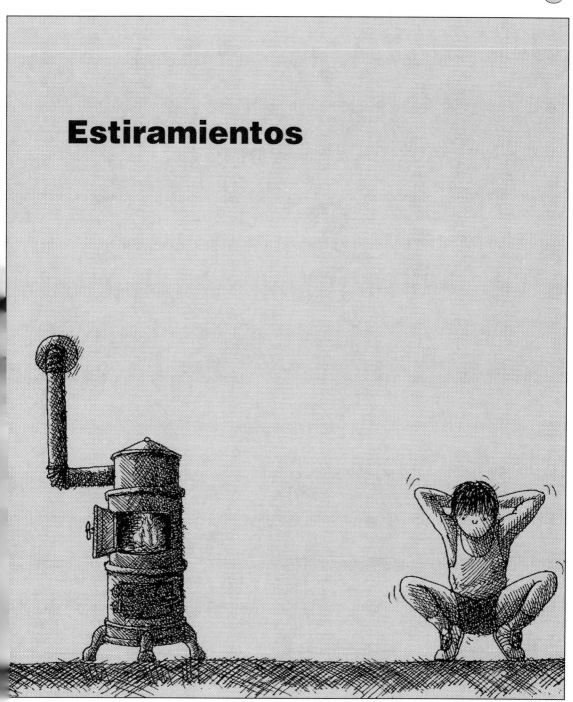

Estiramientos

5.1. ESTIRAMIENTOS/SIN MATERIAL

5.1.1. Estiramientos/sin material (piernas)

N.°	Nombre del juego / Objetivos/ particularidades	Concepto/descripción	Observaciones/organización
668	*Ayuda suave*	**A** de rodillas ante **B**, **B** coloca su pierna sobre el hombro de **A**, **A** coloca una mano sobre la rodilla de **B** (para fijarla): **A** se levanta lentamente, la rodilla de **B** se mantiene estirada.	
Cont.	Musculatura posterior del muslo, columna vertebral (hacia delante)	— Igual, pero después de levantarse, **A** se mueve lentamente hacia delante y atrás; **B** no debe separar su pierna de apoyo del suelo.	
Comp.	Encuentro		
669	*Posición de pase de vallas*	La pierna dr. se aparta como al pasar las vallas —volver a estirarla— retrasar la pierna izquierda como al pasar las vallas, etc.	
Cont.	Musculatura interna de la cadera Coordinación	— Si es posible, sin ayuda de los brazos.	
Comp.	Lentamente		
670	*Equilibrio en posición de sentado-agrupado*	Coger el pie dr. por dentro y estirar la pierna en diagonal hacia fuera. — Igual con la pierna izq. ¿Quién puede estirar ambas piernas a la vez sin perder el equilibrio?	
Cont.	Musculatura posterior del muslo, columna vertebral (hacia delante)		
Comp.	Apreciar el equilibrio		
671	*Estirar sentado sobre un talón*	Sentado sobre un talón, pierna izq. estirada hacia delante: Inclinar el tronco hacia delante por encima de la pierna estirada, coger eventualmente el pie con las manos para una tracción mayor.	
Cont.	Musculatura posterior del muslo		
Comp.	¿Notas la tracción?		
672	*Estirar de costado*	Coger la pierna superior doblada desde el interior en el talón y estirarla lentamente. Luego sujetar la pierna estirada y acercarla a la cabeza. Igual por el otro lado.	
Cont.	Musculatura interna de la cadera		
Comp.	Estirar lentamente		

5.1.1. Estiramientos/sin material (piernas)

N.°	Nombre del juego Objetivos/ particularidades	Concepto/descripción	Observaciones/organización
673	*Ejercicio de ballet*	De pie, con las manos cogidas por detrás de la espalda: Elevar la rodilla izq., girarla hacia fuera y estirar la pierna hasta que esté paralela al suelo. (Eventualmente, doblar los dedos hacia nosotros y empujar el talón hacia fuera para incrementar la tracción.) ¡El tronco permanece derecho! Volver por el mismo recorrido hasta la posición inicial, lentamente y de forma controlada.	
Cont.	Musculatura interna de la cadera Fuerza: musculatura posterior de la cadera		
Comp.	Cuanto más lento, más difícil		
674	*Cada vez más alto*	Tumbado de espaldas en el suelo: doblar la rodilla y estirar después la pierna verticalmente hacia arriba, con el talón delante (!). La pierna libre se queda en el suelo y se estira un poco.	
Cont.	Musculatura posterior del muslo y de la pierna		
Comp.	Muy lentamente		
675	*«Spagat» de pie*	De pie sobre la pierna dr., la izq. cogida con la mano por dentro: estirar la pierna izq. lentamente hacia arriba por el lado - enderezar el tronco.	
Cont.	Musculatura interna de la cadera		
Comp.	Mantenerse quieto		

5.1.2. Estiramientos/sin material (tronco/columna vertebral)

676	*Samba de estiramientos*	Posición de sentado con piernas separadas: golpear dos veces al suelo al lado del pie dr., dos palmadas detrás de la espalda, dos veces al lado del pie izq., etc. Toda la clase con el mismo compás.	
Cont.	Columna vertebral (hacia delante)		
Comp.	Lentamente y con ritmo		
677	*El sastre que circula*	Posición de sastre: Rodar lateralmente hacia delante y sobre la espalda a la posición inicial. Observaciones: Juntar las plantas de los pies fuertemente con ambas manos.	
Cont.	Columna vertebral hacia delante Coordinación		
Comp.	Probar, experimentar		

5.1.2. Estiramientos/sin material (tronco/columna vertebral)

N.°	Nombre del juego Objetivos/ particularidades	Concepto/descripción	Observaciones/organización
678	*La cabeza que circula*	Sentado sobre los talones, brazos relajados o cruzados por detrás de la cabeza: La cabeza (conjuntamente con el tronco) describe un círculo vertical lo más grande posible, por encima del suelo. Doblar la cabeza hacia el pecho a la vuelta y al principio hacia la nuca (véase dibujo).	
Cont.	Columna vertebral hacia delante, musculatura posterior de la cadera		
Comp.	Percibir el equilibrio		
679	*Equilibrio sobre un pie*	De pie sobre la pierna dr., brazos separados lateralmente, alternando con: subir la pierna izq. doblada hasta el pecho y los brazos hacia arriba.	
Cont.	Columna vertebral (hacia delante) Fuerza: espalda		
Comp.	Buscar equilibrio		
680	*Balanceo de la cuna*	De pie con piernas muy separadas, manos cruzadas detrás de la cabeza: Inclinar el tronco hacia adelante y tocar lentamente y alternando con el codo dr. e izq. el suelo (en cruz). — Igual, pero ambos codos tocan el suelo a la vez.	
Cont.	Columna vertebral (rotación). Musculatura posterior del muslo		
Comp.	Lentamente		
681	*Despegue vertical*	Por parejas, tumbados sobre la espalda, piernas verticales, bien juntas: Separar las piernas y darse las manos por en medio de las piernas. Con la tracción mutua, elevar los troncos y acercarlos. — Igual, pero las piernas permanecen cerradas, las manos pasan por fuera de las piernas.	
Cont.	Columna vertebral (hacia adelante), musculatura posterior del muslo		
Comp.	Tracción lenta		
682	*Voltereta de pie*	Rodar hacia atrás y tocar con los pies el suelo por detrás de la cabeza. Voltereta rápida hacia delante, levantándose con una pierna, mientras que la otra se mantiene estirada hacia adelante. (Apoyo inicial sobre los dos pies.)	
Cont.	Columna vertebral hacia adelante		
Comp.	Cuanto más lento, más difícil		
683	*Entrar y salir*	Los compañeros de frente, cogidos de las manos: Ambos pasan con las piernas por encima de los brazos, realizan un giro y vuelven a salir con las piernas. Todo ello sin soltar las manos.	
Cont.	Columna vertebral (rotación)		
Comp.	Encuentro		

5.1.2.   Estiramientos/sin material (tronco/columna vertebral)

N.º	Nombre del juego / Objetivos/particularidades	Concepto/descripción	Observaciones/organización
684	*Respaldo cómodo*	Los dos sentados con las piernas separadas, espalda contra espalda, manos cogidas por encima de la cabeza: **A** se estira hacia atrás sobre la espalda de **B**, **B** deja estirar pasivamente su tronco hacia delante (**B** ha de mantener su espalda recta y mirar hacia delante, sin redondear su espalda).	
Cont.	Musculatura posterior del muslo A: parte anterior del cuerpo B: columna vertebral hacia adelante		
Comp.	Lentamente y dosificado		
685	*Te voy a retener*	Por parejas de pie, espalda contra espalda, brazos cogidos por encima de la cabeza: Los dos efectúan a la vez un paso largo hacia delante con el pie dr. (sin soltar las manos), se detienen unos segundos y vuelven a la posición inicial. Igual, con pie izq. delante. — Igual que antes, pero uno al lado del otro y realizando un paso hacia fuera. Controlar que ni el tronco ni los brazos se desvíen.	
Cont.	Columna vertebral (lateral) Musculatura del pecho		
Comp.	Encuentro		
686	*Suelo caliente*	Tumbado de espaldas al suelo, piernas dobladas y apoyadas: Presionar primero con la espalda contra el suelo, luego separarla del suelo, sin apartar ni los hombros ni los glúteos. — Igual, pero después de la presión contra el suelo, separar lentamente la cadera y la columna lumbar del suelo, empujando hacia arriba. Los hombros permanecen en el suelo. — Para relajar: Acercar ambas rodillas hacia el pecho, redondeando la espalda y aguantar un momento esta posición.	
Cont.	Columna vertebral hacia atrás Fuerza: espalda		
Comp.	Percibir la posición del cuerpo		
687	*Cada vez más largo*	Posición de banco: Elevar de forma alterna una vez el brazo dr. y la pierna izq. (o viceversa), alargarlos y volver a bajar. — Igual, pero alternando con un agrupamiento (codo hacia la rodilla). La cabeza también debe seguir el movimiento. — Igual, tumbado sobre el vientre.	
Cont.	Musculatura anterior de la cadera y del pecho		
Comp.	No subir de forma explosiva		
688	*Paso por debajo*	Por parejas enfrente, las manos cogidas: Describir con los brazos un gran círculo (vertical) y pasar por debajo de los brazos (**A** gira hacia la izq., **B** hacia la dr.). También parando después de medio giro y mantener la posición de arqueo hacia atrás.	
Cont.	Musculatura pectoral Columna vertebral (hacia atrás)		
Comp.	Cooperación		

5.1.2. Estiramientos/sin material (tronco/columna vertebral)

N.°	Nombre del juego Objetivos/ particularidades	Concepto/descripción	Observaciones/organización
689	*Baile con rodillas y codos*	De pie con las manos cogidas detrás de la cabeza, codos echados hacia atrás: Subir de forma alterna la rodilla dr. o izq. lateralmente hacia fuera y tocar dicha rodilla con el codo correspondiente (inclinando el tronco lateralmente hacia abajo). ¡Sin esquivar con cadera y codo!	
Cont.	Columna vertebral (lateralmente)		
Comp.	¡No esquivar!		

5.1.3. Estiramientos/sin material (brazos/hombros)

690	*¡Cómo tensa!*	De espaldas al suelo, brazos sobre el suelo a la anchura de los hombros, palmas de las manos mirando hacia abajo y atrás: durante la espiración se eleva la cabeza y la barbilla en dirección al pecho. Los brazos mantienen su posición. Durante la inspiración, bajar y relajarse. — Igual, pero elevando además una o ambas piernas verticalmente hacia arriba, durante la inspiración (talón hacia delante).	
Cont.	Musculatura pectoral, musculatura interna del brazo		
Comp.	Calidad del movimiento		
691	*Crawl-en seco*	Posición de base: Tronco inclinado hacia delante, con la espalda recta, los brazos realizan un «movimiento de crawl». — Lentamente y muy controlado. — Rápidamente como un sprint en crawl. — Hacia atrás.	
Cont.	Musculatura de la pierna Fuerza: musculatura de la espalda		
Comp.	Cierra los ojos: ¡Estás nadando!		
692	*Ejercicio para el omoplato*	Piernas ligeramente separadas, brazos hacia los lados: Acercar los omoplatos al máximo hacia la columna vertebral, alternando con: Estiramiento lateral de los brazos (dr. e izq. conjuntamente, como si quisiéramos apartar algo en ambos lados). — Variante: También en combinación: Acercar el brazo dr., estirar el brazo izq. y viceversa. ¡Lentamente!	
Cont.	Musculatura del brazo y de la cintura escapular		
Comp.	Lentamente		
693	*Rodar en los hombros*	De pie, brazos hacia los lados: Enrollar el brazo dr. (izq.), es decir: doblar el brazo estirado hacia delante; luego rodarlo hacia atrás. — Rodamiento de ambos brazos a la vez. — De forma opuesta: uno hacia delante, el otro hacia atrás.	
Cont.	Musculatura de brazos y cintura escapular		
Comp.	Primero lento, después cada vez más rápido		

5.1.3.   Estiramientos/sin material (brazos/hombros)

N.º	Nombre del juego / Objetivos/ particularidades	Concepto/descripción	Observaciones/organización
694	*Tracción hasta llegar a un tope*	Por parejas, uno enfrente del otro: **A** con las piernas separadas, tronco angulado, manos cogidas detrás de la nuca. **B** tracciona de los codos de **A** hacia atrás hasta que se toquen. — Igual, también con los brazos estirados, traccionándolos hacia arriba.	
Cont.	Musculatura pectoral		
Comp.	**B:** tracción con cuidado		

5.1.4.   Estiramientos/sin material (precansancio)

695	*Primero hacia fuera - Luego a través de la espalda hacia dentro*	Sentado con piernas estiradas y separadas, brazos estirados hacia delante: Potenciar: Separar los brazos lateralmente contra resistencia. Estirar: Cruzar los brazos estirados por delante del pecho y seguir el movimiento.	P: ¡Potenciar! E: ¡Estirar!
Cont.	Cintura escapular y musculatura externa del brazo		
Comp.	Encuentro; tracción con cuidado		
	Esta técnica de estiramientos sólo se debería aplicar con grupos disciplinados y motivados (¡Peligro de lesionarse!)	Antes de conocer más ejercicios que siguen el principio del precansancio, vamos a plasmar este concepto con las siguientes reflexiones: El principio del precansancio aprovecha la realidad de que un músculo cansado se deja estirar más que uno «fresco». La potenciación se efectúa de forma estática en los siguientes ejercicios, es decir, que el practicante intenta superar una resistencia insuperable de parte de su compañero. Después se relaja y su compañero le acompaña lentamente hasta llegar al tope de su posición de estiramiento (hasta que el practicante diga «stop»). Permanecer entonces unos 10 a 15 segundos en esta posición, concentrándose lo más relajadamente posible en dicha posición de estiramiento.	Las dos letras P y E significan: P: Potenciación E: Estiramiento
696	*Empujar-estirar*	Tumbado de espaldas al suelo, una pierna levantada: Potenciar: Empujar la pierna estirada hacia abajo contra resistencia. Estirar: Empujar la pierna en dirección hacia el tronco. (Fijando, eventualmente, la rodilla con la mano para que la pierna se mantenga estirada.)	P E
Cont.	Musculatura posterior del muslo		
Comp.	Encuentro Dosificar		

5.1.4. Estiramientos/sin material (precansancio)

N.°	Nombre del juego Objetivos/ particularidades	Concepto/descripción	Observaciones/organización
697	*Primero te empujo- Luego me estiras*	Tumbado sobre el vientre, una pierna elevada hacia atrás: Potenciar: Empujar la pierna en dirección hacia el suelo, contra resistencia. Estirar: Empujar la pierna hacia atrás y arriba. (Fijando, eventualmente, el trasero con un pie con el fin de que no se separe del suelo.) — Variante: Igual, también posible con pierna doblada.	
Cont.	Musculatura anterior del muslo y musculatura anterior de la cadera		
Comp.	Encuentro Confianza		
698	*Primero alejando- Luego acercando*	Tumbado sobre la espalda, piernas separadas y al aire: Potenciar: Juntar las piernas, contra resistencia. Estirar: Separar las piernas lateralmente en dirección hacia el suelo.	
Cont.	Musculatura interna de la cadera		
Comp.	¡De forma lenta!		
699	*Primero aguanto la pared- Luego se cae*	Sentado con piernas separadas, mirando recto hacia delante, postura derecha: Potenciar: Enderezar el tronco, contra resistencia, es decir, empujando hacia atrás. Variante: De pie con piernas separadas, tronco inclinado hacia delante: Elevar el tronco contra resistencia. Estirar: Empujar el tronco hacia delante y abajo. El compañero no empuja a nivel de los hombros (para no redondear la espalda), sino más abajo.	
Cont.	Musculatura posterior del muslo Columna vertebral (hacia delante)		
Comp.	Sensibilidad para el compañero		
700	*Yo hacia delante- Tú hacia atrás*	Sentado, con piernas estiradas, brazos hacia arriba: Potenciar: Tracción con los brazos hacia delante y abajo. Estirar: Tracción de los brazos hacia atrás y arriba. Bloquear la espalda con un muslo lateralmente para que quede recta. Atención: Los codos han de extenderse al máximo posible.	
Comp.	Sensibilidad para el compañero		
701	*Presión hacia fuera-luego hacia dentro*	Sentado con piernas ligeramente dobladas, brazos estirados hacia atrás y arriba: Potenciar: Separar los brazos contra resistencia. Estirar: Juntar los brazos moviéndolos ligeramente hacia arriba. Igual, también es posible en posición de tumbado sobre el vientre.	
Cont.	Musculatura interna del brazo y antebrazo		
Comp.	Seguir la señal del compañero		

5.2. ESTIRAMIENTOS/BALONES

5.2. Estiramientos/balones

N.°	Nombre del juego / Objetivos/ particularidades	Concepto/descripción	Observaciones/organización
702	*Cojinete*	Posición de pase de vallas: la pierna estirada sobre la pelota, brazos apoyados lateralmente en el suelo. Elevar los glúteos y avanzar y retroceder sobre la pelota con la parte posterior del muslo.	
Cont.	Musculatura posterior del muslo Fuerza: brazos		
Comp.	Intentarlo sin apoyo		
703	*Vallas en círculo*	Posición de pase de vallas: rodear la pelota alrededor del cuerpo describiendo un círculo muy amplio. Hacia la dr. y la izq. ¿Quién lo puede hacer con la pierna estirada hacia delante?	
Cont.	Musculatura posterior del muslo e interna de la cadera		
Comp.	Calidad del movimiento		
704	*Describiendo un ocho*	Paso lateral ancho, descansando sobre la rodilla doblada: Desplazar de forma alterna el peso hacia dr. e izq., describiendo un «8» con la pelota alrededor de los pies. — Igual, de pie con las piernas separadas.	
Cont.	Musculatura interna de la cadera		
Comp.	Mantener el centro de gravedad siempre bajo		
705	*Esta es mi pelota*	Los dos de pie con las piernas separadas, espalda contra espalda: Ambos cogen la pelota entre las piernas y estiran de ella, primero poco, luego cada vez más fuerte.	
Cont.	Columna vertebral (hacia delante) Fuerza: brazos		
Comp.	Estirar con la misma fuerza que el compañero		
706	*Hasta donde se llegue*	De pie con las piernas separadas: Llevar la pelota rodando hacia atrás por entre las piernas y en dirección hacia delante a la posición de flexión de brazos, lo más lejos posible. ¿Hasta dónde llegas por atrás (estirar) y por delante (potenciar)?	
Cont.	Musculatura posterior del muslo, columna vertebral (hacia delante)		
Comp.	Autovaloración		

5.2. Estiramientos/balones

N.°	Nombre del juego / Objetivos/ particularidades	Concepto/descripción	Observaciones/organización
707	*Te devuelvo lo que me haces*	Por parejas en posición de pase de vallas, uno enfrente del otro, a 3 o 5 m de distancia: Pasarse la pelota de forma que el otro justo pueda recibirla delante de sus pies, inclinando su tronco mucho hacia delante.	
Cont.	Musculatura posterior del muslo, columna vertebral (hacia delante)		
Comp.	Cooperación		
708	*Envolver las piernas*	Posición de base: Inclinar el tronco hacia delante y rodear pies, rodillas, muslos y cadera con la pelota; luego volver hasta abajo. — La pelota debe tocar el cuerpo. — La pelota no debe tocar el cuerpo.	
Cont.	Musculatura posterior del muslo, columna vertebral (hacia delante)		
Comp.	Estirar las piernas totalmente		
709	*Pelota encima de la cabeza*	Sentado con las piernas estiradas: Enganchar la pelota con los pies (piernas estiradas), rodar hacia atrás, pasando por la vertical sobre los hombros y entregar la pelota a las manos por detrás de la cabeza. Mantener las piernas estiradas dentro de lo posible. ¿Quién puede depositar la pelota por detrás de la cabeza y volver a cogerla con los pies?	
Cont.	Musculatura posterior del muslo, columna vertebral (hacia delante)		
Comp.	Ejecución lenta		
710	*El orgullo de poseer la pelota*	Tumbado con el vientre sobre el suelo: Apoyarse con ambas manos sobre la pelota y empujarse hacia arriba sin que la cadera se separe del suelo (arquear la espalda).	
Cont.	Columna vertebral hacia atrás Estiramiento de musculatura pectoral y abdominal		
Comp.	Notar la cadera sobre el suelo		
711	*Viento lateral*	De pie con las piernas ligeramente separadas, pelota (de tenis, balonmano) en la mano derecha, brazo hacia arriba: Inclinación lateral del tronco hacia la izq., dejar caer la pelota y recibirla con la mano izq.. — Igual, al revés.	
Cont.	Columna vertebral hacia el lado, musculatura lateral del tronco		
Comp.	Buscar la tensión y dejarla actuar		

5.2.   Estiramientos/balones

N.°	Nombre del juego / Objetivos/particularidades	Concepto/descripción	Observaciones/organización
712	*Satélite*	Por parejas, espalda contra espalda (posición de sastre, o con piernas separadas, etc.), pelota cogida con ambas manos por encima de la cabeza, brazos y cuerpo bien estirados: Circulación lenta de la pelota por encima de las cabezas. Las espaldas han de mantener contacto a lo largo de toda la superficie.	
Cont.	Columna vertebral (rotación), fuerza: musculatura de la espalda		
Comp.	Lentamente; con los ojos cerrados		
713	*Enroscar un tornillo en el techo*	Sentado con las piernas separadas y dobladas, pelota cogida con ambas manos por encima de la cabeza, brazos y tronco bien estirados: Giros laterales del tronco hacia izq. y dr.	
Cont.	Columna vertebral (rotación), fuerza: musculatura do la espalda		
Comp.	Espalda recta		
714	*Mecedora*	De rodillas, pelota cogida con ambas manos: Sentarse al lado izq. y dr. de las piernas y tocar con la pelota en el lado opuesto el suelo, lo más lejos posible.	
Cont.	Columna vertebral (rotación), flexibilidad de la pelvis		
Comp.	Cuanto más lento, más difícil		
715	*Una vez arriba, una vez abajo*	Tumbado sobre el vientre: Elevar la cadera y pasar la pelota por debajo del cuerpo hacia el otro lado. Bajar la cadera y entregar la pelota por detrás de la espalda lo más alto posible (describir círculos con la pelota alrededor del tronco).	
Cont.	Musculatura del pecho y de la espalda		
Comp.	Subir y bajar lentamente		
716	*Lo más atrás posible*	Posición de pase de vallas: Rodar la pelota con ambas manos lo más atrás posible, por detrás de la espalda, y volver. Los brazos se mantienen estirados.	
Cont.	Musculatura interna de la cadera, musculatura pectoral		
Comp.	Calidad del movimiento		

5.3. ESTIRAMIENTOS/CUERDA DE SALTAR

5.3. Estiramientos/cuerda de saltar

N.°	Nombre del juego / Objetivos/ particularidades	Concepto/descripción	Observaciones/organización
717	*Tente-en-pie*	Estirado sobre el vientre, cuerda cuatro veces doblada y cogida con los brazos estirados: Estirarse primero y luego doblarse cada vez más, acercándose cada vez más hacia las manos «caminando» con las piernas estiradas hasta estar de pie. — Igual, pero volviendo hasta la posición inicial.	
Cont.	Musculatura posterior del muslo, columna vertebral (hacia delante)		
Comp.	Observarse mutuamente		
718	*¡Peligro! ¡Corriente eléctrica!*	**A** aguanta una cuerda, doblada por la mitad, verticalmente, con la mano inferior a la altura de sus rodillas. **B** intenta pasar por esta «ventana» entre brazos y cuerda, sin tocar ni la cuerda ni el cuerpo de **A**.	
Cont.	Coordinación		
Comp.	Cooperación		
719	*Tensar el arco*	**A** y **B** de pie, espalda contra espalda, a la distancia de una cuerda, con las dos cuerdas cruzadas por el centro, cada uno coge los extremos de su cuerda: Llevar los brazos hacia los lados y efectuar a la vez un paso grande hacia delante. De esta forma se estiran pecho y brazos. Mantener unos segundos y volver a relajar. ¡Evitar el arqueo de la espalda!	
Cont.	Musculatura pectoral y anterior del brazo		
Comp.	No arrancar		
720	*Subir escalones altos*	Posición de base, la cuerda dividida en cuatro, delante del cuerpo: Pasar por encima de la cuerda hacia delante y hacia atrás. — Igual, también saltando por encima.	
Cont.	Columna vertebral (hacia delante) Coordinación		
Comp.	Competición: ¿Quién lo consigue?		
721	*Los dos giran hacia la derecha*	**A** y **B** sentados, dándose la espalda, piernas separadas: **A** sostiene su cuerda dividida en cuatro por delante de su cuerpo, gira su tronco lateralmente hacia la dr. y la entrega a **B**, quien también se gira hacia su dr. para recibir la cuerda. Después, los dos se giran hacia su izq. y **B** entrega la cuerda a **A** (la cuerda describe un 8).	
Cont.	Musculatura posterior del muslo		
Comp.	Encuentro		

5.3. Estiramientos/cuerda de saltar

N.°	Nombre del juego / Objetivos/ particularidades	Concepto/descripción	Observaciones/organización
722	*Remar lentamente*	A y B sentados uno enfrente del otro en posición de pase de vallas o con las piernas estiradas, tocándose con las plantas de los pies. Los dos sostienen la cuerda doblada cuatro veces por delante suyo (**A** por los extremos, **B** por el centro): Bajar e inclinar el tronco lentamente hacia delante, alternando, mirada recta.	
Cont.	Musculatura posterior del muslo, columna vertebral hacia delante		
Comp.	A menor velocidad hay mayor y mejor efecto		
723	*Prueba de rotura*	Tumbado de espaldas al suelo, cuerda doblada cuatro veces y cogida por delante del cuerpo: Doblar una pierna y empujar con la planta del pie la cuerda hacia arriba, hasta que la rodilla esté estirada. El talón ha de mirar hacia el techo. La otra pierna sobre el suelo y bien estirada. — Igual, con ambas piernas a la vez. — Incrementar el estiramiento, doblando los dedos hacia abajo.	
Cont.	Musculatura posterior de muslo y pierna		
Comp.	Muy lentamente		
724	*Tracción para estirar*	Sentado con las piernas estiradas: Pasar la cuerda por debajo de los pies y cogerla por los dos extremos: Flexión del tronco hacia delante, traccionando a la vez lateralmente, con ambos brazos estirados.	
Cont.	Musculatura posterior del muslo, columna vertebral hacia delante		
Comp.	¿Dónde estás estirando? ¿Lo notas?		
725	*Hombre de goma*	Sentado (o de pie) con las piernas separadas, cuerda doblada y tensada por encima de la cabeza: ¿Quién es capaz de tocar con el pie izq. la mano dr. o viceversa, sin doblar los brazos, ni soltar la cuerda? Sentado con las piernas separadas: ¿Quién puede depositar la cuerda con ambos brazos por detrás de un pie y recuperarla (rodillas extendidas)?	
Cont.	Musculatura posterior del muslo, columna vertebral hacia delante/lado		
Comp.	Procurar mantener las piernas estiradas		
726	*Test de flexibilidad*	De pie con las piernas separadas, cuerda doble por encima de la cabeza: Tocar el pie izq. con la mano dr. —volver arriba— tocar el pie dr. con la mano izq. —volver arriba—. La cuerda se mantiene estirada durante todo el ejercicio.	
Cont.	Musculatura posterior del muslo, columna vertebral hacia delante		
Comp.	¡Pon tu flexibilidad a prueba!		

5.4. ESTIRAMIENTOS/AROS

5.4. Estiramientos/aros

N.º	Nombre del juego Objetivos/ particularidades	Concepto/descripción	Observaciones/organización
727	*Volante*	Sentado con las piernas separadas, aro en el suelo entre las piernas estiradas:	
Cont.	Musculatura posterior del muslo y musculatura interna de la cadera	Seguir el aro alternando con la mano dr. e izq. hacia delante.	
Comp.	¿Notas dónde te estiras?		
728	*Aro por corona*	Posición de sastre, aro horizontalmente por encima de la cabeza, cogido con las manos:	
Cont.	Columna vertebral (rotación)	Girar el tronco hacia la izq. y la dr. (El aro se ha de mantener horizontal por encima de la cabeza.)	
Comp.	Con la espalda muy recta		
729	*Servicio de platos*	Posición de sastre o con piernas separadas: ¿Quién puede depositar el aro con ambas manos por detrás del cuerpo y volver a cogerlo por el otro lado?	
Cont.	Columna vertebral (rotación)		
Comp.	Muy despacio y silencioso		
730	*Foco de luz*	Posición de sastre, aro vertical, cogido con ambas manos por encima de la cabeza.	
Cont.	Musculatura lateral del tronco, columna vertebral (hacia un lado)	Llevar el aro con los brazos estirados hacia un lado hasta tocar el suelo con el aro.	
Comp.	No esquivar		
731	*No te caigas*	Sentado con las piernas estiradas, aro cogido con ambas manos por encima de la cabeza:	
Cont.	Columna vertebral (hacia delante) Fuerza (tronco)	Llevar el aro hacia atrás y volver hacia delante, llegando cada vez más lejos, e inclinar el aro por detrás del cuerpo hasta que toque el suelo e igualmente por delante de los pies.	
Comp.	¿Hasta dónde llegas?		

5.5. ESTIRAMIENTOS/PICAS

5.5. Estiramientos/picas

N.°	Nombre del juego / Objetivos/ particularidades	Concepto/descripción	Observaciones/organización
732	*Postura de cigüeña*	Tumbado sobre el vientre o de pie, la pelvis fijada, cogiendo la pica horizontalmente por ambos extremos y por detrás del trasero:	
Cont.	Musculatura anterior del muslo	Un pie se engancha en la pica por el empeine. Empujar con la pierna contra la pica hasta que las manos se eleven por detrás. Luego descansar y empujar la pelvis hacia delante de forma que el muslo se estire (cara anterior). Repetir varias veces.	
Comp.	Cadera hacia delante, ¿notas el porqué?		
733	*Remar contra corriente*	Por parejas, sentados con las piernas separadas, empujando por los pies, pica cogida horizontalmente: **A** inclina su tronco hacia atrás hasta que el trasero de **B** se levante del suelo. ¡**B** ha de estirar bien sus piernas!	
Cont.	Musculatura posterior del muslo y musculatura interior de la cadera		
Comp.	Estirar con cuidado		
734	*Remar desde sentado, con piernas estiradas*	Sentado con las piernas separadas o estiradas, la pica cogida horizontalmente en los extremos: Inclinar el tronco hacia delante (mirada al frente) y depositar la pica por delante de los pies y volver a recogerla. Las piernas se mantienen lo más estiradas posible.	
Cont.	Musculatura posterior del muslo, columna vertebral (hacia delante)		
Comp.	¿Eres capaz de estirar siempre las piernas?		
735	*Varita mágica*	Posición de sastre, pica verticalmente sobre el suelo, con los brazos estirados y por delante del cuerpo: Agarrar la pica con ambas manos más arriba o más abajo; la pica ha de mantenerse siempre vertical.	
	Musculatura posterior de la cadera, columna vertebral (hacia adelante)		
	Cierra los ojos. ¿A qué altura estás ahora..., ahora...?		

5.5.   Estiramientos/picas

N.°	Nombre del juego / Objetivos/particularidades	Concepto/descripción	Observaciones/organización
736	*Remar en medio de la tormenta*	Por parejas sentados, uno enfrente del otro, con las piernas separadas, empujando pies contra pies, la pica agarrada horizontalmente por delante: Flexiones alternadas del tronco hacia delante y atrás y lateralmente hacia lados opuestos.	
Cont.	Musculatura posterior del muslo, columna vertebral (hacia delante/un lado)		
Comp.	Uno amarga el juego		
737	*Empapelar el techo*	Por parejas, con dos picas levantadas por encima de la cabeza, dándose la espalda: Rotación del tronco hacia dr. e izq. (Las picas han de describir un círculo horizontal por encima de la cabeza, lo más amplio posible.)	
Cont.	Columna vertebral (rotación), fuerza del tronco		
Comp.	**A** frena, **B** estira en dirección contraria		
738	*Tumbona*	Sentado con las piernas estiradas, espalda contra espalda, pica levantada horizontalmente por encima de la cabeza: flexiones alternas del tronco hacia delante subiendo al compañero hasta una hiperextensión. — Igual, pero con ligeros rebotes. — Igual, pero la flexión hacia delante, contra la resistencia del compañero.	
Cont.	Musculatura pectoral, abdominal y posterior del muslo		
Comp.	Tensar, distender		
739	*Vals con pica*	Por parejas, uno enfrente del otro, picas cogidas horizontalmente en los extremos: Impulsión de la pica hacia la dr. y la izq. por encima de la cabeza con un «giro de vals» girando el cuerpo por debajo en dirección opuesta con tres pasos (de vals) (uno gira hacia la izq., el otro hacia la dr.). — También con música de vals.	
Cont.	Musculatura de la cintura escapular, columna vertebral (rotación)		
Comp.	Cooperación		
740	*Revuelcos*	Tumbado sobre el vientre, pica por encima de la cabeza con agarre ancho: Mover el brazo hacia atrás, llevando la pica hasta los glúteos, luego volver al principio. ¡Lentamente! ¡Cogida lo más estrecho posible! También de pie para mejorar la flexibilidad de la cintura escapular.	
Cont.	Pectorales y musculatura anterior del brazo		
Comp.	Prueba de flexibilidad		

5.6. ESTIRAMIENTOS/CINTAS

5.6. Estiramientos/cintas			
N.°	Nombre del juego / Objetivos/ particularidades	Concepto/descripción	Observaciones/organización
741	*Bajar por delante-Subir por detrás*	Posición de base, cinta cogida por encima de la cabeza: Bajar el tronco y pasar la cinta por debajo de los pies (con las piernas estiradas), elevando primero los dedos y luego los talones. Después pasar la cinta por detrás de la espalda y cabeza para levantarla de nuevo por encima de la cabeza.	
Cont.	Musculatura posterior del muslo, columna vertebral (hacia adelante)		
Comp.	¿Quién lo consigue con las piernas estiradas?		
742	*Dar vueltas al molinillo de pimienta*	Sentado con las piernas estiradas, tomando contacto por las plantas de los pies, cinta cogida con una mano por delante, la otra se apoya lateralmente en el suelo al lado del cuerpo: inclinar el tronco hacia delante y atrás. — Igual, con las piernas separadas, cinta cogida con ambas manos: Girar con las manos un «molinillo gigante de pimienta», es decir, describiendo un círculo grande con el tronco.	
Cont.	Musculatura interna de cadera y posterior del muslo, columna vertebral		
Comp.	Lentamente y en conjunto		
743	*¿Hasta dónde llegas?*	Aguantar la cinta por detrás de la espalda, con los brazos estirados. Bajar el tronco hasta la horizontal, moviendo los brazos al máximo hacia delante y arriba. ¿Hasta dónde se llega?	
Cont.	Musculatura pectoral, musculatura anterior del brazo		
Comp.	Prueba tu flexibilidad		
744	*¿Quién sabe hacer esto?*	Engancha la cinta con ambos pies. Ahora intenta estirar totalmente las piernas. ¿Quién lo puede hacer sin bajar los pies al suelo?	
Cont.	Musculatura posterior del muslo, columna vertebral (hacia delante)		
Comp.	¡Busca tu equilibrio!		

5.7. ESTIRAMIENTOS/BANCO SUECO

5.7. Estiramientos/banco sueco

N.°	Nombre del juego / Objetivos/ particularidades	Concepto/descripción	Observaciones/organización
745	*Banco-barco de remo*	Dos bancos paralelos a 1 m de distancia, los practicantes sentados por parejas, uno enfrente del otro, cogiéndose de las manos a la altura de los hombros, las piernas apoyadas en la parte inferior del banco opuesto: Inclinar de forma alterna el tronco hacia delante y atrás. Las piernas se mantienen lo más estiradas posible.	
Cont.	Musculatura posterior del muslo, columna vertebral (hacia delante)		
Comp.	Encuentro		
746	*Prueba de flexibilidad*	Posición agrupada encima del banco, cogido del borde: Subir la cadera hasta que las piernas estén estiradas, sin soltar las manos. — Igual, pero levantando durante el ejercicio una pierna hacia atrás hasta la horizontal.	
Cont.	Musculatura posterior del muslo, columna vertebral (hacia delante)		
Comp.	¿Cómo lo dominas tú?		
747	*Genuflexión*	Paso largo con una pierna sobre el banco sueco, tronco recto: Adelantar ligeramente la cadera y aguantar durante unos segundos el efecto del estiramiento. Cambio de pierna.	
Cont.	Musculatura anterior de la cadera		
Comp.	¡Mantener el tronco recto!		
748	*Inclinación profunda*	De rodillas delante del banco, manos apoyadas sobre el banco, dejando caer la cabeza: Empujar con hombros y pecho en dirección hacia el suelo.	
Cont.	Musculatura pectoral, columna vertebral (hacia delante)		
Comp.	Hundir los hombros		
749	*Empujar el banco*	Intenta empujar la pierna estirada al máximo hacia delante. El mismo ejercicio, pero lateralmente (en dirección al spagat).	
Cont.	Musculatura anterior de la cadera		
Comp.	Flexibilidad		

5.8. Estiramientos/espalderas

N.°	Nombre del juego / Objetivos/particularidades	Concepto/descripción	Observaciones/organización
750	*Cada vez más cerca*	De pie sobre el tercer barrote, manos cogidas a la altura del pecho. Rebotar con el tronco en dirección hacia el suelo, doblando la cadera, y bajar con las manos cada vez más hacia los pies. En cada barrote nuevos rebotes. Con piernas separadas o juntas.	
Cont.	Musculatura interna de la cadera, columna vertebral (hacia delante)		
Comp.	¿Hasta dónde puedes bajar?		
751	*Ejercicio de ballet*	De costado dr. delante de las espalderas, apoyando la pierna dr. en la espaldera a la altura de la cadera, brazos estirados hacia arriba: Flexión del tronco dr. y lateral hacia la pierna apoyada —subir— flexión profunda del tronco hacia delante, tocando con las manos al suelo por delante del pie de apoyo.	
Cont.	Musculatura interna de la cadera y musculatura lateral del tronco		
Comp.	Lentamente como un bailarín de ballet		
752	*Paso atrás*	De pie sobre el quinto barrote, agarre dorsal a la altura de la cadera: Estirar la pierna izq. hacia atrás y apoyarla lo más lejos posible de la espaldera en el suelo, la pierna dr. se mantiene extendida. El tronco permanecerá lo más recto posible.	
Cont.	Musculatura posterior del muslo		
Comp.	¿Hasta qué barrote llegas?		
753	*Cuanto más alto, más difícil*	De pie sobre el séptimo hasta el décimo barrote, agarre dorsal a la altura de la pelvis: Estirar la pierna izq. hacia atrás, flexionando a su vez la rodilla dr.; intentar tocar el suelo con la punta del pie izq., permanecer algunos segundos y volver a la posición inicial. Cambio de pierna.	
Cont.	Musculatura anterior de la cadera		
Comp.	¡Compara tu flexibilidad con los demás!		
754	*Pared de escalar-salvamento*	**B** colgado de espaldas de la espaldera; **A** sube por detrás de su espalda y empuja con su espalda redonda contra la espalda de **B**. **B** se deja empujar y estirar pasivamente hacia delante.	
Cont.	Musculatura pectoral, musculatura anterior de la cadera		
Comp.	Cooperación		

5.8. Estiramientos/espalderas

N.°	Nombre del juego / Objetivos/particularidades	Concepto/descripción	Observaciones/organización
755	¿Puedes subir?	Sentado de espaldas contra la espaldera, piernas ligeramente dobladas, los brazos cogen un barrote por encima de la cabeza: Empujar la cadera hacia delante y arriba para levantarse a la posición de arqueo. Variante: Igual, pero con un golpe de cadera.	
Cont.	Pecho y musculatura anterior de la cadera		
Comp.	¡Con la cadera por delante!		
756	Arqueo de la espalda hacia atrás-delante	Sentado de espaldas contra la espaldera, brazos cogidos por encima de la cabeza: Empujar tronco y pecho hacia delante (apartándolo de la espaldera) y mantener esta posición durante 10 a 15 segundos. — También alternando con empujar la parte superior de la columna vertebral fuertemente hacia atrás (espalda arqueada) contra la espaldera. — Inspirar al empujar hacia delante, espirar hacia atrás.	
Cont.	Musculatura pectoral, columna vertebral		
Comp.	Sacar el pecho Hundir el pecho		
757	Dejar caer la cabeza	Tumbado de vientre hacia el suelo, por delante de la espaldera, elevar el tronco y cogerse en el tercer o cuarto barrote. Luego dejarse colgar pasivamente de los brazos (cabeza caída, pecho hacia el suelo).	
Cont.	Musculatura pectoral, musculatura abdominal		
Comp.	Cerrar los ojos, dejarse estirar pasivamente		
758	¿La espaldera lo aguanta?	De costado hacia la espaldera, tocando con el lado dr., la mano dr. agarra un barrote a la altura de la cadera, la mano izq. se coge por encima de la cabeza con agarre dorsal: Flexión del tronco dr. lateral, alejando el tronco de la espaldera, los pies fijos en su sitio. Cambio de lado.	
Cont.	Musculatura lateral del tronco		
Comp.	Lentamente		
759	Manos altas-pecho bajo	De rodillas con el tronco angulado con agarre dorsal a la altura de los hombros: dejar caer cabeza y pecho en dirección hacia el suelo. — Igual, de pie con las piernas separadas y tronco inclinado hacia delante. — En esta última posición, bajar de barrote en barrote.	
Cont.	Musculatura pectoral		
Comp.	¿Notas la tensión?		

5.9.   Estiramientos/aparatos

N.°	Nombre del juego / Objetivos/particularidades	Concepto/descripción	Observaciones/organización
760	*En el borde*	De espaldas sobre un plinto (o parecido), glúteos al borde del plinto: Acercar una pierna hacia el pecho y dejar caer la otra de forma relajada. ¿Hasta dónde cuelga la pierna?	
Cont.	Musculatura anterior y posterior de la cadera		
Comp.	Sobre todo va bien para corredores		
761	*Esta vez: ¡sacar la barriga!*	De pie delante del plinto (o parecido). Elevar una pierna hacia atrás, apoyando el empeine sobre el plinto: Empujar la cadera hacia adelante. Intenta realizar también una ligera flexión de la pierna de apoyo.	
Cont.	Musculatura anterior de muslo y cadera		
Comp.	¿Tus flexores de la cadera son más cortos?		
762	*Vals con cajón*	**A** y **B** sostienen un elemento del plinto (o parecido) y lo balancean lateralmente hacia la derecha y la izquierda por encima de sus cabezas, describiendo un círculo grande. Los dos han de efectuar para ello giros en direcciones opuestas por debajo del cajón (giro del vals).	
Cont.	Musculatura anterior del muslo y musculatura pectoral		
Comp.	Diversión a dúo		
763	*Lomo enarcado*	Inclínate hacia adelante y cógete de los talones (desde el interior). Ahora intenta aumentar esta posición de lomo enarcado con tracción de los brazos. Manténte durante más tiempo en esta posición y procura notar que cada vez llegas un poco más hacia abajo.	
Cont.	Columna vertebral hacia adelante, musculatura de cadera		
Comp.	Aprender a percibir la tensión del estiramiento		
764	*Spagat en la pared*	¿Quién llega más bajo? Glúteos lo más cerca de la pared posible: Intenta empujar ambos pies por la pared hacia abajo. Permanece el mayor tiempo posible en esta posición. Los alumnos se miden mutuamente: marcas en la pared (con tiza).	
Cont.	Musculatura interna de la cadera		
Comp.	Comparación con otros alumnos		

Programa básico del stretching

10 ejercicios para los grupos musculares más importantes

Según Spring, H., 1986.

¿Cómo estirar?

- Adopte la posición de estiramiento representada.
- Cambie *lentamente* la posición en dirección hacia las flechas, el estiramiento resultará mayor de esta forma.
- Evite movimientos bruscos *(evitar rebotes).*
- Es normal que note una ligera tensión en el músculo por estirar.
- Mantenga esta posición durante 15-30 segundos.
- Respire regular y tranquilamente, intente relajarse.

1. *Musculatura posterior de la pierna*

⤶ Empujar con el talón sobre el suelo
↘ Al mismo tiempo, inclinar el cuerpo hacia adelante

2. *Musculatura anterior del muslo*

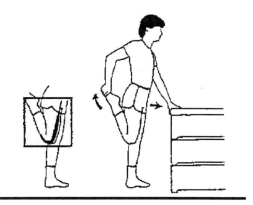

↖ Acercar el pie hacia los glúteos
→ Empujar la pelvis hacia adelante

3. *Musculatura posterior del muslo*

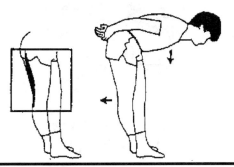

← Estirar la rodilla
↓ Inclinar el tronco hacia delante

4. *Musculatura anterior de la cadera*

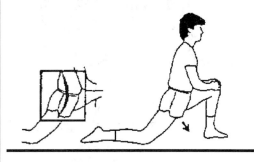

↘ Empujar la cadera hacia delante y abajo

5. *Musculatura posterior de la cadera*

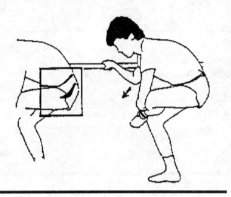

↙   Inclinar el tronco hacia delante

6. *Musculatura interna de la cadera*

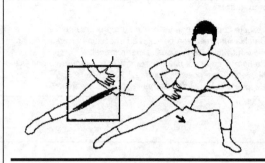

↘   Empujar la pelvis en diagonal hacia abajo

7. *Musculatura de la espalda*

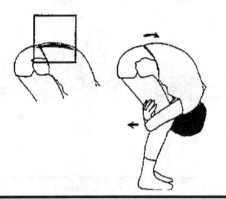

→   Extender la rodilla

8. *Musculatura lateral del tronco*

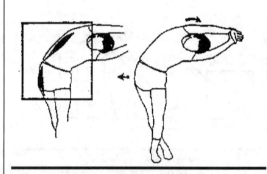

←   Empujar la cadera lateralmente

9. *Musculatura pectoral*

↓   Paso hacia adelante con la pierna del mismo lado
↙   Desplazar el hombro hacia adelante

10. *Musculatura de la cintura escapular*

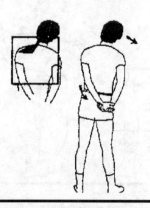

↘   Inclinar la cabeza hacia el lado opuesto
↙   Estirar el brazo hacia abajo

6

Coordinación

¡No existe práctica sin teoría! ¡No existe teoría sin práctica!

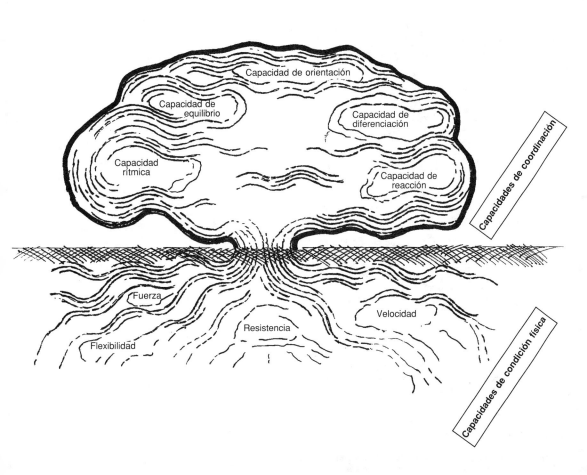

Interdependencia entre las capacidades de condición física y de coordinación. Sin una condición física suficiente, las capacidades de coordinación no se podrán fomentar de manera óptima. Los dos van juntos, ¡luego también en el entrenamiento!

¡A partir de ahora sólo vamos a coordinar!

Parecemos haber llegado a los límites del ámbito de la mejora de capacidades de condición física. La optimización de las capacidades de coordinación apenas tuvo importancia durante mucho (demasiado) tiempo. Este hecho se empezó a corregir en los últimos tiempos. El peligro de tal tendencia radica en que se crea la impresión de que desde ahora sólo se haya de coordinar. Pero esto resulta igualmente cuestionable para el entrenamiento unilateral de la condición física, que acabamos de criticar.

¡Entrenamiento (mal interpretado) de la capacidad de equilibrio para el jugador de tenis!

En este capítulo nos centraremos en la práctica y mejora de las capacidades de coordinación. En este contexto no es lógico querer entrenar de forma totalmente aislada capacidades coordinativas concretas. Hemos intentado establecer determinados acentos (véase el contenido).
A continuación vamos a definir cada una de las capacidades de coordinación (según Mühlethaler, 1987):

Capacidad de orientación

Esta capacidad permite orientarse en multitud de posiciones y movimientos (tiempo, propio cuerpo, adversarios, compañeros, pelota, campo de juego). Contiene la capacidad de anticipación.

Capacidad de diferenciación

Permite controlar (diferenciar) los aspectos más importantes de las informaciones sensoriales y dosificar de forma adecuada la propia respuesta motriz.

Capacidad de equilibrio

De esta capacidad depende el poder mantener el equilibrio o recuperarlo rápidamente después de cambios de posición.

Capacidad rítmica

Se refiere a la capacidad de dar un ritmo a un movimiento o de asimilar un ritmo preestablecido.

Capacidad de reacción

Asimilar rápidamente las informaciones más importantes cara a una respuesta motriz adecuada.

En los siguientes juegos y ejercicios se emplean estos conceptos en el apartado «contenido». Se trata entonces de acentos, ya que las diferentes capacidades de coordinación no se pueden separar claramente una de otra. Forman en conjunto una red donde también entran las capacidades de condición física (requisitos).

6.1. COORDINACION/SIN MATERIAL

6.1. Coordinación/sin material

N.º	Nombre del juego / Objetivos/ particularidades	Concepto/descripción	Observaciones/organización
765	*Pisar los pies*	Por parejas: Los dos intentan pisar los pies del otro, a través de saltos y esquivas hábiles. Variante: — ¿Quién puede tocar las piernas del otro? — ¿Quién puede tocar los gemelos del otro? (Cuidado de no chocar con las cabezas.)	
Cont.	Capacidad de reacción		
Comp.	Encuentro Juego limpio		
766	*Rueda con compañero*	**A** tumbado sobre su vientre, **B** realiza una rueda por encima de **A**. Continuar alternando. Existen las siguientes variantes: — Un brazo por el lado dr., el otro por el lado izq. del compañero. — Ambas manos tocan el suelo por detrás de **A** (pasar al otro lado). — Igual, pero con **A** en posición de banco, **B** se apoya por detrás de los pies de **A**. — Igual, pero **A** agachado. ¿Así también funciona?	posición de banco posición de agachado
Cont.	Capacidad de diferenciación		
Comp.	Confianza		
767	*Compás de dos por tres*	Mientras los pies realizan un movimiento de dos compases (por ejemplo, el títere o saltos alternos), los brazos realizan a su vez un movimiento de tres compases (por ejemplo, delante-lateral-arriba). — Varias combinaciones más entre saltos, movimientos de los brazos, por ejemplo, giros de brazos, etc. — ¿Quién puede hacer lo siguiente: Brazos como un títere, piernas con saltos alternos hacia delante y atrás, o viceversa? ¿Quién encuentra posibilidades de combinación propias?	
Cont.	Capacidad rítmica		
Comp.	Buen ejercicio de concentración		
768	*Círculos de brazos*	¿Quién puede realizar giros con el brazo derecho a doble velocidad que con el izquierdo? ¿Quién puede, además, andar, correr o incluso saltar (de diferentes formas)?	
Cont.	Capacidad de diferenciación		
Comp.	Concentración		
769	*¿Quién me muerde en todos los sitios?*	De pie: Brazos estirados lateralmente (o angulados): ¿Quién puede girar su cadera hacia la derecha (o la izquierda) y girar, a su vez, los hombros hacia delante o atrás? ¿Quién lo consigue con diferentes velocidades?	
Cont.	Capacidad de diferenciación		
Comp.	Dominio corporal		
770	*No es fácil*	De pie con las piernas separadas, brazos caídos: El brazo izquierdo sube lateralmente hasta la horizontal, luego hacia delante y después baja a la posición inicial. El brazo derecho realiza el mismo recorrido, pero en el triple del tiempo. ¿Quién lo consigue? ¿También con velocidades diferentes? Recomendación: observarse mutuamente.	posición inicial
Cont.	Capacidad de diferenciación		
Comp.	Aprendizaje mutuo		

6.1. Coordinación/sin material

N.º	Nombre del juego / Objetivos/ particularidades	Concepto/descripción	Observaciones/organización
771	*Siempre en sentido contrario*	De pie, con las piernas separadas, brazos bajados: 1. Subir el brazo derecho lateralmente hasta por encima de la cabeza, subir el brazo izquierdo por delante hasta por encima de la cabeza. 2. Bajar el brazo derecho lateralmente, bajar el brazo izquierdo por delante. ¿Quién puede, además, correr, dar saltitos, saltar?	
Cont.	Capacidad de diferenciación		
Comp.	Concentración		
772	*Una cosa tras otra*	De pie, con las piernas separadas, brazos bajados: 1. Subir los brazos lateralmente hasta por encima de la cabeza. 2. Bajar el brazo izquierdo. 3. Subir el brazo izquierdo, bajar el derecho. 4. Bajar el brazo izquierdo hasta la posición inicial. ¡Comenzar de nuevo!	
Cont.	Capacidad de orientación		
Comp.	Concentración		
773	*Una vez por la izquierda... una vez por la derecha...*	De pie, con las piernas separadas, brazos bajados: 1. Giros externos con el brazo izquierdo (estirado), giro con el antebrazo derecho (brazo doblado). 2. Igual, pero en sentido opuesto. Cambio sin interrupción.	
Cont.	Capacidad de orientación		
Comp.	Concentración		
774	*Baile bávaro*	Saltando en el mismo sitio: 1. Mano derecha hacia pie izquierdo por delante. 2. Mano izquierda hacia pie derecho por delante. 3. Mano derecha hacia pie izquierdo por atrás. 4. Mano izquierda hacia pie derecho por atrás. Incrementar la velocidad, con música adecuada, desde luego.	
Cont.	Capacidad de diferenciación		
Comp.	Diversión		

5.2. COORDINACION/BALONES

6.2.1. Coordinación/balones (driblar)

N.°	Nombre del juego / Objetivos/ particularidades	Concepto/descripción	Observaciones/organización
775	*Pillar la pelota*	Unas 10 pelotas medicinales se reparten por la pista. La clase bota alrededor del círculo central (o libremente por la pista). Al sonar el silbato, cada uno intenta coger una pelota medicinal (botando su pelota, o realizando otras tareas con ella). El que no consigue ninguna, realizará un ejercicio antes de poder seguir jugando. Variante: Con una segunda señal (dos silbidos): otra tarea adicional.	
Cont.	Capacidad de orientación		
Comp.	Tener consideración con los compañeros		
776	*¡Esta es nuestra pelota!*	**A** al lado de **B**, cogidos de la mano. **B** bota una pelota con su mano libre. **C** en frente de **A** y **B**, intenta quitar a **B** la pelota, cumpliendo las reglas (reglas de juego previamente acordadas). **A** intenta impedirlo con su cuerpo (sin utilizar las manos). Variante: — **C** también bota una pelota. — Todos botan una pelota	
Cont.	Capacidad de orientación		
Comp.	Visión periférica Cooperación		
777	*Aros que se van a morir*	Cada uno tiene una pelota y un aro de gimnasia. A la señal, todos los aros se ponen a girar y el grupo va driblando libremente por la pista. Han de procurar volver a poner en marcha todos los aros que «van a morir», de forma que todos los aros estén siempre en movimiento. El mismo concepto de juego, pero los aros se han de tocar con la pelota (botes cortos sobre los aros que se mueven cerca del suelo).	
Cont.	Capacidad de orientación		
Comp.	Concentración Visión periférica		
778	*Todos miran hacia el aro*	Un aro por cada pareja o trío: El aro se pone en rotación y todo el grupo da vueltas alrededor del mismo con balones (botando, conduciendo con el pie, balanceándolo, etc.). Todos han de mantener el aro en movimiento. Más difícil: — Intentar a la vez mantener un globo en el aire. — El sentido de giro de la peonza indica el sentido de correr. — El sentido de giro de la peonza indica la mano que bota: mano izquierda o derecha.	
Cont.	Capacidad de diferenciación		
Comp.	Visión periférica Concentración		
779	*Artista con la pelota*	Cada uno con una pelota de balonmano y otra de tenis: Botar la pelota con una mano y con la otra, lanzar a la vez la pelota de tenis al aire y volver a recibirla. Continuamente. ¿Quién lo consigue en movimiento (hacia adelante, atrás, los lados, etc.)?	
Cont.	Capacidad de orientación		
Comp.	Visión periférica Concentración		

6.2.1. Coordinación/balones (driblar)

N.º	Nombre del juego / Objetivos/ particularidades	Concepto/descripción	Observaciones/organización
780	*Combinación de líneas*	Una pelota (de tenis) sólo puede botarse (o rodar) a lo largo de las líneas. Realización de diferentes tareas, como por ejemplo:	
Cont.	Capacidad de diferenciación	— La pelota ha de tocar la línea. — El pie izquierdo o derecho está siempre en contacto con la línea.	
Comp.	Concentración	— Los diferentes colores o formas de líneas implican diferentes formas de desplazamiento o de bote. — ¿Quién lo consigue con dos pelotas a la vez?	
781	*Policía de tráfico*	La clase (grupo) se coloca en líneas desplazadas entre sí en frente del policía de tráfico y bota una pelota. El policía indica con sus brazos la dirección hacia donde se ha de botar.	
Cont.	Capacidad de reacción	— Cambios rápidos/lentos entre derecha, izquierda, delante, atrás, diagonal.	
Comp.	Visión periférica Atención	— Al revés: indicar hacia la derecha significa que se ha de ir hacia la izquierda y viceversa. Combinar también con señales acústicas.	
782	*En el bosque de los palos*	Se distribuyen muchos banderines con distancias irregulares por la pista, simbolizando un bosque. Diferentes tareas, por ejemplo:	
Cont.	Capacidad de orientación	— Dribling libre dentro del bosque de palos, sin choques ni caídas de los banderines.	
Comp.	Tener consideración de los compañeros.	— Igual, pero se ha de tocar cada banderín en su base con la mano libre al pasar. Cambios de mano constantes izquierda/derecha.	
783	*Botes por dos*	Por parejas, uno enfrente del otro, lo más cerca posible, cada uno con dos pelotas:	
Cont.	Capacidad rítmica	Los dos botan las dos pelotas a la vez con el mismo ritmo. A la señal, cambian de sitio y siguen con las pelotas del compañero sin interrupción.	
Comp.	¡Alegría!, que esto es «apto para el circo»	También se consigue con cambiar sólo una pelota con el compañero (desplazamiento de 90° y no de 180° como antes).	
784	*Botar cambiando*	**A** enfrente de **B** con una pelota cada uno:	
Cont.	Capacidad de orientación	Ambos botan su pelota al mismo ritmo. **A** pasa entonces su pelota a **B** y éste bota (sin interrupción) las dos pelotas. **A** recibe después las dos pelotas, una tras otra. ¿También sale si se intenta botar con brazos cruzados? ¿Quién encuentra	
Comp.	Alegría de conseguir algo entre los dos	(y domina) formas aún más difíciles?	

6.2.1. Coordinación/balones (driblar)

N.°	Nombre del juego / Objetivos/ particularidades	Concepto/descripción	Observaciones/organización
785 Cont. Comp.	*Velocidad 1* *Velocidad 2* — Capacidad rítmica — Despertar la diversión en las combinaciones	¿Quién sabe botar dos pelotas de la siguiente forma: Con la mano izquierda el doble de rápido que con la derecha y además desplazándose? — ¿Quién puede botar al compás de un vals? (mano derecha, metro, mano izquierda, compás, es decir: derecha, compás de tres, izquierda, compás de uno). — ¿Quién encuentra posibilidades de combinación propias?	
786 Cont. Comp.	*Botar con el pie* — Capacidad de diferenciación — ¿Hay algún talento de fútbol?	¿Quién es capaz de botar la pelota con el pie (planta del pie)? ¿Quién puede hacer botar una pelota puesta en el suelo, mediante toques con el pie (o con la mano)?	
787 Cont. Comp.	*Adaptar ritmos de botes* — Capacidad rítmica — Cooperación	Por parejas con una pelota: **A** bota la pelota con un ritmo (por ejemplo, 4 veces corto, 2 veces largo). **B** recibe la pelota sin interrumpir el ritmo preestablecido. ¡Encontrad otros ritmos y cadencias! ¿También sale bien entre cuatro con dos pelotas? ¿A lo mejor incluso desplazándose?	
788 Cont. Comp.	*¡Escucha bien!* — Capacidad rítmica — Diversión a dúo	Por parejas con dos pelotas: **A** bota dos pelotas a la vez siguiendo un ritmo de 8 tiempos. **B** coge ambas pelotas e intenta repetir el ritmo de **A**. Si lo consigue, establece una nueva combinación rítmica y entonces será **A** quien realizará esta tarea (difícil) de imitar. ¿Saldrá incluso de forma seguida?	
789 Cont. Comp.	*Arriba y abajo...* *Tú y la pelota* — Capacidad de diferenciación — Concentración	¿Quién es capaz de botar una pelota y mientras, sentarse, estirarse y volver de pie sin perder la pelota? ¿Quién es el primero en volver a estar de pie? ¿Quién necesita menos contactos pelota-suelo? Por cada bote de la pelota se ha de intentar adoptar una posición nueva, por ejemplo: de pie - de rodillas - sentado - estirado - sentado - de rodillas, etc.	
790 Cont. Comp.	*A través del aro* — Capacidad de diferenciación — Comprobar, vivir las propias limitaciones	Para cada participante hay un aro en algún sitio de la pista. Todos botan (driblan) libremente por la pista e intentan pasar por medio de los aros sin que su pelota se «muera». Variante: La pelota no ha de pasar el aro, es decir, botar, por ejemplo, la pelota una vez fuertemente delante del aro —pasar el aro— seguir botando. O bien: La pelota ha de pasar el aro.	

6.2.1.   Coordinación/balones (driblar)

N.º	Nombre del juego / Objetivos/ particularidades	Concepto/descripción	Observaciones/organización
791	*Lucha con aro*	**A** y **B** se colocan cada uno con la pierna interna dentro de un aro, cogiéndose de las manos internas. Con la mano externa botan una pelota. ¿Quién puede obligar al otro a levantar un pie sin perder el propio contacto con el suelo? Variante: En cuanto **A** o **B** salgan con un pie del aro, los dos corren hacia una canasta. ¿Quién encesta primero?	
Cont.	Capacidad de equilibrio y de reacción		
Comp.	Cumplir las (propias) reglas de juego		
792	*Botar a ciegas*	Sentado con las piernas separadas o en posición de pase de vallas, de pie, etc.: ¿Quién puede botar la pelota con los ojos cerrados desde esta posición, sin perderla? ¿Quién puede —botando a ciegas— cambiar de una a otra posición del cuerpo? ¿También es factible que todos vayan botando a ciegas por la pista sin chocar?	
Cont.	Capacidad de diferenciación		
Comp.	Concentración Confianza		Ciego
793	*Botar con director*	Los jugadores se colocan en círculo. Cada uno tiene una pelota. Uno de ellos está en el centro del círculo. Los jugadores periféricos determinan de forma secreta a un director que constantemente mostrará nuevas formas, ritmos, etc., de botar. Estos estilos nuevos serán adoptados rápidamente por los demás jugadores, pero sin revelar la fuente de estos ejercicios nuevos. ¿El jugador del centro encontrará al director? En caso afirmativo, ¡cambio!	
Cont.	Capacidad de diferenciación		
Comp.	Visión periférica Concentración		
794	*Botar en cadena*	Cuatro jugadores en línea: **A**, **B** y **C** tienen dos pelotas cada uno, **D** no tiene ninguna. A la señal, **A**, **B** y **C** botan sus pelotas con el mismo ritmo por 4 (8) veces, pasan un lugar más hacia la izquierda (derecha) y cogen las pelotas de su vecino. El ritmo se ha de mantener. El extremo corre alrededor de la cadena y se coloca en el otro extremo. ¿Posibilidad de cadenas más largas?	
Cont.	Capacidad rítmica		
Comp.	Conjuntamente		
795	*Botar en un cuadrado*	**A** enfrente de **B**. **A** tiene dos pelotas rojas, **B** dos blancas. Los dos botan sus dos pelotas con el mismo ritmo por 4 veces y pasan después una pelota más hacia la derecha (o izquierda). De esta forma, ambos botan entonces dos pelotas de distintos colores, antes de avanzar un lugar más. ¿Cuántas veces lo consiguen antes de perder ninguna pelota?	
Cont.	Capacidad de orientación		
Comp.	Vivir el deporte conjutamente		
796	*Dando la vuelta*	¿Quién es capaz de botar la pelota con la mano derecha hacia la izquierda, recibirla con la izquierda y pasarla por detrás de la espalda con impulso hacia la derecha? En sentido inverso. También en forma de competición.	
Cont.	Capacidad de orientación		
Comp.	Juego limpio, también con uno mismo		

6.2.1. Coordinación/balones (driblar)

N.º	Nombre del juego / Objetivos/ particularidades	Concepto/descripción	Observaciones/organización
797	Pelota entre los pies	Caminar con pasos grandes y botar a la vez la pelota. Ahora intenta driblar entre las piernas durante el caminar. Variante: Primer paso: botar con la derecha, segundo paso: botar entre las piernas hacia la izquierda, tercer paso: botar con la izquierda, etc.	
Cont.	Práctica del dominio con ambas manos		
Comp.	Divertirse con las formas de habilidad		
798	Recorrido con pelota	La pista llena de los más variados aparatos. Ahora se ha de intentar trepar, subir, etc., por encima, debajo del mayor número de aparatos, botando constantemente la pelota. ¿Quién no pierde la pelota (casi) nunca?	
Cont.	Capacidad de equilibrio, etc.		
Comp.	Pelota y jugador: una «unidad»		
799	Botes de cuclillas	Posición de cuclillas, pelota cogida delante del cuerpo con ambas manos. Intenta botar la pelota con ambas manos hacia atrás por en medio de las piernas y recibirla detrás del cuerpo con ambas manos. Ahora se ha de botar la pelota hacia delante. De forma continuada, también en forma de competición. ¿Quién bota primero la pelota 10 veces, pero sin fallo?	
Cont.	Capacidad de orientación		
Comp.	Concentración		

6.2.2. Coordinación/balones (lanzar, pasar, recibir)

N.º	Nombre del juego / Objetivos/ particularidades	Concepto/descripción	Observaciones/organización
800	Rodar la pelota en círculo	De 3 a 6 jugadores forman un círculo. Otro jugador se encuentra caminando a cuatro patas en el centro del círculo. Los jugadores periféricos se pasan una pelota rodando por el centro con manos o pies, intentando tocar al jugador del centro. Este lo esquiva hábilmente saltando hacia arriba. Los jugadores pueden estar sobre la línea del círculo o desplazarse.	
Cont.	Capacidad de reacción		
Comp.	Diversión en grupo		
801	Pases de pelota con el pie	Por parejas con una pelota: Enganchar la pelota entre los pies y pasarla de diferentes formas al compañero. También desde cuclillas: Subir a la vertical de manos y lanzar la pelota por encima de la cabeza aprovechando el impulso. El compañero intenta recibir la pelota con técnicas correctas de fútbol.	
Cont.	Capacidad de orientación		
Comp.	¿Quién es el mejor acróbata?		

6.2.2.   Coordinación/balones (lanzar, pasar, recibir)

N.º	Nombre del juego / Objetivos/particularidades	Concepto/descripción	Observaciones/organización
802	*Saque de banda hacia atrás*	Dos jugadores enfrentados con una pelota. **A** se inclina mucho hacia atrás (pelota por encima de la cabeza) e intenta botar la pelota entre sus propias piernas hacia el compañero. **B** recibe la pelota de cualquier forma (siguiendo las reglas del fútbol) e intenta luego por su parte el «saque de banda hacia atrás».	
Cont.	Capacidad de diferenciación		
Comp.	¿Quién lo hace mejor?		
803	*Lanzamiento y recepción dobles*	**A** enfrente de **B** a unos 5-10 m de distancia: **A** sostiene ambas pelotas y rueda, bota o lanza las dos pelotas a la vez (o al principio, una justo después de la otra) hacia **B**. **B** intenta recibir ambas pelotas y devolverlas de la misma forma hacia **A**.	
Cont.	Capacidad de reacción		
Comp.	Encontrar conjuntamente la solución buena		
804	*Fútbol con la mano*	**A** enfrente de **B**, cada uno con una pelota: La pelota 1 se pasa de banda a banda con el pie, mientras que la pelota 2 se lanza. ¡Buscad otras formas de pases de banda a banda!	
Cont.	Capacidad de orientación		
Comp.	Concentración		
805	*Desde detrás*	Cada uno con una pelota: De pie con las piernas separadas, pelota bajada. Ahora se lanza la pelota pasando entre las piernas, por detrás de espalda y cabeza hacia delante y se recibe (si es posible) sin que caiga al suelo. ¿Quién puede realizar todavía medio giro antes de recibir la pelota? ¿Quién puede recibir la pelota con el pie?	
Cont.	Capacidad de orientación		
Comp.	Comprobar, vivir las propias limitaciones		
806	*¿Sabes recibir?*	Por parejas: **A** sentado con las piernas estiradas, con la mirada al frente. **B** detrás de él, aguantando la pelota hacia adelante. De repente suelta la pelota y **A** intenta recibirla en cuanto la vea. Variante: — **A** cierra los ojos y no los abre hasta una señal de **B**. — Diferentes posiciones de brazos por parte de **A**.	
Cont.	Capacidad de reacción		
Comp.	Competición distendida entre dos		
807	*Gírate*	Por parejas: **A** de espaldas hacia **B**, mirando hacia la pared. **B** lanza una pelota hacia **A** y dice: «¡Ahora!» Entonces, **A** se puede girar. Intenta recibir todavía la pelota (o en caso de «emergencia», apartarla al menos). Variante: — Los pases serán cada vez menos exactos. — El pase es tan inexacto que sólo se puede salvar con una plancha de portero (colocar colchonetas).	
Cont.	Capacidad de orientación		
Comp.	Competición limpia entre dos		

6.2.2.   Coordinación/balones (lanzar, pasar, recibir)

N.°	Nombre del juego Objetivos/ particularidades	Concepto/descripción	Observaciones/organización
808	*Recepción de cu-clillas*	¿Quién puede lanzar una pelota hacia arriba y recibirla de cuclillas entre las piernas, pasando los brazos por fuera de los muslos para salir entre las piernas?	
Cont.	Capacidad de diferenciación		
Comp.	Comprobar, vivir las propias limitaciones		
809	*Persecución de espalda*	La misma idea de juego que antes, pero ahora se lanza la pelota y se adopta la posición de tumbado de espaldas para recibirla antes de que caiga al suelo. Lanza ahora la pelota cada vez más lejos (con valor). ¿Consigues recibir la pelota en una postura «imposible» cuando vuelve a bajar y antes de que toque el suelo?	
Cont.	Capacidad de orientación y de reacción		
Comp.	Desafiarse uno mismo		

6.2.3.   Coordinación/balones (malabarismos y otras habilidades)

N.°	Nombre del juego Objetivos/ particularidades	Concepto/descripción	Observaciones/organización
810	*Concurso de artistas*	¿Quién puede hacer malabarismos con 2 (3) pelotas a la vez? ¿Quién puede hacer malabarismos con 2 pelotas y una mano (lanzar una pelota tras otra al aire y volverlas a recibir, de forma continuada)? ¿Quién puede hacer malabarismos con 2 (3) pelotas contra una pared? Si no sale bien, puede empezarse rodando la pelota contra la pared. ¡Comienza lentamente en cruz!	
Cont.	Capacidad de orientación		
Comp.	Concentración Diversión		
811	*Artista con la pelota*	Brazos estirados lateralmente. Una pelota sobre cada mano. ¿Quién puede lanzar ambas pelotas a la vez hacia arriba y volver a cogerlas? ¿Quién puede lanzar ambas pelotas al aire y antes de recibirlas efectuar medio giro o un giro entero?	
Cont.	Capacidad de orientación		
Comp.	Animo de experimentar		

6.2.3.   Coordinación/balones (malabarismos y otras habilidades)

N.°	Nombre del juego / Objetivos/ particularidades	Concepto/descripción	Observaciones/organización
812	*Saltar y recibir la pelota*	Pelota sostenida alta delante del cuerpo: ¿Quién es capaz de tocar con los pies la pelota en el aire, realizando un salto con las piernas dobladas? ¿Quién es capaz de pasar la pelota de una mano a la otra por debajo de los muslos mientras está saltando al aire? ¿Quién es capaz de...?	
Cont.	Capacidad de diferenciación		
Comp.	Animo de experimentar		
813	*Recepción de la pelota al revés*	¿Quién es capaz de sostener la pelota por encima de la cabeza con el tronco arqueado hacia atrás, dejarla caer y volver a recibirla después de realizar medio giro? — Igual, pero recibiendo la pelota entre las piernas separadas. — Igual, pero recibiendo la pelota con una sola mano. — Igual, pero recibiendo la pelota con el pie.	
Cont.	Capacidad de orientación y de reacción		
Comp.	Probarlo		
814	*Escuela de balones*	¿Quién puede lanzar la pelota al aire y antes de recibirla: — dar diez palmadas, — girar los brazos dos veces hacia atrás, — dar una palmada en ambos pies, — realizar una voltereta hacia delante o hacia atrás, — sentarse y levantarse antes de recibirla? Etcétera.	
Cont.	Capacidad de orientación		
Comp.	Buscar uno mismo la mejor solución		«Escuela de balones»
815	*Recepción saltando y girando*	¿Quién puede lanzar su pelota al aire, saltar por encima de ella cuando bota (saltar con los pies juntos y separar las piernas en el salto) y recibir la pelota después de medio giro antes de que vuelva a tocar el suelo? Si no sale bien intenta primero saltar sólo con una pierna sobre la pelota.	
Cont.	Capacidad de orientación y de reacción		
Comp.	Buscar la mejor solución propia		
816	*Pelota que salta*	¿Quién puede botar la pelota tan alta que los rebotes le permitan pasar por debajo 2, 3 o incluso 4 veces? Variante: También por parejas: **A** lanza la pelota hacia **B**. **B** intenta pasar el mayor número de veces posible por debajo de la pelota que bota incluso tirándose al final en plancha. ¿Quién lo consigue más veces? ¿Qué grupo de dos consigue conjuntamente más repeticiones (1 intento por cada uno)?	
Cont.	Capacidad de orientación y de reacción		
Comp.	Despertar el interés por la experimentación		

6.2.3. Coordinación/balones (malabarismos y otras habilidades)

N.°	Nombre del juego / Objetivos/particularidades	Concepto/descripción	Observaciones/organización
817	*Pelota-pared-salto*	Lanza la pelota contra la pared de forma que al volver y botar en el suelo puedas saltar por encima.	
Cont.	Capacidad de orientación y de reacción	— Igual, pero después del salto realizar medio giro e intentar recibir la pelota antes de que vuelva a botar. — Igual, pero el compañero lanza la pelota contra la pared. — Igual, pero la pelota se ha de recibir estando sentado o	
Comp.	Experimentar conjuntamente	tumbado sobre la espalda.	
818	*Recepción con dificultades*	¿Quién puede dejar caer la pelota desde la altura de la cabeza y dar una palmada por debajo y otra por encima de la pelota recibiéndola antes de que llegue al suelo?	
Cont.	Capacidad de reacción	Igual que antes pero la pelota sólo se sostiene con una mano: dejar caer la pelota, realizar un giro entero y volver a coger la pelota. Inicialmente se puede lanzar la pelota lige-	
Comp.	Valor de arriesgarse	ramente hacia arriba, pero cada vez menos.	
819	*Balanceo de pelota*	Levantar los brazos lateralmente, con las palmas hacia arriba. Una mano sostiene una pelota. ¿Quién puede deslizar la pelota de una mano al hombro a lo largo del brazo y hacerla volver sin que se caiga al suelo?	
Cont.	Capacidad de diferenciación	¿Quién puede deslizar la pelota de una mano a la otra por encima del pecho? También es posible hacerlo por encima	
Comp.	¿Quién adivina la mejor forma?	de los hombros.	
820	*Rebotes*	¿Quién puede lanzar la pelota constantemente contra la pared, recibiéndola en el aire y volviendo a lanzar contra la pared antes de volver a tocar con los pies en el suelo?	
Cont.	Capacidad rítmica	— Trabajando en grupos de dos conjuntamente.	
Comp.	Intentar y comprobar en grupo	— Trabajando en grupos de dos como adversarios. — Trabajando en grupos. — Como una estación de un circuito de juegos o de acondicionamiento físico.	
821	*Saltar con la pelota entre las piernas*	De pie con las piernas separadas y la pelota sujetada por las rodillas o por los pies: saltos hacia delante, hacia un lado, hacia atrás. Variante:	
Cont.	Capacidad de equilibrio	— También por encima o alrededor de pequeños obstáculos como bancos suecos, etc. — También es posible con balones medicinales.	
Comp.	Encontrar/probar nuevas formas propias	— También como competición por parejas: ¿Quién es capaz de hacer que el compañero pierda su pelota, estirando de él o empujándole?	

6.2.3. Coordinación/balones (malabarismos y otras habilidades)

N.°	Nombre del juego / Objetivos/particularidades	Concepto/descripción	Observaciones/organización
822	*Adelantar la pelota*	Hacer rodar la pelota hacia adelante, correr detrás, saltar por encima de la pelota y cogerla después de realizar medio giro.	
Cont.	Capacidad de reacción y de diferenciación	— Igual pero por parejas: Cada uno hace rodar la pelota del otro.	
Comp.	Jugar con y a favor de otro	— Igual pero variando la velocidad de pelota.	
823	*Pelota-paso...*	Pasos amplios y seguidos hacia delante entregando en cada caso la pelota de una mano a la otra por debajo de la pierna.	
Cont.	Capacidad rítmica y de orientación	También en forma de competición. ¿Quién supera primero una distancia determinada?	
Comp.	Cumplir las reglas del juego	¿Resulta también con los ojos cerrados?	
824	*Pasar entre huevos*	Diferentes balones distribuidos por una línea de colchonetas. ¿Quién puede cruzar las colchonetas por en medio de los «huevos»?	
Cont.	Capacidad de equilibrio	¿Quién puede cruzar las colchonetas por encima de los «huevos» (eventualmente con ayuda del compañero)?	
Comp.	Ayudarse mutuamente ¡Con cuidado!		
825	*Relevos de malabarismos*	Grupos de 4: Transportar la pelota sobre dos picas y entregarla.	
Cont.	Capacidad de diferenciación	Tarea: Cada jugador ha de llevar una (o dos) veces tres diferentes balones a través de una distancia determinada. Para dificultar la tarea pueden colocarse además varios pequeños obstáculos, por ejemplo, bancos suecos, elementos	
Comp.	Concentración	de plinto, etc.	
826	*Portero de pierna*	Dos alumnos frente a una pared, uno tras otro: El último hace rodar el balón entre las piernas del otro en dirección a la pared. El otro mira a la pared (juego limpio) o	
Cont.	Capacidad de reacción	delante suyo en el suelo e intenta coger la pelota (aunque sea tirándose en plancha hacia delante) antes de que ésta	
Comp.	Concentración Juego limpio	toque la pared. Empezar con pases lentos y luego ir variando.	
827	*Gato expectante*	Por parejas con dos balones: **A** sostiene un balón en cada mano a la altura de su cabeza y de repente deja caer uno. **B** está frente a **A** (distancia máxima de 2 m) e intenta coger la pelota (si es necesario con	
Cont.	Capacidad de reacción	un salto de plancha), antes de que ésta caiga al suelo.	
Comp.	Juego limpio y concentración	Incrementar en función de cada uno las distancias hasta que ya no se llegue.	

6.2.3. Coordinación/balones (malabarismos y otras habilidades)

N.º	Nombre del juego / Objetivos/particularidades	Concepto/descripción	Observaciones/organización
828	*Carreras en slalom*	Se han de hacer rodar dos diferentes balones en slalom alrededor de banderines (mazas, conos, etc...). La tarea resultará más difícil cuanto mayores sean las diferencias entre los dos balones respecto a sus características de bote. Inténtalo primero sin obstáculos.	
Cont.	Capacidad de orientación		
Comp.	Comprobar/practicar las propias capacidades		
829	*Recepción a ciegas*	Lanzar la pelota al aire por delante del cuerpo y recibirla (en diferentes posiciones del cuerpo) por detrás del cuerpo (por ejemplo, de cuclillas, recibir la pelota también con una mano). Variante: Por parejas, **A** lanza la pelota por encima de **B**, y **B** intenta recibirla por detrás de su espalda. ¿Cuántas veces lo consigue sin error?	
Cont.	Capacidad de orientación		
Comp.	Concentración Cooperación		

6.2.4. Coordinación/balones (con balón medicinal)

N.º	Nombre del juego / Objetivos/particularidades	Concepto/descripción	Observaciones/organización
830	*Choque de balones*	Por parejas, cada uno con un balón medicinal, a una distancia de unos 3 m: **A** lanza la pelota a **B**. **B** lanza su propio balón contra el balón de **A** de forma que éste vuelva hacia **A**. Variante: Probarlo en diferentes posturas tanto por uno como por otro lado.	
Cont.	Capacidad de diferenciación		
Comp.	Diversión a dúo		
831	*Equilibristas sobre la pelota*	¿Quién es capaz de aguantar más tiempo sobre un balón medicinal? ¿Quién puede incluso desplazarse sobre el balón medicinal (¡cuidado!)? Variantes: — En forma de competición: a la señal de «¡ya!» todos se ponen encima de su balón medicinal (encima de colchonetas). ¿Quién se mantiene más tiempo arriba? — ¿Qué pareja puede incluso pasar y recibir una pelota desde esta «incómoda posición»?	
Cont.	Capacidad de equilibrio		
Comp.	Experimentar sus «límites» con cuidado		
832	*Pelota sobre el hombro*	¿Quién es capaz de: — balancear una pelota sobre la nuca, en posición de pie, con el tronco inclinado hacia adelante? — igual, pero bajando a estirarse sobre el vientre, sin que se caiga la pelota? — lanzar la pelota ligeramente hacia arriba y recibirla «suavemente» con la nuca, de pie y con el tronco inclinado hacia adelante? Para especialistas: También con una pelota pequeña.	
Cont.	Capacidad de orientación		
Comp.	Formación de la autoconciencia corporal		

6.2.4.   Coordinación/balones (con balón medicinal)

N.º	Nombre del juego / Objetivos/particularidades	Concepto/descripción	Observaciones/organización
833	*Número de circo*	Tumbado de espaldas al suelo, piernas en vertical: ¿Quién es capaz de balancear un balón medicinal sobre las plantas de sus pies? Incrementar progresivamente la dificultad, por ejemplo: Flexión y extensión ligera de las piernas hasta llegar a lanzar y recibir el balón con las plantas de los pies.	
Cont.	Capacidad de orientación y de diferenciación		
Comp.	Máxima concentración		
834	*Transporte del balón con troncos*	Por parejas: La pelota medicinal se ha de transportar a lo largo de una cierta distancia pero no puede tocar el suelo. No pueden utilizarse ni manos ni pies, pero ambos jugadores han de mantener el contacto con el balón. ¿Cuál es la mejor solución?	
Cont.	Capacidad de orientación		
Comp.	Fantasía		

6.2.5.   Coordinación/balones (juegos sencillos)

N.º	Nombre del juego / Objetivos/particularidades	Concepto/descripción	Observaciones/organización
835	*Dribling-quitar la pelota*	Cada segundo jugador recibe una pelota de baloncesto con la que bota libremente por la pista. Los demás jugadores sin pelota intentan quitársela —siguiendo las reglas previamente establecidas— para defenderla a continuación.	
Cont.	Capacidad de orientación		
Comp.	Juego limpio con reglas propias		
836	*Robar el balón*	Todos los jugadores van botando o bien conducen una pelota con el pie. Cada uno intenta robar correctamente la pelota a los demás o bien no perder la propia (quitar la pelota sólo por debajo). El que pierde su pelota corre una vez alrededor del campo haciendo botar la pelota (o encesta 5 veces) y vuelve después al juego. Reglas específicas: Sólo se permite atacar desde delante.	
Cont.	Capacidad de orientación		
Comp.	Cumplir las reglas del juego		
837	*Botar con rey*	Todos comienzan a botar la pelota en el campo 1 e intentan quitársela mutuamente según las reglas acordadas. El que pierde la pelota sale del «campo del rey» y pasa al «campo del emperador» para seguir jugando allí. Si vuelve a perderla vuelve a «bajar». No obstante, si gana, puede volver al «campo del rey». ¿Quién queda como rey al final del juego?	
Cont.	Práctica de dribling Capacidad de orientación		
Comp.	Juego limpio sin monitor		

5.2.5. Coordinación/balones (juegos sencillos)

N.°	Nombre del juego / Objetivos/ particularidades	Concepto/descripción	Observaciones/organización
838	*Cambio de lado*	Cada uno botando su balón: Cambio de lado a través de una portería que cada vez será más estrecha, sin perder el balón (en función de cada deporte, el contacto corporal será permitido o prohibido). ¿Quién o qué equipo se sienta primero detrás de su línea de fondo? Variante: Igual que antes pero pudiendo quitar la pelota a los demás. ¿Quién vuelve con más «balones protegidos»?	
Cont.	Práctica del dribling Capacidad de orientación		
Comp.	Juego limpio, ¡incluso en espacio reducido!		
839	*Escapar*	El grupo **A** dribla en un círculo marcado lo más grande posible. El grupo **B** dribla por fuera del círculo e intenta atrapar a jugadores del grupo **A** que quieren escapar del círculo. ¿Qué equipo consigue después de dos minutos escapar con más jugadores? Cada escape conseguido permite dos tiros a canasta. ¿Qué grupo consigue más aciertos después de dos minutos? ¿Quién consigue primero diez canastas?	
Cont.	Práctica del dribling Capacidad de reacción y de orientación		
Comp.	Contar cada uno por sí solo... ¡Contar limpiamente!		
840	*Dribling por números*	2 (o 4) grupos, cada jugador con un balón. Cada jugador tiene un número dentro de su grupo. Todos driblan libremente por el campo (o en toda la pista cubierta). En el momento de nombrar su número, el jugador correspondiente ha de driblar lo más rápidamente posible al campo contrario y conseguir una canasta (tiro en suspensión o estático). El grupo de los «más rápidos» se anota los puntos. También se pueden nombrar dos números.	
Cont.	Capacidad de reacción y de orientación		
Comp.	Concentración Juego limpio		
841	*Persecución en dribling por tiempo*	La pista dividida en dos partes. Dos grupos, cada uno en un campo. Cada jugador dribla un balón (o lo conduce con el pie). Al oír la señal cada grupo envía a un jugador al campo contrario para pillar al mayor número posible de adversarios en el espacio de un minuto. Tras ese minuto se comprueban los resultados de cada grupo y el que gana tiene un punto. ¿Qué grupo consigue más puntos después de cinco vueltas?	
Cont.	Capacidad de reacción en el dribling		
Comp.	Contar correctamente Juego limpio		
842	*Atrapar con dribling*	El que atrapa se encuentra en el centro de la pista sin pelota. El resto de jugadores intenta llegar driblando hasta el refugio enfrente (a lo ancho o cruzando en diagonal la pista). El que atrapa intenta quitar una pelota siguiendo las reglas del juego. Los atrapados dejan su balón y ayudan al que atrapa (o toman su puesto).	
Cont.	Capacidad de orientación		
Comp.	Concentración Diversión		

6.2.5.   Coordinación/balones (juegos sencillos)

N.°	Nombre del juego / Objetivos/particularidades	Concepto/descripción	Observaciones/organización
843	*Día y noche con dribling*	Dos grupos enfrentados en la línea central: Cada uno está driblando su balón en el sitio. A la voz de «¡noche!» el grupo correspondiente escapa y los demás intentan tocarles antes de que lleguen a su línea de fondo (no debe ser la pared/¡peligro!).	
Cont.	Velocidad de reacción y de movimiento	Variantes:	
Comp.	Concentración máxima/Juego limpio	— Orden dada por un jugador. — Diferentes posiciones de salida. — Quitar la pelota/Refugio en el campo del contrario.	
844	*Persecución-voleibol-malabarismos*	Cada uno efectúa malabarismos con un balón (pase de dedos). De tres a cuatro perseguidores (eventualmente con una pelota) intentan acertar con un pase exacto el balón de un compañero. Si aciertan: cambio de papeles.	
Cont.	Capacidad de orientación	La distancia del lanzador se ha de adaptar al nivel de dominio del grupo.	
Comp.	Técnica limpia a pesar del «estrés»	También es posible hacerlo en forma de juego de «pilla-pilla». Entonces se ha de superar la distancia realizando malabarismos con la pelota. El que pilla lanza la pelota.	

.3. COORDINACION/CUERDA DE SALTAR

5.3. Coordinación/cuerda de saltar

N.°	Nombre del juego / Objetivos/ particularidades	Concepto/descripción	Observaciones/organización
845	*Saltar la cuerda bailando*	Las más variadas formas de saltar la cuerda sobre bases elevadas (incluso el borde estrecho del banco sueco, según nivel de dominio): colchonetas gruesas, lomo del plinto, caballo, trampolín. En el sitio o desplazándose (hacia delante, hacia un lado, hacia atrás, etc.). Por ejemplo: Colocar 2 minitramps inclinados formando una «V»: Saltar la cuerda y después de cada pase saltar al otro minitramp.	
Cont.	Capacidad de equilibrio		
Comp.	Fuerza para reconocer las propias limitaciones		
846	*Saltar la cuerda y botar la pelota*	A y B dan vueltas a la cuerda, C salta al centro e intenta desde esta posición botar una pelota, hacer malabarismos, lanzar y volver a recibir, etc. Variante: A y B tienen una pelota cada uno y una cuerda conjuntamente. Ambos hacen girar la cuerda y a la vez driblan el balón al mismo ritmo (o a otro). Este ejercicio pueden hacerlo también a la vez que se desplazan.	
Cont.	Capacidad rítmica		
Comp.	Cooperación Diversión		
847	*Rueda de equilibrista*	Cuerda estirada en una línea recta sobre el suelo. ¿Quién es capaz de realizar una rueda de forma que no se «caiga» de la cuerda? ¿Quién puede hacerlo también por el lado «malo»? ¿Quién puede hacerlo sólo con una mano?	
Cont.	Capacidad de equilibrio y de orientación		
Comp.	¿Quién podría subir hasta la cuerda tensa?		
848	*Relevo de entrega*	Grupos de 3 o 5, sentados uno tras otro: La cuerda se entrega con los pies hacia atrás pasando por la vertical de los hombros y se recibe por parte del siguiente también con los pies. El último corre y se coloca en el extremo del grupo. ¿Qué grupo realiza primero cinco vueltas?	
Cont.	Capacidad de orientación		
omp.	¡Mantén las manos siempre atrás!		
849	*Salto de valor*	La cuerda se dobla cuatro veces. La cuerda se sostiene con ambas manos por delante del cuerpo. ¿Quién es capaz de saltar por encima de la cuerda sin soltarla? ¿Puede hacerlo hacia delante y hacia atrás? ¿Quién es incluso capaz de saltar hacia delante y hacia atrás de forma continuada? ¿Quién realiza la serie más larga: Hacia delante = 1x, hacia atrás = 2x, vuelta hacia delante = 3x, etc.?	
Cont.	Fuerza explosiva Capacidad de orientación		
omp.	Aceptar las propias limitaciones		

6.3.   Coordinación/cuerda de saltar

N.°	Nombre del juego / Objetivos/particularidades	Concepto/descripción	Observaciones/organización
850	*Cowboy*	Cuerda doble: ¿Quién puede pasar la cuerda en forma de «lazo» una vez por encima de la cabeza y una vez por debajo de las nalgas? ¿Quién lo consigue incluso varias veces seguidas? Observación: Empezar con una vez por debajo y luego varias veces por encima. Disminuir progresivamente los giros por encima.	
Cont.	Capacidad de diferenciación		
Comp.	Diversión... ¡en cuanto funcione! ¡Practicad!		
851	*¡Coge la cuerda!*	Un jugador sujeta la cuerda en un extremo realizando movimientos curvilíneos. El otro intenta agarrar el extremo libre o pisarlo o saltar por encima sin ser tocado. Escoger una de las formas, es decir, una de las reglas.	
Cont.	Capacidad de reacción		
Comp.	Diversión a dúo Reglas propias		
852	*Artista con los dedos de los pies*	La cuerda se apoya sobre los hombros. Los pies están descalzos: ¿Quién es capaz de quitarse la cuerda de los hombros sin ayuda de las manos, para después hacer un nudo en la cuerda (sólo con los pies)? ¿Quién lo consigue primero?	
Cont.	Habilidad de pies		
Comp.	¿Cuán hábiles son tus pies?		
853	*Títere*	Cuerda cogida por sus extremos, la mano izquierda a la altura de la cerda, la mano derecha a la altura de la cabeza: Pasar con la mano derecha por encima de la cabeza y saltar alternando las dos piernas por encima de la cuerda.	
Cont.	Capacidad de orientación		
Comp.	Practicar aunque no salga		
854	*Salto doble*	**A** y **B** hacen girar dos cuerdas con su mano derecha o con su mano izquierda. **C** entra desde su lado difícil (en cuanto la cuerda sube por su costado) y comienza a saltar. Sale por su lado difícil. También se consigue en grupos de dos o más saltadores.	
Cont.	Capacidad rítmica		
Comp.	No abandones. Es difícil		

.4. COORDINACION/AROS

6.4. Coordinación/aros

N.º	Nombre del juego / Objetivos/particularidades	Concepto/descripción	Observaciones/organización
855	*Hula-hop*	¿Quién es capaz de hacer girar el aro alrededor de sus caderas? El que lo domina, ¿es también capaz de hacer girar el aro alrededor de su muñeca? ¿No es aún suficientemente difícil? Correr entonces hacia delante, hacia atrás, o hacia un lado.	
Cont.	Capacidad de orientación		
Comp.	No abandonar enseguida		
856	*Coger el aro*	Aro cogido con una mano (verticalmente): Con un pequeño impulso lanzarlo hacia arriba y volver a cogerlo. — También por parejas: cada uno recibe el aro del compañero. — Pasarse el aro a pequeñas distancias. — **A** pasa el aro a **B** mientras éste hace rodar su aro hacia **A**. — Otras formas.	
Cont.	Capacidad de diferenciación		
Comp.	Probar, practicar algo por parejas		
857	*Sujetar el aro*	Tres alumnos sujetan un aro en alto con un pie cada uno. ¿Qué grupo salta durante más tiempo sin perder el aro? — También en forma de competición a lo largo de una distancia determinada. — Igual pero se permite molestar a los demás mediante empujones.	
Cont.	Capacidad de equilibrio		
Comp.	Cooperación Juego limpio		
858	*Transportar pelotas*	Se ha de llevar una pelota (o varias) mediante el aro a lo largo de una distancia determinada. — Libremente por la pista o delimitando el espacio. — En forma de competición a lo largo de una determinada distancia. — Por parejas, uno contra otro: **A** intenta mediante estirones y empujones conseguir que **B** pierda su balón. Lo mismo, al revés.	
Cont.	Capacidad de diferenciación		
Comp.	Concentración		
859	*Boomerang*	Cada uno lanza su aro cerca del suelo hacia delante, dándole con la mano un efecto hacia atrás. ¿Qué aro vuelve a su dueño? ¿Quién puede saltar con las piernas abiertas por encima del aro que vuelve?	
Cont.	Capacidad de diferenciación		
Comp.	Experimentar		

6.5.   COORDINACION/PICAS

6.5.1.   Coordinación/picas (lanzar, recibir, correr)

N.°	Nombre del juego / Objetivos/particularidades	Concepto/descripción	Observaciones/organización
860	*Pez escurridizo*	Pica cogida verticalmente con la mano derecha por un extremo, brazo estirado hacia delante: abrir la mano de forma que la pica caiga. Intentar volver a cogerla lo más cerca posible del otro extremo.	
Cont.	Capacidad de reacción	— Igual pero sujetando en cada mano una pica. Soltarlas y volveras a coger.	
Comp.	Valor para arriesgarse de forma calculada	— Aguantar con la derecha. Soltarla. Volverla a coger con la izquierda.	
861	*Pica que cae*	Pica cogida horizontalmente delante del pecho. Brazos estirados hacia delante: Soltar la pica y volverla a coger justo antes de tocar el suelo.	
Cont.	Capacidad de reacción	— Doblando el tronco hacia adelante (piernas estiradas). — Bajando el tronco (doblando las rodillas).	
Comp.	Cada vez más difícil hasta dónde se llegue	— Separando y juntando los brazos, coger la pica. — Dando una palmada por encima y otra por debajo de la pica. — Con...	
862	*Pica que rueda*	Brazos estirados hacia adelante. La pica se apoya sobre los brazos cerca de los hombros:	
Cont.	Capacidad de diferenciación y de reacción	Inclinar los brazos ligeramente hacia abajo de forma que la pica ruede hacia adelante hasta llegar al dorso de las manos. Cogerla rápidamente antes de que toque el suelo.	
Comp.	Concentración	— Diferentes agarres de la pica (palmar, dorsal, mixto). — Antes de cogerla efectuar dos palmadas.	
863	*Pilla la pica*	Pica levantada por encima de la cabeza: Arquear la espalda hacia atrás, soltar la pica por detrás de la espalda y cogerla después de medio giro rápido. ¿Resulta también posible realizando a la vez tareas adicionales en el pequeño espacio de tiempo?	
Cont.	Capacidad de reacción		
Comp.	Divertirse experimentando		
864	*Yo pillo tu pica, tú pillas la mía*	A frente a B con el brazo derecho estirado hacia delante. Pica cogida verticalmente, por su extremo inferior, con la mano derecha. El extremo libre mira hacia arriba:	
Cont.	Capacidad de reacción	A una señal los dos sueltan su pica e intentan coger la del compañero, antes de que se caiga al suelo. Igual pero B suelta su pica una vez que A la haya soltado también.	
Comp.	Siempre será más difícil realizar el ejercicio en grupo		
865	*¡No llegues tarde!*	Por parejas con una pica: A sujeta la pica horizontalmente con los brazos estirados hacia delante. B coloca sus brazos horizontalmente hacia delante por encima de la pica. De repente, A suelta la pica. B debe intentar coger la pica antes de que toque el suelo.	
Cont.	Capacidad de reacción		
Comp.	Cooperación y concentración	Variante: A de pie con la pica a la altura de la cadera (a la altura del pecho de B quien está tumbado sobre su espalda). ¿También sale así?	

6.5.1.   Coordinación/picas (lanzar, recibir, correr)

N.°	Nombre del juego / Objetivos/ particularidades	Concepto/descripción	Observaciones/organización
866	*Hay suficiente tiempo hasta que caiga*	Cada uno con una pica: Colocar la pica verticalmente sobre el suelo. Soltarla y realizar un ejercicio previamente establecido y luego coger la pica antes de que se caiga al suelo. Ejemplos:	
Cont.	Capacidad de reacción	— Efectuar un giro completo. — Pasar la pierna derecha e izquierda por encima de la pica.	
Comp.	Divertirse experimentando	— Dar una palmada por detrás de la espalda. — ¿Quién corre más lejos antes de que la pica toque el suelo?	
867	*Cambio de pica*	Por parejas con una pica cada uno, uno frente al otro a 3-10 m de distancia:	
Cont.	Capacidad de reacción	Los dos colocan su pica verticalmente sobre el suelo, lo sueltan a una señal y corren hacia la pica del compañero para cogerlo antes de que toque el suelo. ¿Qué pareja consigue una distancia mayor?	
Comp.	Concurso conjunto	También con varios jugadores en círculo, desplazándose lateralmente o en columna, lanzando la pica al aire y desplazándose hacia delante.	
868	*Tiempo de vuelo = tiempo de juego*	Cada uno con una pica: lanzar la pica horizontalmente al aire y, después de realizar una tarea adicional (tiempo de vuelo), volver a cogerla:	
Cont.	Capacidad de reacción y de orientación	— Con ambas manos, con una mano, con las manos cruzadas. — De pie, apoyado sobre una pierna, diferentes posiciones. — Un giro completo, tocar el suelo.	
Comp.	Cada vez más difícil ¡Formas propias!	— Después de lanzar, sentarse, tumbarse de espaldas al suelo.	
869	*Cambio de lugar*	Por parejas, uno enfrente del otro, cada uno con una pica: A la señal, los dos lanzan su pica horizontalmente al aire, cambian de lugar y vuelven a recibir la pica del compañero.	
Cont.	Capacidad de reacción	— Incrementar las distancias. ¿Qué pareja alcanza la mayor distancia, pero de forma que los dos estén en condiciones de poder recibir la pica?	
Comp.	Concursar con otros, jugar	— Distancias más cortas, pero los dos están sentados y cambian de lugar.	

6.5.2. Coordinación/picas (balanceos y transportes)

N.°	Nombre del juego / Objetivos/particularidades	Concepto/descripción	Observaciones/organización
870	*Portacargas*	¿Quién es capaz de colocarse la pica sobre los hombros y cruzar la pista sin ayudarse con las manos?	
Cont.	Capacidad de equilibrio	¿Quién puede sentarse y volver a levantarse en estas condiciones?	
Comp.	Concentración	¿Quién puede transportar la pica sobre la cabeza? ¿Quién puede...?	
871	*Balanceos con el pie*	Intenta balancear la pica con diferentes partes del cuerpo, desplazándote a la vez.	
Cont.	Capacidad de equilibrio	— Al oír la señal, ¡párate enseguida! — Con cambios de posición: pasar de pie a sentado, de rodillas...	
Comp.	Divertirse con los experimentos propios	— Cambiar de pie a mano «chutando» la pica hacia arriba. Observación: Primero restablecer el equilibrio ¡con pasos rápidos y cortos!	
872	*Hélice*	Pica cogida horizontal o verticalmente con una mano por el centro.	
Cont.	Capacidad de diferenciación	¿Quién puede hacer rotar la pica alrededor de su eje transversal, mediante cambios de agarre?	
Comp.	Concentración	¿Quién puede cambiar de una mano a la otra después de cada giro completo de la pica, sin que se modifique el «ritmo de la hélice»?	
873	*Relevo de transporte*	En grupos de 2 o de 4: Se han de transportar objetos diversos (por ejemplo, diferentes pelotas) mediante dos picas y por parejas alrededor de un banderín hasta el lugar del inicio (o pasando un circuito). ¿Qué grupo realiza primero 5 vueltas o resulta ser el más rápido?	
Cont.	Capacidad de diferenciación	— ¿Qué grupo acaba primero por llevar todos los balones al otro lado?	
Comp.	¡Sólo en conjunto saldrá bien!	— También pueden transportarse objetos más voluminosos.	
874	*Ferrocarril*	4 a 10 jugadores corriendo en forma de columna. Cada uno sujeta con su mano derecha una pica y coge con la izquierda el extremo de la pica de su compañero de atrás. Con esta formación pueden superarse diferentes distancias y pasar por obstáculos.	
Cont.	Capacidad de orientación		
Comp.	El que se desengancha ¡se va a la cola!	Al oír una señal, cada uno suelta la pica de su mano derecha y pasa a coger con la mano derecha la pica de atrás (¡practicar primero lentamente!).	
875	*Tiovivo*	Por parejas, uno frente al otro, cada uno con una pica. Los dos se cogen de los extremos de las picas, se inclinan hacia atrás y empiezan a girar en círculo (primero lento, luego cada vez más rápido).	
Cont.	Capacidad de orientación y de equilibrio	— También en grupos de 4, picas cogidas en cruz. — También en grupos de 4, formando un círculo.	
Comp.	Vivencias vertiginosas		

6.5.2.   Coordinación/picas (balanceos y transportes)

N.°	Nombre del juego / Objetivos/ particularidades	Concepto/descripción	Observaciones/organización
876	*Serpiente venenosa*	Por parejas con una pica: **A** estirado sobre su espalda, **B** pasa por el costado de **A** y pasa una pica por debajo del cuerpo de **A**. **A** debe levantar sucesivamente las piernas, el tronco, la espalda, la cabeza para abrir paso a la pica. La pica (serpiente venenosa) no debe tocar ninguna parte de su cuerpo. Igual, también estirado sobre el vientre, brazos estirados hacia delante y arriba.	
Cont.	Capacidad de orientación y de diferenciación		
Comp.	Buena conciencia corporal		
877	*Entrar y salir, ¡por favor!*	Por parejas, con una pica cada uno, uno frente al otro, picas cogidas bajas: Los dos compañeros entran con una pierna entre las picas desde el mismo lado (para uno, desde la derecha, para el otro, desde la izquierda), se giran hacia el exterior, salen con la otra pierna y siguen girándose hasta llegar a la posición inicial. Variante: ¿Qué pareja ha entrado y salido 5 veces?	
Cont.	Capacidad de orientación		
Comp.	La diversión de hacer deporte conjuntamente		
878	*Lanzamiento de pica*	¿Quién es capaz de lanzar con dos picas una tercera al aire y de volver a recoger ésta sobre las dos picas? ¡Lanzarla cada vez más arriba! ¿Quién puede volver a coger la pica, una vez que la misma haya efectuado un giro en el aire?	
Cont.	Capacidad de orientación y de diferenciación		
Comp.	Vivir el ambiente del circo		
879	*Malabarista con la pica*	¿Quién es capaz de pasar verticalmente de un lado a otro una pica mediante otras dos picas, sin que se caiga al suelo? Observación: coloca primero la pica verticalmente sobre el suelo e intenta desplazarla ligeramente de un lado al otro con las otras dos picas.	
Cont.	Capacidad de diferenciación y de orientación		
Comp.	Comprobar las posibilidades para actuar en el circo		

6.6.   COORDINACION/CINTAS

6.6.   Coordinación/cintas

N.°	Nombre del juego / Objetivos/ particularidades	Concepto/descripción	Observaciones/organización
880	*Cinta con nudo*	Intenta llevar o balancear la cinta por las diferentes partes del cuerpo:	
Cont.	Capacidad de orientación y de reacción	— Sobre el pie, rodilla, dorso de la mano, hombro, cabeza... con tareas motrices adicionales como correr, saltar, etc. — Soltarla por detrás de la espalda, por encima de la cabeza o entre las piernas, efectuar medio giro y volver a recogerla.	
Comp.	Concentración	— Dejarla caer con la mano izquierda y volver a cogerla con la derecha, etc.	
881	*Ninguna cinta se cae al suelo*	Cinta con nudo, por parejas: Los dos sueltan conjuntamente su cinta de la mano izquierda y cogen con la mano derecha la cinta del compañero.	
Cont.	Capacidad de reacción	— A la señal del profesor. — Provocando: en cuanto **A** suelta su cinta, **B** también la soltará (fintas permitidas/no permitidas).	
Comp.	Ejercicios para practicar el juego limpio	— ¿Propuestas propias?	
882	*Patíbulo*	La cinta vuelve a llevar un nudo: **A** tumbado de espaldas al suelo, **B** sostiene la cinta primero sobre su vientre, luego sobre el pecho y finalmente sobre su cabeza (progresión). En algún momento, **B** suelta la cinta y **A** intenta escaparse de la «guillotina» mediante un rápido giro hacia un lado.	
Cont.	Capacidad de reacción		
Comp.	Máxima concentración	— Resultará mucho más difícil si reducimos la altura desde donde cae la cinta. — Indicar la dirección del giro justo antes de la caída, por ejemplo, «¡Izquierda!».	
883	*Nudo gordiano*	¿Quién puede hacer un nudo con su cinta, utilizando exclusivamente sus pies (sin zapatillas ni calcetines)?	
Cont.	Capacidad de diferenciación	¿Quién puede deshacer un nudo hecho por un compañero?	
Comp.	(In)habilidad del pie		
884	*Recepción de la cinta*	Lanza la cinta lo más alto posible e intenta recibirla con alguna parte del cuerpo, previamente determinada. También por parejas: Tú lanzas y yo recibo, y viceversa. El que lanza también decide con qué parte del cuerpo se ha de recibir.	
Cont.	Capacidad de orientación y de reacción		
Comp.	Formas de volver a la calma		

6.7 COORDINACION/BANCO SUECO

6.7. Coordinación/banco sueco

N.°	Nombre del juego / Objetivos/particularidades	Concepto/descripción	Observaciones/organización
885	*Rectángulo de bancos*	Dos bancos suecos se colocan paralelamente, otros dos se ponen transversalmente encima, de manera que se forme un rectángulo. Los alumnos se ponen en filas dobles y realizan el ejercicio de forma seguida: — Slalom: Saltar sobre el banco bajo y pasar por debajo del más alto. — Salto con apoyo de manos sobre los bancos altos y bajos. — Saltos sincrónicos entre dos: **A** determina el ritmo, **B** le sigue. — **A** conduce a **B**, que tiene los ojos cerrados, y pasa por encima y por debajo de los bancos.	
Cont.	Según cada tarea		
Comp.	Divertirse con un juego en grupo		
886	*Combinación entre salto y dribling*	— Saltos alternos laterales sobre el banco sueco, botando constantemente una pelota por el lado derecho (izquierdo). Al revés. — Igual, pero botando la pelota sobre el banco sueco y con saltos alternos laterales. — Hacer elaborar por los participantes otras combinaciones entre botar y saltar. Luego practicar conjuntamente alguna de estas formas (buenas).	
Cont.	Capacidad de diferenciación		
Comp.	Comparar entre mano izquierda y derecha		
887	*¿Quién se queda arriba?*	Por parejas, uno frente al otro, caminando sobre la barra estrecha del banco sueco que está puesto al revés: ¿Quién obliga primero al otro a bajar del banco sueco, estirándole y empujándole? — En forma de competición individual: El perdedor se queda con su banco y el ganador cambia al siguiente banco. — En forma de competición por grupos: ¿Qué equipo consigue mayor puntuación después de cinco vueltas?	
Cont.	Capacidad de equilibrio		
Comp.	Táctica Juego limpio		
888	*Combate con los pies*	Igual que «¿Quién se queda arriba?», pero desequilibrando sólo con los pies. También en forma de competición por equipos: Los equipos se enfrentan cada uno sobre un banco sueco, cogiéndose por los hombros: ¿Qué grupo ha de bajar primero o rompe primero el contacto? Acordar las reglas de juego para determinar la forma de empujar o estirar.	
Cont.	Capacidad de equilibrio		
Comp.	Juego limpio		
889	*Ninguno cae*	**A** se coloca en cualquier posición sobre el banco sueco. **B** intenta pasar por encima de **A** sin tocarle y sin caerse. ¿Será **A** capaz de pasar entre las piernas separadas de **B** sin tocarle y sin caerse? ¿Pueden **A** y **B** pasar uno al lado del otro sin caerse ninguno de los dos?	
Cont.	Capacidad de equilibrio		
Comp.	Cuidarse del otro		

6.8. COORDINACION/ESPALDERAS

6.8. Coordinación/espalderas

N.º	Nombre del juego / Objetivos/ particularidades	Concepto/descripción	Observaciones/organización
890	*Variantes de trepar*	Subimos la espaldera de cara, de espaldas, con pasos muy pequeños o muy grandes. Vamos pasando horizontalmente todas las espalderas de cara, de espaldas y volvemos al inicio. Por parejas: **A** sube y baja y **B** intenta hacer lo mismo, paralelamente. Cambio. Intenta también trepar a ciegas.	
Cont.	Capacidad de orientación		
Comp.	Concentración		
891	*Free style*	Buscar diferentes posibilidades de trepar y subir: — De cara y/o de espaldas a la espaldera. — ¿Hasta dónde llegáis con los pies por delante? — Con un brazo o una pierna «lesionada». — Por parejas, uno sólo puede utilizar las manos, el otro sólo los pies (¡Ayudándose mutuamente!).	
Cont.	Capacidad de orientación		
Comp.	La seguridad es esencial ante el riesgo		
892	*Tránsito en ambos sentidos*	Todo el grupo repartido sobre las espalderas. Ahora comienza una actividad movida de trepar en todas las direcciones hacia arriba, abajo, los lados, por encima y por debajo de los demás. Reglas: El que viene de la derecha o desde abajo, tiene preferencia. O bien: Los afectados de cada encuentro se ponen de acuerdo sobre quién tiene «preferencia».	espalderas
Cont.	Capacidad de orientación		
Comp.	Juego limpio Diversión, distracción		
893	*Contrabandistas de oro*	Se ha de hacer contrabando con diferentes objetos, utilizando como vía las espalderas (por ejemplo, balones medicinales, pelotas pequeñas, mazas, picas, etc.). Todo un grupo: Pasar con mucho cuidado una colchoneta (caja fuerte) hasta el otro lado.	
Cont.	Capacidad de orientación		
Comp.	Ambiente aventurero		
894	*Huida de la prisión*	¿Quién es capaz de trepar los muros de la prisión con manos y/o pies atados? ¿Quién lo consigue incluso de noche (ojos tapados o cerrados)?	
Cont.	Capacidad de orientación		
Comp.	Ambiente aventurero		

5.9. COORDINACION/APARATOS

6.9. Coordinación/aparatos

N.°	Nombre del juego / Objetivos/ particularidades	Concepto/descripción	Observaciones/organización
895	*Carrera de descenso*	Las patas de un potro se ajustan a longitudes diferentes. **A** mueve este «caballo» desequilibrado, mientras **B** se encuentra de pie o de cuclillas encima e intenta aguantarse el mayor tiempo posible. **B** puede determinar lo «salvaje» que ha de ser su «caballo». ¿Quién lo consigue incluso apoyado sobre una pierna? (Colocar colchonetas. ¡Peligro de lesiones!)	
Cont.	Capacidad de equilibrio		
Comp.	A pesar de todo: juego limpio		
896	*¿Qué es arriba y qué es abajo?*	Buscar diferentes posturas sobre los aparatos: — con la cabeza hacia abajo, — que implican una flexión en la cadera, — en suspensión o en apoyo, — con la espalda paralela al suelo y cuerpo suspendido, etc.	
Cont.	Capacidad de orientación		
Comp.	Experiencias corporales y espaciales		
897	*Prueba de alta mar*	Un extremo de un banco sueco se ata fijamente a unas anillas bajas. Intenta subir al barco sin caerte. **A** se coloca sobre «cubierta», **B** y **C** determinan el movimiento del mar (y le aseguran a la vez). **A** puede determinar la fuerza del viento.	
Cont.	Capacidad de equilibrio		
Comp.	Arriesgarse, ayudar, asegurar		
898	*Bailarín sobre rodillo*	Aguántate con ambas manos en la espaldera e intenta ahora subir a la tabla. Busca el punto de equilibrio moviendo tus pies poco y rápidamente. Importante: El centro de gravedad ha de estar siempre por encima del rodillo. Si lo consigues puedes saltar directamente sobre el tablero para buscar el equilibrio inmediatamente.	Rodillo o tubo: 15 cm de diámetro Tablero: 60 × 35 cm aproximadamente
Cont.	Capacidad de equilibrio		
Comp.	Refuerzo positivo después de la práctica		
899	*Patinar sobre hielo*	Colocamos trapos por debajo de los pies que se deslicen bien (zapatos de fieltro, sacos de yute, etc.). A la izquierda y la derecha se colocan aparatos que sirven de obstáculos para empujarse (por ejemplo, la pared en una banda y en la otra una pata de la barra fija o un banco sueco bien encajado y puesto de pie). Intenta ahora pasar de banda a banda con un ritmo constante (eventualmente, haciendo malabarismos con un stic de hockey hacia la izquierda/derecha).	
Cont.	Capacidad de equilibrio y rítmica		
Comp.	¡Qué divertido!		

6.10.   1.000 sugerencias sobre el tema de coordinar y combinar

Si busca más formas de coordinación puede encontrar diferentes sugerencias en el tomo *1.000 combinaciones y juegos para muchos deportes*. Dicho libro quiere ser un campo de experimentación para el ámbito del concepto deportivo que abarca las diferentes asignaturas del deporte. De estímulos para que el deporte se interprete de una forma más global y las modalidades deportivas de una forma más interdisciplinar. En este sentido se unen, se enlazan ejercicios de diferentes disciplinas deportivas; entendiéndose una como deporte principal y la otra como deporte complementario. El objetivo (de aprendizaje) se divide entonces entre los dos deportes. De esta manera se crean formas de juego y de ejercicio en parte totalmente nuevas, incluso quizá resulten deportes nuevos, puesto que alguien en algún momento tuvo la iniciativa de combinar un deporte con otro. Sólo así pudieron concebirse deportes como: waterpolo, hockey sobre patines, balón-bicicleta, esquí acuático, ciclismo artístico, natación sincronizada, etc.

Todas estas formas de juego y de ejercicio (o deportes combinados) requieren un elevado grado de ¡capacidad de coordinación!

Modelo del concepto de *1.000 combinaciones y juegos para muchos deportes*.

La enseñanza del deporte necesita nuevos impulsos. Los nuevos aparatos de juego y de acondicionamiento físico son fascinantes, sin embargo, nuestra postura frente al movimiento y nuestra forma de comprender el deporte ¡siguen siendo decisivas!

No sólo aprender deportes, sino ¡practicar DEPORTE con ayuda de las modalidades deportivas!

Cooperación

7.1. COOPERACION/SIN MATERIAL

7.1. Cooperación/sin material

N.°	Nombre del juego / Objetivos/particularidades	Concepto/descripción	Observaciones/organización
900	*Jinete en suspensión*	Por parejas: **A** de rodillas con las manos apoyadas en el suelo, **B** de pie sobre la espalda de **A** (un pie sobre los hombros, un pie sobre el sacro): Caballo y jinete intentan desplazarse conjuntamente. Variante: El jinete también intenta cambiar de caballo sin tocar el suelo. Importante: El caballo ha de ¡tensar la espalda!	
Cont.	Equilibrio Fuerza		
Comp.	Valor para el riesgo		
901	*Lucha de jinetes*	Igual que antes, pero el jinete se coloca sobre dos caballos: ¿Quién puede obligar a otros jinetes a bajar?	
Cont.	Equilibrio y fuerza		
Comp.	Valor y confianza mutua		
902	*Muro viviente*	Dos grupos: El grupo **A** constituye un muro estable, «vivo» (con contacto entre los componentes); el grupo **B** intenta superar este muro (sin hacer daño). Variante: El grupo que forma el muro puede usar un aparato (paralelas, barra fija) como «esqueleto», el otro grupo puede buscar igualmente una «escalera» (trampolín...).	
Cont.	Mantener la tensión muscular		
Comp.	Ayudarse mutuamente Confianza		
903	*Puzzle en grupo*	Grupos de 5 a 10 participantes bailan o corren libremente por la pista. A la señal, los jugadores de cada grupo se juntan y representan con sus cuerpos una cifra, una letra o una figura establecida. También como forma expresiva de determinadas temáticas (cuentos, historias).	
Cont.	Bailar y correr		
Comp.	Crear		
904	*Improvisación*	Representación de una canción: Grupos pequeños (2 a 6 alumnos) intentan representar el contenido de una canción mediante movimientos, de forma que otros puedan adivinar la canción expresada.	♪... Tengo una muñeca vestida de azul... ♪
Cont.	Capacidad de diferenciación		
Comp.	Crear algo conjuntamente		
905	*Frescos*	Un grupo expresa un fresco cuyo contenido han de adivinar los demás. Por ejemplo, un aparato de gimnasia, un cuadro de una batalla, un animal, etc. Variante: También en movimiento: representar un río, un bosque que suena, un mercadillo, etc.	
Cont.	Mantener la tensión muscular		
Comp.	Conocimiento del lenguaje corporal		

7.1. Cooperación/sin material

N.°	Nombre del juego / Objetivos/particularidades	Concepto/descripción	Observaciones/organización
906	*Pantomima deportiva*	Los jugadores han de representar en grupo una pantomima de un deporte, por ejemplo, del tema «baloncesto». No sólo deben representar a los jugadores sino que también a entrenadores, árbitros, cronometradores, espectadores, etc. El centro de interés no es el partido normalizado de baloncesto sino el inventar y parodiar situaciones más bien divertidas, trágicas, cómicas de un partido de baloncesto.	Por ejemplo, ping-pong
Cont.	Según cada deporte		
Comp.	Conocimiento del lenguaje corporal		
907	*Construcción de pirámides*	Grupos de 6 a 10 participantes han de formar una pirámide lo más estable/original/estética, etc., posible, participando todos los alumnos. — Igual, pero con el menor contacto con el suelo posible. — Igual, pero cada uno ha de tener contacto con al menos 4 jugadores. — Igual, pero la pirámide se debe poder mover.	
Cont.	Mantener la tensión corporal		
Comp.	Creación en grupo		
908	*Voltereta doble*	**A** de espaldas al suelo, piernas verticales hacia arriba; **B** detrás de **A**, cogiendo los tobillos de **A**. **A** también coge los tobillos de **B**. **B** efectúa una voltereta hacia delante (**A** debe colocar sus pies cerca de sus glúteos). **B** sube a **A** con su voltereta a la posición de pie. La voltereta doble también se puede hacer entre tres.	
Cont.	Agilidad, volteretas		
Comp.	Confianza Valor		
909	*Voltereta con salto agrupado*	**A** sentado con piernas separadas, brazos estirados hacia arriba; **B** detrás de **A**, se apoya sobre las manos de **A** y salta sobre él con el cuerpo agrupado. **B** sigue con una voltereta hacia adelante sin soltar sus manos y acaba sentado con las piernas separadas, por lo que **A** sube a la posición de pie.	
Cont.	Capacidad rítmica		
Comp.	Poder tener plena confianza en el otro		
910	*Voltereta con salto con piernas separadas*	**A** frente a **B** a 2 o 3 m de distancia. **A** realiza una voltereta hacia adelante, **B** salta a la vez con las piernas separadas sobre **A**. Después, los dos efectúan medio giro y **A** salta sobre **B** quien hace una voltereta.	
Cont.	Agilidad		
Comp.	Confianza en el grupo		
911	*Volteretas alternas en trío*	**B** de pie detrás **C**, frente a **A** quien está a 2 o 3 m de distancia: **B** efectúa una voltereta hacia delante en dirección a **A**; **A** salta sobre **B** con las piernas separadas y continúa con una voltereta hacia **C**, **C** salta por encima de **A**, **B** realiza medio giro, etc.	
Cont.	Agilidad y capacidad rítmica		
Comp.	Confianza mutua		

7.1. Cooperación/sin material

N.°	Nombre del juego / Objetivos/particularidades	Concepto/descripción	Observaciones/organización
912	*Volteretas entre tres hacia el lado*	**A**, **B** y **C** estirados sobre la espalda, uno al lado del otro (distancia 1 m aproximadamente). **A** va rodando desde el centro hacia un lado y **B** salta por encima de él hacia el centro. Seguidamente, **B** sigue rodando desde el centro hacia **C**, quien salta por encima de él hacia el centro y sigue rodando.	
Cont.	Fuerza de apoyo y explosiva de los brazos		
Comp.	Encontrar un ritmo del grupo		
913	*Saltar por encima del compañero*	Ejercicio previo: **A** estirado de espaldas al suelo, brazos estirados hacia arriba; **B** realiza desde atrás un apoyo en carpa sobre las manos de **A**. Saltar por encima: **A** de espaldas al suelo, **B** detrás de él cogiendo sus manos; **B** salta por el exterior entre sus manos por encima del tronco de **A** llegando a apoyar las piernas separadas a la altura de la cadera de **A**; sube a **A** a la posición de pie sin soltar las manos.	
Cont.	Fuerza de apoyo de los brazos		
Comp.	Confianza en el compañero de apoyo		
914	*Gusano en posición de flexión de brazos*	De 4 a 10 jugadores, uno tras otro en posición de flexión de brazos, con los pies apoyados sobre los hombros del de más atrás: — Flexión y extensión de brazos. — Desplazamiento hacia adelante. — Intentarlo también en posición de flexión de brazos con el vientre hacia arriba. — También en forma de escalera de flexión de brazos.	
Cont.	Fuerza de apoyo de los brazos		
Comp.	Practicar conjuntamente el deporte de una forma alegre		
915	*Desplazarse sin piernas*	Grupos de 4 a 6 personas. Cada grupo ha de superar una distancia determinada con el menor número posible de contactos con el suelo. El grupo ha de estar en constante contacto corporal. Soluciones: — En forma de ciempiés (una pareja de piernas en el suelo) — Rodando lateralmente, las manos cogen los pies del de atrás (sin tocar el suelo con los pies).	por ejemplo
Cont.	Capacidad de diferenciación		
Comp.	Diversión en el grupo		
916	*Cinta continua de pies*	Los alumnos forman dos filas, estando tumbados de espaldas al suelo, muy cerca uno del otro, con las piernas estiradas verticalmente hacia arriba. Un jugador se coloca con el vientre hacia abajo sobre los pies de sus compañeros en un extremo de la fila, éstos le transportan (con sus pies) hasta el otro extremo de la fila.	
Cont.	Fuerza de apoyo de las piernas Tensión		
Comp.	Vivencia de ser transportado		

7.1. Cooperación/sin material

N.°	Nombre del juego / Objetivos/ particularidades	Concepto/descripción	Observaciones/organización
917	*Cinta continua de manos*	Dos filas encajando entre sí, de espaldas al suelo, cabeza a la altura del hombro del vecino. Un jugador (tensión) es pasado de manos a manos por la fila.	
Cont.	Fuerza de apoyo de las manos Fuerza de hombros		
Comp.	Sólo volar es más emocionante		
918	*Lanzamiento de pescados*	Dos filas enfrentadas y cogidas de las manos. El pescado se coloca con la espalda sobre los brazos de sus compañeros y se pone rígido. Lanzándole conjuntamente hacia arriba y delante llegará al otro extremo de la fila. Los peces serán cada vez más grandes y pesados.	
Cont.	Coordinación en grupo		
Comp.	Ayudar conjuntamente a un compañero		
919	*Persecución con diana*	Tres jugadores se dan la mano formando un círculo y determinan quién de ellos será la diana. Un perseguidor ha de intentar desde el exterior tocar la espalda de la diana que se mueve y esquiva en el círculo. El perseguidor no puede pasar la mano por dentro del círculo. También factible con grupos más grandes.	
Cont.	Capacidad de reacción		
Comp.	El grupo ayuda al perseguido		
920	*Carrera-puzzle*	Un grupo ha de superar una distancia (entre 1 y 3 km). Los integrantes del grupo se reparten dicha distancia entre ellos a su conveniencia. — Igual, pero estableciendo una distancia mínima para cada uno. — Igual, pero con obstáculos. — Igual, pero cada uno corre al menos tres veces su distancia parcial.	1km
Cont.	Entrenamiento Trabajo continuo		
Comp.	Encontrar reglas propias de juego		
921	*Levantamiento*	Equipos de 4 a 6 jugadores cada uno, se sientan en un círculo en la línea de salida, mirando todos hacia el exterior del círculo y a la señal, corren hasta un banderín y vuelven (o pasan un circuito). El círculo no se debe romper, tampoco al levantarse. ¿Qué círculo acaba primero sentado tras la línea?	X
Cont.	Velocidad-resistencia		
Comp.	Diversión en el grupo		

7.1.   Cooperación/sin material

N.°	Nombre del juego / Objetivos/ particularidades	Concepto/descripción	Observaciones/organización
922	*Transporte*	Por tríos: **A** al lado de **B**; **C** entre ellos, se engancha en los brazos de los dos, levanta las piernas doblando la cadera (piernas estiradas o dobladas).	
Cont.	Fuerza de brazos y piernas	— Igual, pero **C** coloca sus brazos sobre los hombros de **A** y **B**.	
Comp.	Carga dividida es media carga	— Igual, pero **C** estira y tensa los brazos lateralmente, **A** y **B** le llevan cogido por los hombros y muñecas en forma de «cristo».	
923	*Salto agrupado sobre los hombros*	Por tríos: **A** al lado de **B**, cogidos de las manos; **C** se apoya desde detrás en los hombros de **A** y **B** y salta con las piernas agrupadas sobre sus brazos. De forma continuada hacia delante y atrás.	
Cont.	Fuerza de apoyo y de salto	— También factible con varios grupos en columna, desplazándose.	
Comp.	Confianza mutua		
924	*Transporte alto*	**A** detrás de **B**, los dos en cuclillas, **C** entre ellos, apoyando sus manos sobre los hombros de **B** (posición de flexión de brazos). **A** levanta las piernas de **C** hacia arriba y **A** y **B** se levantan conjuntamente para transportar a **C**.	
Cont.	Mantener la tensión corporal	— También en forma de relevos (con o sin obstáculos) con cambios de función.	
Comp.	¡Es imprescindible una confianza mutua!		
925	*Ciempiés*	Los alumnos se colocan espalda contra espalda en dos filas encajadas. Todos los jugadores separan las piernas, inclinan el tronco hacia delante y cogen entremedio de las piernas las manos de los jugadores de atrás. En esta posición intentarán superar una distancia determinada sin que se rompa el ciempiés. La dirección de desplazamiento se puede establecer en sentido de las líneas o verticalmente con las mismas.	
Cont.	Flexibilidad Coordinación en grupo	— Igual, pero en forma de competición entre 2 o 3 equipos de ciempiés.	
Comp.	Respeto mutuo	— Igual, pero cada línea interna del ciempiés forma un equipo propio e intenta desplazar al contrario hasta más allá de la propia línea de posición.	

7.1. Cooperación/sin material

N.°	Nombre del juego / Objetivos/ particularidades	Concepto/descripción	Observaciones/organización
926	*Relevos de saltos por parejas*	Saltos hacia delante, atrás, los lados o en círculo en diferentes posiciones: Por ejemplo: — Manos internas cogidas, pierna interna apoyada desde atrás sobre las manos e ir saltando hasta la meta. — Coger con la mano interna la pierna lateralmente separada del compañero. — El de atrás da una pierna a la mano del de delante, éste salta sobre una pierna. — El de delante separa una pierna hacia atrás, el de detrás la coge y salta sobre una pierna. — Combinación: El de delante separa su pierna izquierda hacia atrás, el de detrás separa la pierna derecha hacia delante.	
Cont.	Fuerza-resistencia de las piernas		
Comp.	Buena armonía mutua		
927	*Relevos de saltos por tríos*	Las mayoría de estas posiciones también se pueden realizar on grupos de tres.	
Cont.	Fuerza de piernas y capacidad de coordinación		
Comp.	Diversión, alegría		
928	*Bala de cañón*	Por grupos de cuatro: **A** de espaldas al suelo, piernas dobladas hacia arriba, **B** se sienta sobre los pies de **A** y da una mano a cada uno de los ayudantes **C** y **D**. **A** lanza a **B** al aire con una extensión rápida de sus piernas; **C** y **D** se cuidan de un aterrizaje seguro.	
Cont.	Fuerza explosiva Piernas		
Comp.	Ayudarse, asegurarse Confianza		
929	*Rueda guiada*	**B** en posición de banco, **A** detrás de él, cogiendo con ambas manos el tronco de **B**. **A** eleva a **B**, que se mantiene bastante pasivo, hasta la vertical lateral y le vuelve a bajar por el otro lado.	
Cont.	Tensión corporal Experiencia motriz		
Comp.	Aprender a ayudar y asegurar		
930	*Vertical de manos alterna*	Por parejas, con cambios rápidos: subir a la vertical de manos y apoyarse mutuamente. — Igual, flexionando y extendiendo los brazos (bajar a vertical de cabeza con ayuda). — Igual, **A** sube a la vertical, con las manos apoyadas sobre el empeine de los pies de **B** y coloca sus piernas sobre los hombros de **B**. ¿Pueden desplazarse hacia delante?	
Cont.	Aplicación y entrenamiento de la vertical de manos		
Comp.	Cada uno ayuda al otro		

7.1. Cooperación/sin material

N.°	Nombre del juego / Objetivos/particularidades	Concepto/descripción	Observaciones/organización
931	*Carrusel apoyado sobre el vientre*	Por tríos: **A** frente a **B** cogidos de las manos. **C** se coloca con el vientre sobre sus brazos. **A** y **B** giran a **C**, quien se tensa, en círculo.	
Cont.	Tensión del cuerpo Capacidad de orientación	— Igual, **A** y **B** pasan lentamente a **C** por la posición de vertical de manos, después del carrusel.	
Comp.	Confianza en el carrusel		
932	*Carrusel apoyado sobre la espalda*	La misma posición de ayuda por parte de **A** y **B** que en el «carrusel apoyado sobre el vientre», con la diferencia de que **C** se estira de espaldas sobre los brazos de **A** y **B**. **C** puede	
Cont.	Tensión (**C**) (**A** + **B**): espalda recta	determinar ahora la velocidad de giro (¡**C** no debe ahuecar la espalda!). Después bajan a **C** pasando por la vertical de mano hacia atrás (flic-flac lento hacia atrás). Importante:	
Comp.	Confianza mutua	buena tensión del cuerpo, preparar las manos para el apoyo.	

7.1.1. Cooperación/sin material (acrobacia por parejas)

N.°	Nombre del juego / Objetivos/particularidades	Concepto/descripción	Observaciones/organización
933	*Báscula de pie*	**A** de espaldas al suelo, brazos estirados hacia arriba: **B** se apoya sobre las manos y los pies de **A** y estira una pierna hacia arriba.	
Cont.	Equilibrio Fuerza de apoyo	Variante: Bajar y subir muy lentamente, primero **B**, luego también **A** y al final los dos a la vez.	
Comp.	Valor y confianza		
934	*Báscula estirado*	Igual que antes en la «báscula de pie», pero **B** se coloca con el vientre sobre los pies de **A**.	
Cont.	Equilibrio Fuerza de apoyo	¿También lo consiguen en suspensión libre, es decir, sin cogerse de las manos?	
Comp.	Valor y confianza		
935	*Báscula de rodillas*	Igual que antes en la «báscula de pie», pero **B** intenta apoyarse con una rodilla sobre las manos de **A**, levantando la otra pierna hacia arriba.	
Cont.	Equilibrio Fuerza de apoyo de las manos	Bajar y subir lenta y conjuntamente.	
Comp.	Impetu de experimentar		

7.1.1. Cooperación/sin material (acrobacia por parejas)

N.°	Nombre del juego / Objetivos/ particularidades	Concepto/descripción	Observaciones/organización
936	*Apoyo sobre rodillas y hombros*	A de espaldas al suelo con las piernas dobladas, apoyando las plantas fijamente sobre el suelo. B se apoya sobre las rodillas de A y A sujeta a B por sus hombros. B sube (con cuidado) sus piernas hacia arriba al apoyo de hombros.	
Cont.	Equilibrio Fuerza de apoyo		
Comp.	Valor y confianza mutua		
937	*Sentado sobre las rodillas*	A de espaldas al suelo, fijando los ángulos de cadera y rodillas en 90°. B se apoya con la cadera angulada sobre las rodillas de A. A le sujeta por los tobillos. ¿Podéis ir cambiando desde esta posición (por ejemplo: A separa las piernas ligeramente, B realiza flexión de brazos hacia atrás)?	
Cont.	Fuerza de apoyo hacia atrás, equilibrio		
Comp.	Llegar conjuntamente a los límites		
938	*Estirado en suspensión*	A de espaldas al suelo, piernas verticales: B con el cuerpo estirado, se suspende de los pies de A. A puede ayudarle o asegurarle sujetando sus hombros. Variante: B se deja caer y agarra a A de los pies (A asegura y coge a B).	
Cont.	Fuerza de apoyo y de tracción de los brazos		
Comp.	Valor para el riesgo		
939	*Apoyo doble de rodillas*	A en posición de flexión de brazos apoyado sobre las rodillas, con una pierna estirada hacia atrás. B adopta la misma posición sobre la espalda de A. Para B: Apoyar la rodilla con cuidado, ya que puede producir daño a A.	
Cont.	Capacidad de equilibrio/fuerza		
Comp.	¿Cómo podéis encontrar el equilibrio?		
940	*Apoyo de rodillas sobre los hombros*	Igual que en el «apoyo doble de rodillas», pero B se apoya ahora con las manos en el suelo delante de A y pone su rodilla sobre los hombros de A. Variante: Los dos intentan estirar simultáneamente la pierna extendida en todas las direcciones (hacia arriba, abajo, describir círculos, etc.).	
Cont.	Capacidad de equilibrio		
Comp.	Conjuntamente en equilibrio		

7.1.1. Cooperación/sin material (acrobacia por parejas)

N.º	Nombre del juego / Objetivos/ particularidades	Concepto/descripción	Observaciones/organización
941	*Apoyo alto sobre las rodillas*	**A** en posición de banco invertida, **B** se balancea sobre las rodillas de **A**. ¿Podéis avanzar hacia delante desde esta posición?	
Cont.	Capacidad de equilibrio		
Comp.	¿Hay armonía entre vosotros?		
942	*Vertical de manos sobre la rodilla*	**A** con una rodilla sobre el suelo, la otra pierna apoyada sobre el pie, de forma que el muslo esté horizontal. **B** sube con impulso sobre el muslo de **A** a la vertical de manos, **A** ayuda en la subida y le sujeta. Se recomienda poner inicialmente otro ayudante **C**.	
Cont.	Capacidad de equilibrio/fuerza		
Comp.	Confianza mutua		

7.1.2. Cooperación/sin material (acrobacia entre dos, tres, cuatro)

N.º	Nombre del juego / Objetivos/ particularidades	Concepto/descripción	Observaciones/organización
943	*Pie-vertical de manos*	**A** arrodillado con los brazos estirados hacia arriba. **B** sube a la vertical de manos con piernas separadas, apoyado sobre los tobillos de **A** (es decir, por detrás de **A**). **A** intenta coger la pierna posterior de **B**. Observación: Subir lentamente a la vertical.	
Cont.	Capacidad de diferenciación		
Comp.	Valor y confianza		
944	*Doble flexión lateral de brazos*	**A** y **B** en posición de brazos lateral sobre una pierna, cogiendo con la mano libre la pierna libre del compañero. ¿Podeis caminar así hacia delante?	
Cont.	Capacidad de equilibrio		
Comp.	«Notar» al compañero		
945	*Puente de espaldas*	**A** frente a **B** en posición de banco, las manos sobre los hombros del otro. **C** coloca un pie en cada espalda de **A** y **B** y busca su equilibrio. En cuanto lo consigue, **A** y **B** intentan moverse ligeramente. ¿Se mantiene **C** sobre las espaldas sin caer?	
Cont.	Capacidad de equilibrio/fuerza		
Comp.	Notar las fuerzas del otro		

7.1.2. Cooperación/sin material (acrobacia entre dos, tres, cuatro)

N.°	Nombre del juego / Objetivos/ particularidades	Concepto/descripción	Observaciones/organización
946	*Biclicleta al revés*	Posición inicial de **A** y **B** igual que en el «puente de espaldas», pero **C** se coloca ahora de espaldas sobre los dos. **A** y **B** intentan quitarse a **C** de encima moviéndose ligeramente los dos.	
Cont.	Capacidad de orientación		
Comp.	Divertirse experimentando entre tres		
947	*En la tercera planta*	**A** y **B** muy juntos en posición de banco. **C** en posición de banco sobre las espaldas de **A** y **B**. ¿Consigue **D** entonces colocarse de pie sobre la espalda de **C** y mantener el equilibrio sin caerse? ¿Todo el conjunto se puede desplazar lentamente hacia delante sin perder el artista **D**? ¿Quién aguanta más tiempo?	
Cont.	Capacidad de equilibrio		
Comp.	Notar la dosificación del otro		
948	*Combinación de apoyos*	**A** en posición de banco, **B** de pie sobre la espalda de **A**. **C** y **D** en posición de flexión de brazos a la izquierda y derecha, respectivamente, de **A** y **B**. **B** intenta sostener los pies de **C** y **D**. Inicialmente, **C** y **D**, uno tras otro, luego los dos a la vez.	
Cont.	Apoyos y tensión		
Comp.	Equilibrio común		
949	*Apoyo de rodilla sobre la mano*	**A** y **B** de espaldas al suelo, uno frente al otro. Cabeza con cabeza, brazos estirados hacia arriba. **C** se apoya con una (o dos) rodillas y sus manos sobre las manos de **A** y **B**. ¿Pueden **A** y **B** subir y bajar a **C** lentamente como un ascensor? Variante: **C** indica: ¡Arriba! ... ¡Abajo! ... ¡Stop! ..., etc.	
Cont.	Fuerza de apoyo de las manos Equilibrio		
Comp.	Diversión con el entrenamiento de la fuerza		
950	*Apoyo de rodilla en la segunda planta*	**A** y **B** de rodillas, uno frente al otro, brazos estirados hacia arriba. **C** se apoya con rodillas y manos sobre las manos de **A** y **B** estirando (o no) una pierna hacia arriba. ¿También funciona desde esta posición el «ascensor» (véase arriba)? ¿También funciona con **A** y **B** de pie? ¡Cuidado, **A** y **B**: buena tensión, espalda recta!	
Cont.	Fuerza de apoyo de brazos Fuerza del tronco		
Comp.	Dividir el trabajo Buena tensión		

7.1.2. Cooperación/sin material (acrobacia entre dos, tres, cuatro)

N.°	Nombre del juego / Objetivos/particularidades	Concepto/descripción	Observaciones/organización
951	*Muslo-vertical*	**A** flexiona ligeramente las rodillas (eventualmente contra una pared). **B** de pie sobre los muslos de **A** quien le sujeta por la cadera. **C** sube a vertical de manos contra **B**, quien le sujeta. ¿Qué pirámide se monta primero?	
Cont.	Tensión y equilibrio		
Comp.	Ayudarse, colaboración mutua		
952	*Combinación apoyo sobre muslo-vertical de manos*	**A** con las piernas separadas, con el peso sobre su pierna derecha. El muslo derecho casi horizontal. **B** sube de pie sobre el muslo derecho de **A**, quien le sujeta a la vez. **C** sube finalmente a la vertical de manos y es sujetado por **B**. ¿Apto para el circo?	
Cont.	Capacidad de equilibrio-fuerza		
Comp.	Confianza mutua		

7.2.　COOPERACION/BALONES

7.2.　Cooperación/balones

N.º	Nombre del juego / Objetivos/particularidades	Concepto/descripción	Observaciones/organización
953	*Relevos de transporte de balones*	Grupos de 3 a 6 alumnos: Uno de cada grupo ha de llevar de 3 a 5 balones diferentes, siendo él mismo transportado por sus compañeros. El relevo acaba cuando cada uno haya llevado una vez los balones. Si se cae una pelota al suelo, todo el grupo ha de volver a la salida con todos los balones.	
Cont.	Fuerza-resistencia Coordinación		
Comp.	Conjuntamente		
954	*Balón contra balón*	Grupos de cuatro, cada uno con un balón medicinal y un balón de gimnasia (u otro parecido) por grupo: El balón de gimnasia se ha de mantener el mayor tiempo posible en el aire empujándolo o golpeándolo cada uno con el balón medicinal. ¿Qué grupo realiza más pases? O bien: ¿Qué grupo comete menos errores en 60 seg?	
Cont.	Capacidad de coordinación		
Comp.	¿Lo conseguimos conjuntamente?		
955	*No se muere ningún balón*	Cada uno tiene un balón y lo bota en el sitio. A la señal de «¡Ya!» se van todos al exterior del campo dejando su balón. En cuanto un balón (cercano) deja de botar, uno corre hacia allá, lo vuelve a poner en movimiento y vuelve a salir del campo. También en forma de competición	
Cont.	Velocidad de reacción y de movimiento		
Comp.	Visión periférica		
956	*Botar en círculo*	Todos los alumnos forman un círculo, mirando al centro, cada uno bota el balón al mismo ritmo: 2 botes cortos, 1 bote largo. En el bote largo se desplazan todos por un (dos) lugar hacia la derecha. Todos se encargan allí del balón de su compañero y siguen botando al mismo ritmo (sin interrupción).	
Cont.	Capacidad rítmica		
Comp.	Solucionar un problema conjuntamente		
957	*Encontrar el ritmo*	Cada alumno bota su balón libremente en el sitio o en movimiento. Toda la clase intenta encontrar botando un ritmo común. — También con ritmos sencillos, por ejemplo, corto-corto-largo. — ¿Quién impone su ritmo?	
Cont.	Capacidad rítmica		
Comp.	Escuchar a los demás y reaccionar		
958	*Cinta transportadora*	Un alumno se coloca sobre 2 o 3 balones medicinales en línea y va rodando hacia delante. Uno o dos ayudantes llevan rápidamente los balones liberados por detrás hacia delante, para poder seguir transportando a su compañero.	
Cont.	Capacidad de equilibrio		
Comp.	Cada uno ayuda al otro		

7.2. Cooperación/balones

N.°	Nombre del juego Objetivos/ particularidades	Concepto/descripción	Observaciones/organización
959	*Contactos*	Cada dos jugadores juntan espalda contra espalda, con un balón medicinal enganchado entre sus caderas. Los dos efectúan giros alrededor del propio eje, uno hacia la izquierda, el otro hacia su derecha. El balón no debe caer al suelo. — Igual, con diferentes balones (incluso de tenis). — Igual, desplazándose o cambiando de posición.	
Cont.	Capacidad de orientación		
Comp.	Notar presión y contrapresión		
960	*Contactos con figuras*	**A** y **B** enganchan un balón entre sus vientres (o espaldas): Siguiendo las indicaciones del profesor, van a dibujar en el espacio cifras o letras, sin que se caiga el balón.	
Cont.	Capacidad de orientación y de diferenciación		
Comp.	Aprender a presionar y recibir presión		
961	*Transporte de balón con la cabeza*	Por parejas, uno frente al otro en posición de flexión de brazos, con un balón sujetado por las cabezas. ¿Qué pareja puede recorrer una determinada distancia sin que se les caiga el balón? — También pasando por obstáculos.	
Cont.	Fuerza de apoyo y sensibilidad corporal		
Comp.	Aprender a notar presión y contrapresión		
962	*Acertar el balón*	Cada uno va botando su balón libremente por la pista. Si se acerca un compañero, los dos lanzan sus balones al aire de forma que choquen y reboten. Variante: Sólo se puede lanzar con la derecha, sólo con la izquierda, sólo con ambas manos. ¿Quién consigue más aciertos?	
Cont.	Capacidad de orientación, timing		
Comp.	Juego limpio, ¡también sin árbitro!		
963	*Balón que protege*	Entre uno y tres perseguidores sin balón intentan atrapar a los demás jugadores (liebres). Las liebres tienen entre uno y tres balones que se pueden ir pasando. El que posee un balón no puede ser atrapado.	
Cont.	Visión periférica Táctica en los pases		
Comp.	Aprender a observar a jugador y balón		

7.2. Cooperación/balones

N.°	Nombre del juego / Objetivos/ particularidades	Concepto/descripción	Observaciones/organización
964	*Relevos con balón*	Entre 6 y 8 participantes por grupo, cada uno con un balón medicinal: **A** corre hacia la banda opuesta, deposita su balón en el suelo y vuelve corriendo. Después corren **A** Y **B** conjuntamente, **B** deposita su balón y los dos vuelven... Cada vez se engancha otro «vagón» más. ¿Qué grupo deposita primero todos sus balones medicinales por detrás de la línea?	
Cont.	Fuerza-resistencia		
Comp.	Diversión en el grupo		
965	*Relevos con balón medicinal*	La misma tarea que antes, pero ¿qué grupo consigue primero construir una pirámide (la más alta) con sus balones? La pirámide se ha de aguantar libremente al menos durante 3 seg. Según acuerdo, puede utilizarse la pared como apoyo.	
Cont.	Fuerza y velocidad-resistencia		
Comp.	Luchar siguiendo una táctica común		
966	*Transporte de balones medicinales*	Grupos de 2 o de 3: Cada grupo debe intentar transportar un balón medicinal a través de la pista. Durante el transporte, ni las manos de los transportistas pueden tocar el balón ni las plantas de los pies el suelo. El balón ha de entrar en meta conjuntamente con los transportistas. Valoración: Por tiempo u originalidad.	
Cont.	Según cada solución de la tarea		
Comp.	Fantasía		
967	*Carrera con balones*	**A** en posición de flexión de brazos invertida. **B** coloca primero un balón debajo del pie izquierdo y luego un segundo por debajo del pie derecho de **A**. **A** levanta ahora su pie izquierdo y **B** coloca el balón un poco más hacia delante. **A** vuelve a apoyarse sobre el balón, levanta su pie derecho y **B** adelanta el balón un poco más, etc. ¿Qué pareja consigue superar así una distancia determinada?	
Cont.	Fuerza de apoyo de los brazos		
Comp.	¡Buen trabajo en equipo!		

7.3.   COOPERACION/CUERDA DE SALTAR

7.3.   Cooperación/cuerda de saltar

N.º	Nombre del juego / Objetivos/particularidades	Concepto/descripción	Observaciones/organización
968	*Saltos de cuerda múltiples*	Formas diferentes de saltar la cuerda por parejas o tríos. Véase en el capítulo «Saltar». Por ejemplo: Grupos de tres con tres cuerdas, uno al lado del otro. Cada uno sujeta el propio extremo de cuerda y otro extremo más. Intentar saltar así en conjunto.	
Cont.	Capacidad rítmica		
Comp.	Saber adaptarse al compañero		
969	*Equilibrista sobre la cuerda*	Dos grupos extienden una cuerda de saltar larga a unos 10 a 20 cm sobre el suelo. Un equilibrista se balancea sobre la cuerda e intenta pasar de un extremo al otro.	
Cont.	Fuerza (grupo) Capacidad de equilibrio		
Comp.	Confianza en el grupo		
970	*Saltar la cuerda doble*	A y B hacen girar una cuerda larga de saltar, C intenta aprovechar el hueco de forma que entra en la cuerda entre A y B saltando su propia cuerda.	
Cont.	Capacidad rítmica		
Comp.	Probar/practicar algo en conjunto		
971	*Puerta de cuerda*	Antes de realizar un salto (de potro, de altura, de longitud, de trampolín, etc.) se ha de pasar una cuerda en movimiento. Variante: Se han de superar varias cuerdas en movimiento previamente al salto.	
Cont.	Capacidad de orientación y rítmica		
Comp.	Valor para el riesgo (calculable)		
972	*Cambios entre tres sin parar*	A y B mueven la cuerda, C entra en la cuerda. C sale, coge el extremo de la cuerda de B, B entra, etc. También en forma de competición. — Igual, pero todos han de saltar siguiendo el mismo ritmo, manteniendo la cuerda siempre en movimiento. ¿Durante cuánto tiempo lo conseguís?	
Cont.	Capacidad rítmica		
Comp.	Buena colaboración Diversión		

7.4.   COOPERACION/PICAS

7.4.   Cooperación/picas

N.º	Nombre del juego / Objetivos/particularidades	Concepto/descripción	Observaciones/organización
973	*Cambio de pica*	De 8 a 10 jugadores forman un círculo. Cada uno sujeta una pica con su mano derecha. A una señal, se pasan todas las picas a la vez en la misma dirección, lanzándolas (o entregándolas). «¡Hop!»: hacia la derecha: «¡Hip!»: hacia la izquierda. La tarea consiste en recibir la pica en un lado sin que se caiga al suelo.	
Cont.	Capacidad de orientación		
Comp.	Concentración		
974	*Hip o Hop*	Las picas no se lanzan ni se entregan, sino que se colocan verticalmente en el suelo. Con «¡Hip!» o «¡Hop!», cada uno suelta su pica e intenta sujetar la pica del vecino antes de que se caiga al suelo. — Igual, pero cambiando las picas en libre distribución: Cada uno suelta su pica a la señal y cambia a otra.	
Cont.	Capacidad de reacción		
Comp.	Concentración		
975	*Esgrima*	**A** y **B** realizan un combate de esgrima, pero efectuando todos los golpes a cámara lenta. — Igual, pero preparando una secuencia fija a cámara lenta: esquivar, bajar, saltar por encima, bloquear... — Dicha secuencia sigue a un ritmo musical. — Una vez que se domina bien la secuencia, se realiza a mayor velocidad.	
Cont.	Habilidad Capacidad de reacción		
Comp.	Diversión a pesar de competición (limpia)		
976	*Mantener la báscula*	**A** y **B** intentan mantener a **C** siempre en equilibrio. **C** lo dificulta, modificando constantemente su postura (tensa), por ejemplo, doblando un brazo, etc.	
Cont.	Tensión corporal Fuerza de brazos (ayudantes)		
Comp.	Confianza		
977	*Cinta transportadora en curva*	**A** y **B** sujetan dos picas, una sobre la otra. **C** realiza una vertical de manos y se deja llevar lentamente con las picas a seguir el movimiento. (Inicialmente sólo con una pica superior; la mano libre de los ayudantes coge los hombros del gimnasta.)	
Cont.	Progresión de la paloma		
Comp.	Confianza		

7.5. COOPERACION/BANCO SUECO

7.5. Cooperación/banco sueco

N.°	Nombre del juego Objetivos/ particularidades	Concepto/descripción	Observaciones/organización
978 Cont. Comp.	*Relevos* Velocidad-resistencia Diversión en grupo	Relevos de carreras con uno o varios obstáculos (bancos) y diferentes tareas que se han de solucionar en grupo: Por ejemplo: — Los integrantes del grupo están atados con cuerdas o cintas (serpiente). — Pasar por encima del primer banco y llevar el segundo hasta detrás de la línea de salida y ponerse encima.	
979 Cont. Comp.	*Relevos de transporte* Fuerza-resistencia Concurso limpio entre todos	Los grupos se colocan por detrás de la línea lateral del campo. En el lado opuesto de cada grupo hay un banco por grupo, puesto de forma transversal. A la señal, los grupos corren hacia su banco, realizan una tarea determinada (por ejemplo, saltar por encima, pasar por debajo, correr por encima), luego llevan el banco conjuntamente al otro lado y se ponen encima. — Con diferentes formas de desplazamiento.	
980 Cont. Comp.	*Levantar el banco* Fuerza de la musculatura de brazos y tronco Cooperación bien coordinada	Varios alumnos de igual altura se colocan uno tras otro a un lado del banco: levantar el banco por encima de la cabeza y colocarlo en el otro lado en el suelo. ¿Cómo se ha de coger el banco para no modificar la posición inicial? — También de forma continua, saltando por encima del banco, sin cambiar de lado o sin soltar el banco.	
981 Cont. Comp.	*Movimientos con banco* Fuerza de la musculatura de brazos y tronco Divertirse con el entrenamiento de la condición física	Entre 3 y 4 alumnos de la misma altura transportan un banco por encima de sus cabezas: Sentarse, arrodillarse, estirarse sobre la espalda, sin que el banco toque el suelo. Encontrar otras formas.	
982 Cont. Comp.	*Carrera de transporte egipcia* Coordinación Fuerza dosificada Buena cooperación	Grupos de 4 a 6 jugadores. Un banco sueco invertido, donde se sienta un «rey», se lleva mediante 6 picas hasta el otro extremo de la pista. Las picas libres se colocan constantemente delante del banco. El banco no debe tocar nunca el suelo. Cada alumno se ha de transportar una vez. ¿Qué grupo acaba primero?	

7.6.   COOPERACION/ESPALDERAS

7.6.   Cooperación/espalderas

N.°	Nombre del juego / Objetivos/ particularidades	Concepto/descripción	Observaciones/organización
983	*Cambio de sitio*	Dos alumnos a la misma altura en las espalderas. ¡Cambiad de sitio!	
Cont.	Capacidad de orientación	— Por mediación de los pies (apoyarse permitido/prohibido) — ¿También sale con tres jugadores? — ¿O incluso con todo un grupo?	
Comp.	Respeto mutuo		
984	*Trepar la chimenea*	Por parejas: Bajar entre compañero y espaldera y volver a subir por encima del mismo. Al revés. Variante: En forma de competición por parejas: ¿Cuántas veces pasáis por debajo y por encima del compañero en el espacio de dos minutos?	
Cont.	Capacidad de diferenciación y de orientación		
Comp.	Buen trabajo en equipo		
985	*Trepar en suspensión*	Un jugador del grupo es transportado lateralmente por encima de las cabezas de los demás. Este trepador en suspensión se aguanta con las manos en las espalderas y se desplaza lateralmente. Variante: El alumno trepa sobre los pies de los compañeros que están todos estirados sobre el suelo con las piernas estiradas hacia arriba.	
Cont.	Tensión corporal Capacidad de orientación		
Comp.	¡La confianza mutua es la base de todo!		
986	*Escalador valiente*	¿Quién consigue girarse en las espalderas por 360°? Inicialmente con la ayuda de los compañeros que le sujetan, empujan, etc. ¿También sale solo?	
Cont.	Fuerza de brazos Capacidad de orientación		
Comp.	Valor y confianza		
987	*¡Socorro que caigo!*	Un alumno se pone sobre el barrote más bajo y se deja caer hacia atrás (totalmente tenso). Los demás (2-4) ayudantes le reciben con seguridad.	
Cont.	Tensión corporal		
Comp.	Arriesgar algo Mucha confianza		

*.7. COOPERACION/APARATOS

7.7. Cooperación/aparatos

N.º	Nombre del juego / Objetivos/ particularidades	Concepto/descripción	Observaciones/organización
988	*Carrera de las cuatro paredes*	Grupos de 4 a 6 jugadores se sientan, cada grupo, alrededor de un aparato (por ejemplo, una colchoneta) en posición de sastre. Los brazos cruzados y cogiendo con la mano derecha el pie izquierdo del vecino. Al sonar la señal, salen todos, tocan cada una de las cuatro paredes de la pista cubierta y vuelven a sentarse en su posición inicial. ¿Qué grupo vuelve primero a su antiguo lugar?	
Cont.	Velocidad de reacción y de movimiento		
Comp.	Cumplir las reglas Ponerse de acuerdo		
989	*Fotografía de grupo*	Grupos de 3 o 4 corren libremente por la pista con acompañamiento musical. Al parar la música (señal, si no hay música), el grupo se congela inmediatamente sobre un aparato, representando un cuadro (previamente acordado y practicado). Siguen corriendo en cuanto la música vuelve a sonar; pero hasta este momento se mantienen rígidos hasta en las puntas de los dedos.	
Cont.	Tensión corporal Capacidad de orientación		
Comp.	Ponerse mutuamente de acuerdo		
990	*Lanzamiento de balón con colchoneta*	Grupos de 4 con dos colchonetas por cada grupo intentan lanzar un balón sobre una distancia determinada y recibirlo. Si lo consiguen, irán pasando y recibiendo mutuamente el balón e intentan interceptar el balón de otros grupos. Variante: En cadena sin fin: **A** y **B** lanzan el balón hacia **C** y **D** y los adelantan. **C** y **D** lanzan entonces el balón hacia **A** y **B**, etc.	
Cont.	Fuerza bien coordinada		
Comp.	Acordar el ritmo del lanzamiento		
991	*Transporte de balón*	Grupos de 2 (o de 4): Los grupos han de transportar a la vez varios balones sobre una colchoneta por un circuito pequeño (alrededor de otros aparatos, etc.) o por una distancia determinada. Los balones caídos han de llevarse, uno por uno, con la colchoneta hasta la meta (y sólo pueden llevarse sobre la colchoneta con el pie).	
Cont.	Fuerza-resistencia		
Comp.	Acordar la táctica del transporte		
992	*Bobsleigh*	Dos alumnos se desplazan dentro de un elemento del plinto («bob») por una distancia establecida (eventualmente con obstáculos). — Libremente por la pista. — En forma de relevos de ida y vuelta, eventualmente con cambio de sitio a mitad de la distancia. — Prescripción de diferentes modos de desplazamiento: hacia delante, hacia atrás, eventualmente con saltos.	
Cont.	Velocidad-resistencia		
Comp.	¡Bobsleigh de dos implica trabajo en equipo!		

8

Nuevas formas organizativas para calentar

Nuevas formas organizativas para calentar

Nombre de la forma organizativa / Objetivos/particularidades	Concepto/descripción	Observaciones/organización
En esta columna damos un nombre a cada una de las formas organizativas y a la vez intentamos indicar los objetivos o particularidades que pueden tener las diferentes formas.	Carrera inicial, calentamiento... ¿qué estructura organizativa se ha de seguir? Pequeñas modificaciones de la organización del calentamiento pueden (¡y deben!) ayudar a incrementar la disposición a participar. Con las siguientes formas organizativas —quizá no muy frecuentes— queremos demostrar cómo se puede incluir un «hilo conductor» en el ámbito del calentamiento. Muchos de los juegos y ejercicios de los capítulos anteriores se pueden «envolver» con las siguientes formas organizativas. A menudo bastaría con cambiar un poco el nivel de socialización con el fin de volver el calentamiento justamente más atractivo. ¿Qué le parece?	Igual que en los juegos y ejercicios anteriores queremos que se entienda mejor la descripción de la organización, representando esquemas sencillos en esta columna.
Calentamiento con dados Apropiado sobre todo para las formas de correr y saltar en grupo.	Grupos de 4, cada grupo equipado con un dado, una hoja de papel y un lápiz. Al sonar el silbato, todos los grupos recorren una vuelta (unos 200 m, según las condiciones del lugar) conocida (o nuevamente marcada). Cada miembro del grupo tiene después derecho a tirar una vez el dado, sumando su número al ya acumulado. Entonces se corre otra vuelta y se vuelve a tirar el dado. ¿Qué grupo alcanza primero los 100 puntos? Variante: ¿Qué grupo alcanza primero los 100 puntos *justos*? En esta forma se tira el dado tantas veces (o bien, corriendo, y después tirar el dado) hasta que se alcance exactamente el número 100. Ejemplo: 98, luego se consiguen 5 = 103, luego 3 = 100... ¡listos!	
El dado decide Como variante de diferentes formas de correr y saltar. ¡La suerte también participa!	Grupos de 3, 4, o 5 con un dado por grupo: El número conseguido determina la forma en la que se ha de correr o saltar la siguiente vuelta (o distancia). La tarea en cuestión será realizada por todos.	*Ejemplos:* 1: Saltar sobre una pierna 2: Saltar sobre dos piernas (juntas) 3: Sobre dos piernas y una mano 4: A cuatro patas 5: Todo el grupo corre en círculo 6: Uno será transportado por los demás, etc.
Circuito con dados Según la selección de ejercicios, el objetivo puede abarcar todo el calentamiento o sólo una parte del mismo (por ejemplo, sólo los ejercicios de potenciación).	Por grupos o solos: El número conseguido en el dado determina el ejercicio que se ha de realizar a continuación, por ejemplo: 1: Dos vueltas al trote 2: 10 flexiones de brazos 3: 20 flexiones abdominales tumbado de espaldas al suelo 4: 40 saltos de cuerda 5: Adoptar cualquier posición de stretching y recitar (en voz baja) la multiplicación del número 12 (1 × 12 = 12/2 × 12 = 24/...) 6: Un ancho del campo con saltos de rana También se puede establecer un programa para dos dados. Entonces se ha de incrementar la selección de ejercicios a 11. Además se puede incluir un comodín. Este comodín (por ejemplo, el número 2 × 6, es decir, dos dados de 6 en la misma tirada) da derecho a un ejercicio libre (¡o al descanso!). Variante: ¿Quién supera primero todo el programa?	

Nuevas formas organizativas para calentar

Nombre de la forma organizativa Objetivos/particularidades	Concepto/descripción	Observaciones/organización
Improvisaciones en círculo Todos piensan y participan, aprendiendo a superar sus inhibiciones.	Los alumnos se colocan en un círculo muy grande, mirando hacia el centro. Uno comienza, demostrando una forma de desplazamiento hasta el centro y volver que los demás alumnos imitan conjuntamente, también hasta el centro y volviendo. Ahora empieza otro alumno con su exhibición. Variante: —Igual, pero en una segunda parte se demuestran preferentemente ejercicios gimnásticos, etcétera.	
Ejercicios por pareja en círculo doble Posibles objetivos: gimnasia de estiramientos, potenciación y juegos de lucha. Fomentar los encuentros sociales: ¡Conjuntamente y contra un adversario!	Los alumnos se colocan en círculo doble, uno frente al otro. Se realizan los más diferentes ejercicios por pareja: estirar, potenciar, luchar, etc. Después de cada ejercicio cambian las parejas: El círculo interno se mantiene en su lugar, el externo se desplaza en una posición más hacia la derecha y se empieza de nuevo. Variante: — El profesor o el entrenador determina los ejercicios — Un alumno empieza. El mismo puede determinar (después del cambio) al nuevo «maestro».	
Lotería 1 En función del objetivo y la carga resultan los ejercicios correspondientes. Juego limpio... también sin control.	El mismo concepto básico que en el circuito con dados: cada número significa un ejercicio determinado. Cada jugador recibe al principio un boleto de lotería e intenta tachar lo más pronto posible todos los números de su papel. Si tira, por ejemplo, con su dado un tres, tachará el tres en su boleto, realizará el ejercicio correspondiente y vuelve a tirar el dado. No obstante, si le sale un número ya tachado (en nuestro ejemplo, el tres de nuevo), tendrá que realizar igualmente el ejercicio y podrá marcar un punto sobre su número tachado. Gana el que haya tachado primero todos los números de su boleto o el que tenga tres puntos sobre un número (¡tachado!) (es decir, que este ejercicio ha tocado 4 veces... y fue realizado, en consecuencia, ¡también 4 veces!)	
Lotería 2 Variantes muy diferentes, igual que en la lotería 1.	Esta forma funciona igual que lotería 1, pero el boleto de lotería es algo más complicado (lo que da paso a más posibilidades): Si un jugador tira, por ejemplo, un 1 con el dado, tachará todos los unos en su boleto y realizará el ejercicio número 1. Se trata de tachar lo más rápidamente posible todos los números de una columna, considerándose: — Todas las columnas horizontales — Todas las columnas verticales — Las diagonales Gana el que consiga tachar primero todos los números de una columna o el que pueda marcar tres puntos sobre un número. Variante: Jugar con dos dados. El boleto ha de tener números entre 2 y 12. Luego debe haber 11 ejercicios (en lugar de 6, con un dado).	

Nuevas formas organizativas para calentar

Nombre de la forma organizativa Objetivos/particularidades	Concepto/descripción	Observaciones/organización
¡El billete decide! ¡Posibilidad en abarcar todo el programa de calentamiento! ¡Adaptar las particularidades, objetivos y la carga al grupo de entrenamiento!	En una caja se encuentran los billetes de la suerte con tareas adaptadas al nivel de los participantes. Los alumnos sacan un billete cada uno, por parejas o por pequeños grupos; después realizan la tarea correspondiente y sacan otro billete. Cuando se hayan extraído todos los billetes se acaba el calentamiento. Es mejor indicar también en los billetes el lugar donde se han de realizar los ejercicios correspondientes (por ejemplo, dibujo grande sobre cartón o sobre una pizarra). De esta forma se puede aprovechar al aire libre todo el área. Los alumnos corren además entre los ejercicios (según las distancias). Variante: Lo mismo puede realizarse con una (o varias) tarjeta/s de lotería: las tarjetas se levantan una tras otra (siguiendo un orden libre) y se realiza el ejercicio correspondiente. Cuando un grupo haya levantado todas las tarjetas, se acaba su calentamiento. ¿Qué grupo acaba primero?	Billetes de lotería
Diez diferentes Particularidades, objetivos libres a escoger, igual que en «El billete decide».	Este calentamiento se compone de 10 ejercicios, que la clase realiza uno tras otro, efectuando 10 repeticiones del primero, 9 del segundo, etc., hasta una repetición de la última tarea. Ejemplo: 10x : Correr una vuelta corta (50-100 m). 9x: Elevar las piernas en las espalderas, suspendido de espaldas (rodillas hasta las orejas). 8x: Flexión de brazos invertida, 1/2 giro a la posición de flexión de brazos normal, etc. 7x: Sentado con las piernas separadas: flexión del tronco hacia delante (izquierda-centro-derecha = 1x). 6x: 10 m con saltos de rana. 5x: Una longitud de la pista con saltos de cuerda. 4x: Subir en vertical de manos contra la pared, contar hasta 4 = 1x. 3x: etc. Variante: Los alumnos proponen los ejercicios.	1. = 10x 2. = 9x 3. = 8x 4. = 7x 5. = 6x 6. = 5x 7. = 4x 8. = 3x 9. = 2x 10. = 1x
Carrera-non-stop Programa completo de calentamiento centrado en el CORRER.	Grupos de 4 siguen un programa exactamente detallada por parte del entrenador (profesor) que incluye ejercicios de estiramiento y fuerza. Todos conocen muy bien estos ejercicios. Siempre ha de haber uno de cada grupo en la pista corriendo. Los corredores pueden relevarse, escogiendo libremente los espacios. Al principio del calentamiento se indica el tiempo.	Gr. D Gr. C Gr. A Gr. B
Carrera en pirámide Programa completo de calentamiento centrado en el CORRER.	Todo el grupo practica conjuntamente. Después de cada (o cada dos) ejercicio gimnástico específico, se corren vueltas de unos 100 m, una después del primer ejercicio, dos después del segundo ejercicio, etc., hasta cuatro vueltas. A partir de las cuatro vueltas, se vuelve a reducir el número. La distancia y la velocidad se han de adaptar al nivel de entrenamiento del grupo.	Tercer ejercicio 3 vueltas

Nuevas formas organizativas para calentar

Nombre de la forma organizativa Objetivos/particularidades	Concepto/descripción	Observaciones/organización
Conjuntamente Programa completo de calentamiento que puede centrarse en diferentes ámbitos. ¡Siempre con relación al compañero!	El grupo (clase) se coloca por parejas en las bandas opuestas laterales o frontales. Las parejas se acercan, realizan conjuntamente un ejercicio en el centro y corren al lado opuesto de la pista. Variante: Cada grupo de dos se prepara un ejercicio (referente a un objetivo fijado por el profesor, como, por ejemplo, la potenciación de la musculatura abdominal). ¿Quién (no) lo encuentra?	
¡Casi como siempre! Un programa de calentamiento habitual se integra en un juego o una forma jugada.	Jugamos, por ejemplo, a interceptar la pelota, fútbol, etc., en grupos pequeños. El profesor o el entrenador indica un ejercicio que se realiza después de un determinado intervalo de tiempo o después de que uno u otro equipo marque un gol. Los ejercicios seleccionados deben guardar relación con la siguiente parte principal de la sesión.	Posibles formas de organización: El equipo que consigue el gol puede determinar el ejercicio o bien: El equipo al que se metió gol ha de realizar el doble número de repeticiones del ejercicio.
Calentamiento mediante y con aparatos En función del nivel de dominio se establecen tareas correspondientes.	Vamos a utilizar el ejemplo de la barra fija para demostrar que se pueden crear programas sencillos de calentamiento que no por ello sean menos eficaces. Colocamos 6 barras fijas en tres alturas diferentes de la cadera. Los alumnos se colocan en tres columnas por detrás de la barra correspondiente a su talla. Las columnas van muy seguidas a la primera barra donde realizan el ejercicio solicitado, uno tras otro, corren hasta la pared y vuelven a la segunda barra donde repiten el mismo ejercicio y vuelven a su posición inicial (véase dibujo). Ejemplos de ejercicios: — Superar la barra de forma libre. — Superar la barra sin ayuda de las piernas. — Superar la barra sin ayuda de las manos. — Saltar por encima de la barra y empujarse con un pie para un aterrizaje suave (con las manos en el suelo). — Salto agrupado por encima de la barra con medio giro (agarre mixto). — Salto lateral por encima de la barra (agarrándola sólo con una mano). — Salto agrupado o con piernas separadas por encima de la barra con ayuda del compañero. — Balanceo sobre la barra (manteniendo el tronco estable, buscando el equilibrio sólo con las manos). — Balanceo por parejas sobre la barra: ¿Quién de los dos se mantiene más tiempo arriba? ¿Qué pareja mantiene el equilibrio durante más tiempo? — En suspensión hacia atrás cogido con las manos: flexión de brazos al revés. — Flexión de brazos sobre la barra: flexión y extensión de los brazos. El compañero sostiene los pies (... y baja con él al flexionar las piernas). — En suspensión hacia atrás cogido con las manos: Pasar con los pies entre las manos. — Apoyado sobre las manos: Desplazamiento lateral a lo largo de la barra. — En la barra pueden realizarse muy bien diferentes ejercicios de estiramiento, por ejemplo: de pie con las piernas separadas, tronco inclinado hacia delante, cogiendo la barra: estirar musculatura de brazos y pectorales. — Diferentes formas de competición por equipos.	

¡Manténte sobre el tapiz!

9. El invento n.º 1.000: «Manténte sobre el tapiz»

N.º	Nombre del juego / Objetivos/particularidades	Concepto/descripción	Observaciones/organización
993	*El patinete*	Vamos en patinete: — Libremente por la pista.	Material: restos de moqueta (muestras y otros)
Cont.	Correr, estimular a correr en círculo	— Arriba y abajo. — En formas pequeñas de competición de un lado al otro a lo ancho de la pista.	
Comp.	Todos en movimiento Diversión	Variante: Este ejercicio y otros parecidos pueden combinarse o bien «mezclar» con los siguientes.	
994	*Limpiar el suelo*	De rodillas, manos apoyadas sobre el tapiz. Deslizar ahora el tapiz lentamente hacia delante y volver atrás. Llegar cada vez más lejos hacia delante y atrás, cada vez con más presión (¡limpiar!).	
Cont.	Estirar/potenciar la musculatura de la espalda y la musculatura abdominal	Variante: — Aspiradora: **A** levanta las piernas de **B** y le empuja o arrastra por toda la pista. Cambio. — También en forma de competición por equipos.	
Comp.	Probar, arriesgar algo		
995	*Esquí acuático*	**A** de cuclillas sobre el tapiz. **B** le arrastra como si fuera una lancha de motor. Cambio.	
Cont.	Fuerza de las piernas Equilibrio	— Variante: ¿También resulta con **A** apoyado sobre una pierna (monoesquí)? — ¿Quién encuentra versiones propias de esquí acuático?	
Comp.	Diversión a dúo Confianza		
996	*Salida de surf*	Coloca el tapiz a unos 5 m en el suelo. Corre (rápidamente) y aterriza con ambos pies (eventualmente, uno justo después del otro, porque resultará más fácil) sobre el tapiz. Intenta ahora deslizarte lo más lejos posible.	
Cont.	Coordinación Fuerza de piernas	Aumenta la velocidad de la carrera. ¿Quién llega más lejos de esta forma?	
Comp.	Valor de arriesgarse	Variante: ¿Quién supera una distancia establecida con menos salidas de surf?	
997	*Oruga*	**A** y **B** forman un equipo de dos (oruga). Posición inicial de flexión de brazos, con pies y manos, cada uno sobre un tapiz (resto de moqueta).	
Cont.	Fuerza abdominal Coordinación	Ahora intentamos arrastrarnos. Después de cinco repeticiones con manos y pies (unos tras otros) se cambia. ¿Qué grupo de dos supera primero una distancia establecida (por ejemplo, anchura de la pista)?	
Comp.	Concurso distendido/¡reglas!		

Mis Top-Programas de calentamiento

	Grupo afectado, instalación, material, duración, etc.	Orden (numérico) del programa de calentamiento extraído del libro «Calentamiento: 1.000 juegos y ejercicios»								
998	*9.° curso – 18 chicos – pista de cemento o pista cubierta – balones de balonmano – 15 minutos*	73	554	567	702	804	242			
999	*5.° curso – 24 chicas – pista cubierta – aros – unos 20 minutos*	134	727	728	581	585	136	583		
1000	*Grupo de deportistas de ocio – unos 16 – pista cubierta con suelo resbaladizo – 20 piezas de tapiz de 40 × 40 – 20 minutos*	993	994	995	996	997				
1001	*etc.*									
1002										
1003										
1004										
1005										
1006										
1007										
1008										
1009										
1010										
1011										

PROPUESTAS PROPIAS

Realizar eventualmente varias fotocopias y usarlo como preparación de la sesión

N.°	Nombre del juego / Objetivos/ particularidades	Concepto/descripción	Observaciones/organización
Cont. Comp	Jass Memory / Correr / Táctica de grupo	Cada uno de los 4 grupos recibe un color de la baraja (por ejemplo, todos los corazones). Las cartas se colocan hacia abajo y no están ordenadas. Los primeros de cada grupo corren hacia las cartas, levantan una y vuelven. Se trata de traer las cartas de forma ordenada, es decir, primero el 6, luego el 7, ... hasta el As. El que levanta una carta que no toca, la ha de volver a girar (pero la puede colocar en otro sitio).	▷▷▷ ⟶ ◯ ▷ ▷▷ ⊙ ▷ ▷▷ ◎ ▷ ▷▷ ⊗
Cont. Comp	Coordinación / Construcción de estatuas / Orientación	A estirado sobre el suelo con los ojos cerrados. B moldea de A una estatua, llevando a su cabeza, brazos, manos, piernas y pies a diferentes posiciones anguladas (difíciles). A debe describir las posiciones de sus extremidades con los ojos cerrados (incluso indicando los ángulos).	